INA RUDOLPH

Ich will ja loslassen

GOLDMANN

Lesen erleben

Buch

»Als ich *The Work* kennenlernte, dachte ich: wie einfach, vier Fragen und eine Umkehrung. Dann praktizierte ich sie eine Weile und war erstaunt, was es hinter diesen einfachen Fragen alles zu entdecken gab! Dieses Wundern hat bis heute nicht aufgehört.« (Ina Rudolph)

The Work von Byron Katie, diese berühmte und radikale Methode zur Selbsterkenntnis, ist für viele der direkteste Weg, um das Loslassen zu lernen. Auch für die bekannte Schauspielerin Ina Rudolph begann, als sie auf The Work stieß, ein tiefer Veränderungsprozess. In Geschichten, die sie selbst erlebt hat, erzählt sie von ihren Erfahrungen mit The Work: wie sich ihr Leben verändert hat, seit sie ihre stressigen Gedanken überprüft. Wie sich diese Veränderung in ihren Beziehungen, beruflich, gesundheitlich – im Grunde in allen Bereichen des Lebens – auswirkte. Wie es ihr nach und nach gelang, einen neuen Blick aufs Leben zu werfen.

Schon beim Lesen stellt sich das ein, was sich viele Menschen sehnlich wünschen: innerer Frieden und das wunderbare Gefühl, dass das Leben schön ist – so wie es ist.

Autorin

Ina Rudolph wurde an der renommierten Hochschule für Schauspielkunst »Ernst Busch« Berlin in der darstellenden Kunst ausgebildet. Sie arbeitete viele Jahre für Fernsehen und Kino und hat an Drehbüchern und Theaterstücken mitgeschrieben. Im Frühjahr 2008 erschien als erste Veröffentlichung »Sommerkuss« mit sieben Erzählungen. Neben ihrer Tätigkeit als Schauspielerin arbeitet sie als Trainerin für »The Work« von Byron Katie und hält dazu Vorträge, gibt Seminare und bietet Einzelberatungen an. Sie ist Mitglied im Verband für The Work e. V. (vtw) und von diesem als Coach für »The Work« anerkannt. Ina Rudolph lebt in Berlin.

www.inarudolph.de

Von Ina Rudolph ist bei Goldmann außerdem erhältlich:

Ich will mich ja selbst lieben, aber muss ich mich dafür ändern? (22207)

Inhaltsverzeichnis

Vorwort von Byron Katie

*I*ch bin sehr glücklich darüber, dass Ina Rudolph dieses Buch geschrieben hat. Es ist ehrlich, offen, verletzlich, klar und bringt ihr wunderschönes Selbst zum Ausdruck. Es zeigt eine Frau, die den Mut hat, die Gedanken infrage zu stellen, die sie stressen oder belasten. Das ist nicht leicht. Aber es ist sehr viel leichter, diese Gedanken zu überprüfen, als dies *nicht* zu tun. Leiden ist eine freiwillige Entscheidung. Nicht die Welt verursacht unsere Probleme, sondern das, was wir über sie *denken*. Wenn Sie das verstehen, ist es, als ob Sie aus einem Traum erwachen. Sie erkennen, dass letztlich niemand Sie verletzen kann – nur Sie selbst. Sie erkennen, dass Sie zu hundert Prozent selbst für Ihr Glück verantwortlich sind. Das ist eine sehr gute Nachricht.

Der natürliche Zustand des Geistes ist Frieden. Dann taucht ein Gedanke auf, Sie glauben ihn, und der Friede scheint dahin. Ein Gefühl von Stress stellt sich ein. Es teilt Ihnen mit, dass Sie sich, indem Sie dem Gedanken Glauben schenken, gegen die Wirklichkeit wehren. Wenn Sie den Gedanken überprüfen und erkennen, dass er nicht wahr ist, kommen Sie zurück in den gegenwärtigen Augenblick. Sie erkennen, dass Sie der Wirklichkeit Ihre Geschichte übergestülpt haben. Im Licht dieses Bewusstseins fällt sie weg, und zurück bleibt die reine Wahrnehmung dessen, was wirklich ist. Ohne sie sind Sie im Frieden – bis die nächste stressige Geschichte auftaucht. Irgendwann wird die Überprüfung der Gedanken, die in Ihnen aufsteigen, ein selbstverständlicher, wortloser Schritt Ihrer Wahrnehmung. Als ich »The Work« entdeckte, war das, als würde ich in der Wüste vor einer Klapperschlange stehen und plötzlich erkennen, dass die Schlange nur ein Seil ist. Da wusste ich, dass ich tausend Jahre lang vor diesem Seil stehen könnte und mich nie mehr davor fürchten würde. Alle Welt könnte auf diese Schlange treffen und schreien, davonlaufen, Herzinfarkte bekommen, sich zu Tode erschrecken – ich würde doch furchtlos hier stehen bleiben und die gute Neuigkeit verkünden. Ich würde die Ängste der Menschen verstehen, ihren Schmerz sehen, mir ihre Geschichten anhören, warum es tatsächlich eine Schlange ist, aber es gäbe kein Zurück mehr: Ich könnte ihnen doch niemals glauben oder mich vor diesem Seil fürchten. Ich hatte die einfache Wahrheit erkannt: Jede Schlange ist ein Seil. Jede Angst, Wut, Traurigkeit und Niedergeschlagenheit, jeder Groll, jeder Wunsch nach der Bestätigung oder der Liebe eines anderen – all das, was uns unglücklich macht, ist nur ein Missverständnis. Es kommt daher, dass Sie einen Gedanken glauben, ohne zu wissen, ob er wahr ist. Ihn zu identifizieren und mit den vier Fragen von The Work zu überprüfen ist unvorstellbar machtvoll – unvorstellbar, bis Sie es selbst getan haben.

Ich danke Ina Rudolph sehr dafür, dass sie The Work einer völlig neuen Leserschaft erschließt. Ich freue mich sehr, dass ihr die Arbeit mit der Work so viel gebracht hat, und hoffe, Ihnen wird es genauso gehen. Es gibt einen Weg aus dem Leiden. Sie brauchen lediglich ein Blatt Papier, einen Stift und einen freien Geist.

Ojai, Kalifornien, im Februar 2013

Einleitung

Ich bin im Osten aufgewachsen. Im Osten Deutschlands, DDR.

Bis zu meinem neunzehnten Lebensjahr habe ich geglaubt, ja gewusst, dass es mir niemals vergönnt sein wird, die Welt zu sehen. Niemals in Italien Pasta essen, niemals im Mittelmeer baden, niemals durch den New Yorker Central Park schlendern, niemals wissen, wie es im Rest der Welt zugeht. Eingeschlossen in einem Miniland, welches behauptet, dass seine Mauer nur gut für mich sei.

Immer, wenn mich Gedanken an diese trostlose Zukunft befielen, raste eine Wut durch meinen Körper, die sich gegen alle und niemanden konkret gerichtet hat. Die Folge waren stundenlange Diskussionen, Misstrauen, viele Tränen und das dumpfe Gefühl, gefangen zu sein.

Und wie ist es gekommen?
Anders.

Meine erste Liebe traf ich mit vierzehn.

Wie eifersüchtig war ich auf jeden Blick, den er einer anderen Frau zuwarf. Meine Gedanken malten Schreckensszenarien, wenn wir mal einen Abend nicht beieinander waren. Ich sah deutlich, wie er sich in ein anderes Mädchen verliebte, wie er mit Kumpels Bier trinken ging und darüber eine Verabredung mit mir vergaß oder wie er sich im Bett umdrehte und einschlief, ohne mich zu küssen. Ich litt Höllenqualen, konnte in der Schule nicht folgen und schlief schlecht. Ich dachte, ich müsse sterben, wenn er mich verließe. Keine meiner Befürchtungen trat ein. Aber die quälenden Gefühle, die habe ich gehabt. Ich habe sie so deutlich gespürt, als hätte meine erste Liebe sich in ein anderes Mädchen verliebt, als hätte er tatsächlich unsere Verabredung vergessen oder wäre eingeschlafen, ohne mich zu küssen.

Als hätte ich sterben müssen.

Wahr ist: Eines sonnigen Tages hab ich ihn verlassen. Ich bin nicht gestorben, sondern einem anderen hübschen Kerl hinterhergelaufen. Warum, konnte ich nicht sagen.

Einige »gescheiterte« Liebesgeschichten später haben meine Freunde und ich angefangen, uns für Psychologie zu interessieren. Was ist los mit uns, warum klappt es nicht mit der Liebe? Warum brauchen wir Freunde, und warum tun sie uns nicht immer gut? Es wurde großer Abwasch gemacht, und ich erfuhr, dass mein Humor zu schwarz sei, ich nicht aufmerksam genug wäre, ich nur an mich denke, und dass es nicht gut für den Charakter sei, wenn Geld einem so wichtig wäre. Nachdem ich das einige Male gehört hatte, fing ich an, es zu glauben. Ich war offensichtlich falsch, so wie ich war. Ich fühlte mich mies, traute mich anderen Menschen kaum noch unter die Augen und hatte nur noch Frieden, wenn ich alleine war. Und das auch nur, wenn ich gerade nicht an meine Misere dachte. Ich war mir sicher, ich musste mich ändern. Ansonsten würde ich keine Freunde mehr haben, allein sein und mein Erdenleben irgendwie herumbringen müssen. Unverstanden und ungeliebt.

Oft, sehr oft im Laufe meines Lebens habe ich geglaubt, meine Gedanken wären wahr und ich wüsste, was kommt. Ich wüsste, wie der Satz weitergeht, den ein Freund gerade sagt, und auch, was er damit meint. Ich wüsste, was andere über mich denken und wie sie reagieren werden. Ich wüsste, was das Leben mir noch zu bieten hat.

Immer, wenn ich geglaubt habe, all das zu wissen, erschien mir das Leben grau, banal und todsterbenslangweilig.

Und? Wie oft kam es anders, als ich dachte?

Fast immer.

Stellen Sie sich vor, Sie würden morgens die Augen öffnen und wüssten nicht, was in den nächsten Sekunden geschieht. Alle Gedanken, die Ihnen sonst einflüstern, wie schwer es ist, um diese Uhrzeit aufzustehen, welche Anstrengungen heute auf Sie warten und was Sie sich heute wieder von Ihren Kindern und Kollegen werden bieten lassen müssen, wären abwesend. Sie würden sich aus dem Bett erheben und nicht darüber nachdenken, in welcher Laune Ihre Kinder erwachen. Sie würden in Ruhe abwarten, was die Realität Ihnen anbietet. Sie würden aus der Haustür treten, und alles wäre neu und unerwartet. Ein frischer Blick. Sie hätten sich nicht mit Gedanken über das Wetter, das Gedrängel in der U-Bahn oder den kommenden Besuch der Schwiegereltern beschäftigt. Sie würden mit dem Bewusstsein durch den Tag gehen, dass Sie nicht wissen können, was als Nächstes geschieht. Sie würden Menschen begeg-

nen und nichts über sie denken, hätten noch keine Urteile gefällt, sie nicht in Schubladen gesteckt. Wie könnten Sie denen
dann zuhören? Sie würden nicht glauben, dass, wenn Sie dieses sagen oder jenes tun, bestimmte Konsequenzen auf Sie zu-
kämen. Wie wäre das?

Wie wäre Ihr Leben, wenn Sie nicht wüssten, was als Nächstes geschieht?

(Was sagen Sie? Können Sie's wissen?)

Die Realität wäre dieselbe. Ihre Kinder und Ihr Partner, Ihre
Kollegen und die Menge an Geld in Ihrer Tasche wären so wie
immer. Ihr Denken darüber nicht. Sie könnten neugierig sein,
befreit von allem Unheil, das zwar nicht da ist, das Sie aber in
der Zukunft vermuten. Ihr Leben würde prickeln wie ein er-
lesener Champagner.

Darum geht's (in diesem Buch).

Wie funktioniert das mit dem Loslassen?

In der Welt ist alles vorhanden. Freundlichkeit und Argwohn, Neid, Liebe, Krieg und Frieden. Alles ist da und wird mir begegnen. Mein Verstand sortiert das, was ich sehe und erlebe, in bestimmte Kategorien ein. Ich klebe in Gedanken Etiketten auf alles, was geschieht. Ich sehe jemanden mit herunterhängenden Mundwinkeln und sage: »Der hat schlechte Laune.« Ich spüre etwas und gebe dem Gefühl einen Namen. Wenn mein Herz bummert, nenne ich das vielleicht »Aufregung«. Aufregung ist meine Interpretation. Mein Herz könnte auch aus einem anderen Grund bummern. Nun hat das Gefühl einen Namen, es liegt in einer Schublade. Wenn ich die Aufregung nicht haben will, klebe ich das Etikett »böse« darauf. Wenn ich die Aufregung mag, klebt auf der Schublade das Etikett »gut«. Diesen Vorgang nennen wir »bewerten«.

Shakespeare ließ Hamlet sagen: »Nichts ist von sich aus gut oder böse. Das Denken macht es erst dazu.«

Wenn ich pfeifend spazieren gehe, wenn mein Herz leicht und frei ist, dann sind keine belastenden Gedanken in meinem Kopf. Keine Sorgen über Gesundheit oder Geld, keine Schreckensszenarien, dass ich unter der Brücke landen könnte oder mein Partner mich verlassen wird. Kurz, ich stelle mir nichts vor, was mich und meine gute Laune gefährden könnte.

Wenn ich dagegen Stress habe, mich ärgere, wütend bin oder verzweifelt, dann lassen sich mit Sicherheit Gedanken finden, die diese unerwünschten Gefühle ausgelöst haben.

Wenn meine Tochter zum Beispiel nicht zur verabredeten Zeit nach Hause kommt und die Eltern der Freundin, die sie besucht hat, gehen nicht ans Telefon. Was ist da wohl in meinem Kopf für ein Chaos? Fünf Minuten schaffe ich es, ruhig zu bleiben, vielleicht auch zehn. Aber dann spinnt mein Kopf sich Geschichten aus, die für mehrere Thriller reichen. Verunglückt, Krankenhaus, verloren gegangen, entführt. Je mehr Zeit verstreicht, desto mehr Zeit hat mein Verstand, sich diese Möglichkeiten auszumalen. Ich spüre einen Schmerz, der mich zerreißt. Die Gedanken an all die schlimmen Sachen, die meiner Tochter zugestoßen sein könnten, lösen diese Gefühle in mir aus. Würde ich denken: »Ach, die kommen ja immer ein bisschen später«, oder: »Sie sind bestimmt auf dem Weg und haben das Handy vergessen«, hätte ich diese Gefühle nicht. Und selbst wenn tatsächlich Komplikationen auftauchen würden, könnte ich mit einem klaren Verstand besser helfen als mit einem chaotischen.

Dies ist nur ein Beispiel, um zu verdeutlichen, dass Gedanken nicht losgelöst für sich alleine stehen. Gedanken, die ich für wahr halte, lösen biochemische Prozesse in meinem Körper aus und sind als Gefühle spürbar.

So schrecklich es auch ist, es ist nichts als Kopfkino, wenn ich mir vorstelle, meine Tochter nie wiederzusehen; wenn ich sie mir in einer Situation vorstelle, in der sie ernsthaft leidet. Es ist, als säße ich im Kino und fühlte mit den Personen, die ich auf der Leinwand sehe. Sind die Bilder real oder vorgestellt? Sie sind nicht real, aber den Schmerz kann ich fühlen.

Die Hirnforschung konnte beweisen, dass Gefühle uns nicht einfach so überfallen. Auch wenn sich das manchmal so anfühlen mag. Gefühle haben immer einen Auslöser. Und das sind Gedanken, die ich als WAHR einstufe, die ich also glaube. Wir denken ca. 80 000 Gedankengebilde pro Tag, und nicht alle halten wir für wahr. Die meisten ziehen vorbei wie Wolken am Himmel.

Wenn ich aber zum Beispiel glaube, dass mein Partner mich mehr lieben sollte, als er es tut, werde ich sicher eine Art Stress verspüren. Wenn ich glaube, dass mein Kind sich bessere Freunde suchen sollte, und mein Kind will keine anderen, werde ich etwas wie Sorge verspüren. Wer würde solcherart Gedanken nicht gerne loslassen? Gedanken sind die Auslöser für jeglichen Stress in dieser Welt. Nun bräuchte man nur noch einen Gedankenradierer, und es wäre Frieden in uns und überall.

Meine Erfahrung ist, dass es uns Menschen nicht möglich ist, Gedanken »wegzumachen«. Ich kriege es nicht hin, bestimmte Gedanken nicht mehr zu denken. Im Gegenteil. Je stärker ich etwas nicht denken will, umso mehr wird es sich in meinem Geist festsetzen und mich stressen. Es wird zu einer Art Glaubenssatz.

Die einzige Möglichkeit, die ich kenne, ist, mit solchen stressigen Gedanken Frieden zu schließen. Dann lassen sie mich los. Wenn echter Frieden herrscht, brauchen sie nicht mehr kämpfen, nichts mehr durchsetzen oder verteidigen.

Wie schließt man nun Frieden mit seinen Gedanken?

Es gibt eine Methode, die ich für genial halte, um diese Stress auslösenden Gedanken zu finden und zu hinterfragen. Byron Katie, ehemals Geschäftsfrau in Südkalifornien, hat sie vor 27 Jahren entwickelt, und seitdem hilft sie vielen Menschen auf der ganzen Welt. Wir können mit dieser Methode den Gedanken die Möglichkeit geben, uns loszulassen. Und mit den stressigen Gedanken verschwinden auch die stressigen Gefühle.

The Work von Byron Katie

*T*he Work ist ein einfacher Prozess der Selbstüberprüfung. Jeder kann ihn lernen und anwenden. Es braucht dafür keinerlei Vorbildung oder spirituelle Zugehörigkeit.

Alles, was es braucht, ist ein offener Geist.

Teil 1 der Work besteht darin, die stressigen Glaubenssätze zu finden, die Gefühle wie Wut, Ärger, Hilflosigkeit und Verzweiflung auslösen. Stressige Glaubenssätze sehen zum Beispiel so aus: Niemand liebt mich/Ich habe nicht genug Geld/Ich muss anders sein/Ich brauche eine bessere Arbeit/Wenn mein Partner mich liebt, muss er auch treu sein/Ich bin zu dick.

Teil 2 der Work besteht aus der Überprüfung so eines Glaubenssatzes anhand von vier Fragen. Am Ende der Überprüfung verkehren wir den stressigen Gedanken in sein Gegenteil und schauen, ob dieses Gegenteil nicht auch wahr sein könnte. Dafür finden wir authentische und konkrete Beispiele aus dem eigenen Leben.

Die vier Fragen lauten:
1. *Ist es wahr?*
2. *Kannst du mit absoluter Sicherheit wissen, dass es wahr ist?*
3. *Wie reagierst du, was passiert, wenn du diesen Gedanken glaubst?*
4. *Wer wärst du ohne den Gedanken?*

Beispiel:
Ich suche mir eine konkrete Situation, in der ich Stress empfunden habe. Eine Situation, in der ich ärgerlich, wütend, verzweifelt oder traurig war. Ich schaue genau hin, über wen ich
mich geärgert und was ich in dieser Situation geglaubt habe.
Diesen Glaubenssatz schreibe ich auf. Zum Beispiel:
– *Mein Mann liebt mich nicht.*

Dann stelle ich mir die vier Fragen.

1. Ist das wahr?
Ich werde still. Ich lasse den Verstand die Frage stellen und
warte, welche Antwort auftaucht.

**2. Kann ich mit absoluter Sicherheit wissen, dass es
  wahr ist?**
Zu hundert Prozent? Ich bedenke folgende Fragen: Kann ich
immer erkennen, ob jemand mich liebt? Kann ich absolut
sicher sein, dass es langfristig das Beste für mich wäre, wenn
mein Mann mich lieben würde?

**3. Wie reagiere ich, was passiert, wenn ich diesen
  Gedanken glaube?**
Wie reagiere ich, wenn ich glaube, dass mein Mann mich nicht
liebt? Wie behandle ich ihn mit diesem Glauben? Ich finde
konkrete Beispiele wie: »Ich ziehe mich zurück«, »Ich bestrafe
ihn, indem ich ihn nicht beachte«, »Ich antworte ihm kurz und
knapp, wenn er mich etwas fragt«.
Ich frage mich: Wie fühlt es sich an, ihn so zu behandeln?
Darüber hinaus kann ich mich fragen: Wie behandle ich mich
selbst, wenn ich glaube, dass mein Mann mich nicht liebt? Und
wie fühlt sich das an?

Wie ist mein Leben, wenn ich diesen Gedanken für wahr halte? Ich bemerke all die Auswirkungen, die der Gedanke: *Mein Mann liebt mich nicht* auf mich und mein Leben hat.

4. Wer wäre ich ohne den Gedanken?

Ich stelle mir vor, wie meine Situation gewesen wäre, wenn dieser Gedanke nicht aufgetaucht wäre. Ich sehe meinen Mann vor mir, sehe, was er tut und wie das auf mich wirken würde, wenn ich nicht den Gedanken hätte: *Er liebt mich nicht.* Ich nehme mir Zeit, wahrzunehmen, wie mein Leben ohne diesen Gedanken wäre und wie sich das anfühlen würde.

Kehre den Gedanken um

Der ursprünglich stressige Gedanke *Mein Mann liebt mich nicht* kann in der Umkehrung heißen:
– *Mein Mann liebt mich.*
Ich frage mich: Könnte das auch wahr sein? Ist es vielleicht sogar wahrer als der ursprüngliche Glaubenssatz? Ich suche drei konkrete Beispiele dafür, dass diese Umkehrung wahr ist.

Andere Umkehrungen lauten:
– *Ich liebe mich nicht.*
– *Ich liebe meinen Mann nicht.*
Für alle Umkehrungen finde ich drei ehrliche Beispiele, die auf mein Leben zutreffen. Es geht nicht darum, mich selbst anzuklagen, sondern darum, Alternativen zu entdecken, die mir Frieden bringen. Solange ich glaube, das Problem läge im Außen und jemand andres sei für meine Probleme verantwortlich, hört mein Leiden nicht auf.

Byron Katie, geborene Byron Kathleen Reid, genannt Katie, entwickelte diese Methode, nachdem sie Mitte der 1970er Jahre in eine schwere Depression gefallen war. Sie wurde alkohol- und medikamentenabhängig und verließ zwei Jahre lang ihr Schlafzimmer nur selten. Eines Tages erwachte sie ohne Leid. Da waren nur Frieden und Freude. Aus diesem schwerelosen Augenblick heraus konnte sie spüren, dass ihr Befinden sich verschlechterte, sobald bestimmte Gedanken auftauchten. Wenn sie den Wahrheitsgehalt dieser Gedanken prüfte, lösten diese sich auf, verschwanden, und es ging ihr wieder gut. Das war der Kern dessen, was später als The Work bekannt geworden ist.

Auch ich kam über eine Krise zur Work. Als meine Krise begann, habe ich mir Hilfe bei Therapeuten gesucht, sie jedoch nicht wirklich gefunden. Meine Schwierigkeiten haben sich eher verfestigt. Mein Gedanke war: Wenn mir niemand helfen kann, hab ich etwas wirklich Schlimmes, was selbst ausgebildete Therapeuten nicht finden.

Also hab ich alles mitgenommen, was ich kriegen konnte. Ich bin zur Familienaufstellung gegangen, hab mit meinem inneren Kind gearbeitet, wurde von chinesischen Heilern behandelt und habe mich in eine zweijährige NLP-Ausbildung gestürzt. Dort habe ich vieles gelernt, was mir für verschiedenste Bereiche meines Lebens hilfreich war. Und nachdem wir in unserem Training hoch komplizierte Tools mit Bodenankern, Zeitlinien und Metaebenen praktiziert hatten, kam The Work an die Reihe. Vier Fragen und eine Umkehrung. Ich war skeptisch. Was sollte das nun noch bringen? Mein Misstrauen war mir wohl anzusehen, denn ich wurde gleich ausgewählt, um vor der Gruppe durch den Prozess geführt zu werden. Ich wählte ein Thema aus, bei dem ich mir sicher war, im Recht zu sein. Das Problem hatte schon einige Jahre Zeit gehabt, sich zu verhärten.

Nach fünf Minuten mit den Fragen der Work wurde mein

Körper weich. Ich verstand, dass es auch noch andere Interpretationsmöglichkeiten meines Problems gab und ich mich auf diese eine versteift hatte und wie weh ich mir selbst damit tat. Im weiteren Verlauf stellte sich ein ungeheures Freiheitsgefühl ein, so als wäre ich zu nichts auf der Welt verpflichtet. Es gab kein MÜSSEN mehr, und all die Schwere, die ich vorher nicht einmal so genau hatte ausmachen können, fiel von mir ab. Ich war verblüfft. Vier Fragen und eine Umkehrung.

Seitdem habe ich geworkt wie ein Weltmeister, etliche Seminare und die School mit Katie absolviert. Ich habe unzählige Menschen in Einzelsitzungen begleitet und gebe seit einigen Jahren selbst Seminare. Mein Leben ist klarer, leichter und um vieles schöner, seit ich The Work kenne.

Im Prozess der Work findet jeder seine eigenen Antworten. Sie bekommen hier keine guten Ratschläge oder Tipps. Die Methode hilft Ihnen, Ihre eigene Weisheit anzuzapfen. Das führt zu Klarheit, Frieden und echtem Selbstbewusstsein.

In meinen Vorträgen wird immer wieder die Frage gestellt, wie sich das Leben verändert, wenn man langfristig seine stressigen Gedanken überprüft; wenn man sich immer besser versteht und mit seinen Gedanken Frieden schließt.

Genau das möchte ich Ihnen in diesem Buch erzählen. Zehn Jahre arbeite ich jetzt mit The Work, und aus diesen zehn Jahren habe ich Ihnen Geschichten aufgeschrieben. Sie sehen, wie die Work mein Leben verändert hat, lernen Tipps und Tricks und verstehen nebenbei die Methode besser.

Ich habe jede Geschichte mit zwei Überschriften versehen. Die erste gibt Aufschluss über den Inhalt der Geschichte (zum Beispiel »sich verlieben«), die zweite über die Anwendung der Methode (»die Kraft der Umkehrungen«). So können Sie Ihre Lektüre also nach inhaltlichen oder nach methodischen Kriterien auswählen.

Immer wieder werden Sie in den Geschichten die vier Fragen und die Umkehrungen entdecken, mal deutlich und mal ein wenig versteckt. Ich zeige Ihnen auch, wie man stressige Glaubenssätze ausfindig macht und was ich damit meine, dass die Work eine Meditation ist. Katies wunderbare Idee der drei Angelegenheiten wird näher beleuchtet, und überall geht es um die Arbeit mit unseren Gedanken; wie sie wirken und wie wir ihnen begegnen können, um das zu bekommen, was wir wirklich wollen: ein schönes Leben.

Abkürzungen und Ausführlichkeit

Die Methode

*I*n letzter Zeit begegne ich vermehrt Menschen, die sagen: »Ach ja, The Work, kenn ich.« Wenn ich nachfrage, ob sie die Work auch anwenden, höre ich: »Klar, mach ich. Aber ich nehme eine Abkürzung.« Ich habe auch schon gehört: »Die Work funktioniert nicht.« Oder nicht richtig, nur manchmal oder unter bestimmten Bedingungen. Und ja, wenn man nichts anderes mehr macht als eine Abkürzung, verliert die Methode ihre Kraft. Deswegen sei hier ein Loblied gesungen auf den Schatz, den ich heben kann, wenn ich durch den ganzen Prozess gehe. The Work gründlich und in Ruhe zu machen bringt sehr viel mehr an Problemlösung, Klarheit, neuen Ideen und Entspannung.

Schon bei der Auswahl des Glaubenssatzes ist es sinnvoll, gründlich zu sein. Ich selbst habe lange Zeit den erstbesten genommen, der mir in den Sinn kam. Das *kann* gut funktionieren. Aber besser ist es, einen zu suchen, der bewegt, der starke Emotionen freisetzt. Am allerbesten findet man die stressigen Glaubenssätze mit dem »Urteile-über-deinen-Nächsten-Arbeitsblatt«, das Sie am Ende des Buches finden. Haben Sie keines zur Hand, können Sie folgendermaßen vorgehen:

1. Schritt – den richtigen Glaubenssatz finden

Wir arbeiten bei The Work mit Überzeugungen, die Stress auslösen. Sei es Trauer, Wut, Ärger oder Verzweiflung. Wenn mein gewählter Glaubenssatz kein starkes Gefühl auslöst, kann ich mich fragen: Was ist so schlimm an dem, was ich glaube?

Um den richtigen Glaubenssatz zu finden, erinnere ich mich an eine Situation, in der ich ein unangenehmes Gefühl gespürt habe. Zum Beispiel, als ich letzte Woche mit meinem Mann essen war. Den ganzen Abend hat er geredet, nichts davon hat mich interessiert, und ich bin überhaupt nicht zum Zug gekommen. Erst habe ich mich über so viel Unaufmerksamkeit geärgert, dann fühlte ich mich müde und ausgelaugt, und dann war da ein Gedanke, der sich einfach nicht wegdrängen ließ: *Mein Mann sollte sich mehr für mich interessieren.* Wenn mir dieser Glaubenssatz zu allgemein ist, kann ich mich fragen: Was ist für mich so schlimm daran, dass er sich nicht ausreichend für mich interessiert? Ich gehe in mich und stelle fest: *Ohne echtes Interesse ist es keine Liebe.* Wenn ich diesen Glaubenssatz denke, spüre ich, wie mein Hals zuschwillt und Trauer und Ärger noch einmal ansteigen. Denn Liebe will ich. Aber ich kann noch weiterfragen: Was ist so schlimm daran, dass mein Mann mich nicht liebt? Ich schließe die Augen und warte auf eine Antwort. Tränen drängen nach oben, und ich bekomme sie: *Mit einem Mann zu leben, der mich nicht liebt, bedeutet, dass er mein Leben verschwendet.* Deutlich kann ich spüren: Das ist es, was ich befürchte.

Den Glaubenssatz in Form bringen
Es hat sich gezeigt, dass kurze, knapp gewählte Sätze den Prozess vereinfachen. Aus: »Mit einem Mann zu leben, der mich nicht liebt, bedeutet, dass er mein Leben verschwendet« mache

ich: »*Mein Mann verschwendet mein Leben.*« Der Sinn bleibt erhalten, und auch der Schmerz, der in diesem Gedanken steckt, ist weiterhin spürbar.

2. Schritt – die Überprüfung

Die erste Frage
Diesen Satz nehme ich, schreibe ihn auf und vergegenwärtige mir die Situation, in der dieser Gedanke aufgetaucht ist und ich ihn geglaubt habe. Ich saß mit meinem Mann im Restaurant. Er redete und redete. Hier tauchte der stressige Gedanke auf:
– *Mein Mann verschwendet mein Leben.*
Dann stelle ich mir die erste Frage der WORK:

Ist das wahr?

Ich lasse diese Frage in mir nachklingen. Meist habe ich schnell eine Antwort. In diesem Falle lautet sie Ja. Im Laufe meines Lebens habe ich mir angewöhnt, immer schnell eine Antwort zu haben. Ich möchte andere Menschen nicht warten lassen oder als unentschlossen gelten. Im Prozess der WORK hingegen nehme ich mir die Freiheit, einfach so dazusitzen, zu bemerken, dass es eine schnelle Antwort gibt, und dann nichts zu tun, als zu warten, bis weitere Antworten auftauchen oder Gedanken oder Bilder. In diesem Fall spüre ich, wie traurig es wäre, wenn mein Leben verschwendet würde.

Die zweite Frage
Wenn meine ehrliche Antwort auf die erste Frage noch immer Ja lautet, versuche ich nicht, mich selbst zu einem Nein zu überreden. Ich vertraue dem authentischen Ja und frage mich die zweite Frage der WORK:

Kann ich absolut sicher sein, dass mein Glaubenssatz wahr ist?

Kann ich mir also sicher sein, dass mein Mann mein Leben verschwendet?

Hier muss ich mich entscheiden, ob ich mir zu einhundert Prozent sicher bin. Oder gibt es ein kleines Prozent, was da hinter meiner Sicherheit hervorlugt?

Ich ruckle mich auf meinem Sofa zurecht und warte auf die Antwort. Ich bin mir bewusst, dass ich mir nicht in die Tasche lügen will. Ich warte auf die ehrlichen Antworten. Und wie ich so meinen Kopf anlehne und mich entspanne, fällt mir eine Situation ein, letzte Woche, als mein Mann mein Fahrrad repariert hat. Und das, ohne es anzukündigen oder Lob dafür haben zu wollen. Und noch eine ähnliche Situation kommt mir in den Sinn, vor zwei Monaten. Ich warte noch ein bisschen. Meine Antwort ist Nein. Ich kann mir nicht einhundertprozentig sicher sein, dass er mein Leben verschwendet.

Und wenn die Leserin, der Leser an dieser Stelle denkt: Phh, so einfach wird das bei mir nicht laufen, dann möchte ich daran erinnern, dass mein Beispiel nur ein Beispiel ist. Mein ganz persönliches Beispiel. Alle Teilnehmer eines Seminars könnten mit demselben Glaubenssatz arbeiten und würden zu unterschiedlichen Antworten gelangen. Das mag ich so gern an dieser Methode, jeder gibt seine eigenen Antworten, findet zu seiner eigenen Weisheit.

Die dritte Frage
Wie reagiere ich/was geschieht, wenn ich diesen Gedanken glaube:

– *Mein Mann verschwendet mein Leben.*

An dieser Stelle werde ich von einem beengenden Gefühl übermannt. Ich nehme mir Zeit, das zu fühlen. Ich will es nicht weghaben, wie sonst, in meinem Alltag, wo kein Platz dafür ist. So fühlt es sich also an, wenn ich diesen Gedanken glaube. Dann ist es sinnvoll, detaillierter hinzusehen. Wie reagiere ich? Wie genau? Was tue ich, wenn ich unter dem Einfluss dieses Satzes stehe? Ich persönlich werde fahrig und versuche verkrampft im restlichen Teil meines Lebens gaaanz viel Sinn zu schaffen, damit es von niemandem verschwendet werden kann. Ich fühle, wie anstrengend das ist.

Würde ich diesen Teil der Work weglassen, würde ich nicht bemerken, wie viel zusätzlichen Druck und Stress ich mir mache, und mit welchen Handlungen. Denn in den alltäglichen Abläufen fällt mir das nur flüchtig auf.

Unterfragen zu dieser dritten Frage sind extrem hilfreich. Ich würde mir die Unterfrage stellen, wie ich mit meinem Mann umgehe, wenn ich glaube, dass er mein Leben verschwendet. Ich warte auf Antworten und Bilder und sehe: Ich höre ihm nicht richtig zu, und wenn er nicht mehrmals am Tag etwas Kluges von sich gibt, was mich in meinem Leben bereichert und weiterbringt, dann bestätigt das nur meine Sicht auf ihn. Das fühlt sich eingefahren und fordernd an.

Und wie behandle ich mich selbst, wenn ich glaube, dass er mein Leben verschwendet? Ich lehne mich zurück und schaue mir mein Leben an wie einen Film. Zuerst spüre ich, wie ungeduldig und fahrig ich mich fühle. Aber ich weiß, wie gut es ist, detailliert zu betrachten, wie ich in solchen Momenten mit mir umgehe. Was auftaucht, ist: Ich beschuldige mich, immer wieder auf den gleichen Typ Mann zu fliegen und deshalb nicht den Einen, den Richtigen zu finden. Das tut weh.

Eine Unterfrage, die den Horizont noch weiter spannt, lautet: *Wie ist mein ganzes Leben, wenn ich glaube, dass mein*

Mann es verschwendet? Rastlos. Unglücklich. Wertlos. Und alles nur, weil ich diesen Gedanken glaube.

Die dritte Frage behandelt meine Gefühlswelt *mit* dem Gedanken. Oft ist es deprimierend, was wir in diesem Arbeitsschritt zu sehen bekommen. Deshalb stehe ich danach kurz auf, trinke einen Schluck, atme einmal tief durch oder tue etwas, was mich daran erinnert, dass ich lebe.

Nun bin ich bereit für die vierte Frage.

Die vierte Frage
Wer oder was wäre ich ohne diesen Gedanken?

Ich sehe meine Situation vor Augen. Wir sitzen am Tisch im Restaurant, er erzählt seit einer Stunde drauflos, er stellt mir nicht eine einzige Frage, und in mir taucht *nicht* der Gedanke auf: *Er sollte sich mehr für mich interessieren,* oder *er verschwendet mein Leben.* Wie wäre es dann?

Ha! Ich muss lachen. (Sie würden vielleicht anders reagieren.) Ich würde ihm einfach sagen, dass mich das Thema nicht interessiert. Du lieber Gott! Das ist alles. Es liegt in meiner eigenen Verantwortung.

The Work bringt mich oft zu dem, was ich selber tun kann. Das mag ich. *Mit* dem stressigen Gedanken war ich hilflos und anklagend. *Ohne* den Gedanken bin ich handlungsfähig. Mein Mann scheint jedenfalls nicht das Problem zu sein.

Wenn ich nicht mehr glauben würde, dass sich irgendjemand für mich mehr interessieren sollte, als er/sie es von selber tut, wäre jeglicher Kontakt zu anderen Menschen einfach. Wunderbar. Bereichernd. Ich würde die Menschen freilassen, mit denen ich zu tun habe. Sie bräuchten sich nicht zu verstellen oder krampfhaft nach Themen suchen, die mich interessieren könnten. Das wäre mein Beitrag für eine entspannte, bessere Welt.

Wow! Auf all das wäre ich durch keine der Abkürzungen gekommen.

Bei der vierten Frage kommt es vor, dass jemand sich Zeit lässt, sich die Frage mehrmals stellt und sich trotzdem nicht vorstellen kann, wie es wäre, wenn er/sie den Gedanken nicht denken würde. Bevor Sie also glauben, dass die Work nicht funktioniert, könnten Sie es mit folgenden Hilfestellungen versuchen:

Sie könnten sich sagen: »Nur mal rein theoretisch: Wie wäre es, wenn…?« Damit wird klar, dass es sich »nur« um ein Gedankenspiel handelt. (Auch der stressige Gedanke ist nur ein Gedankenspiel, fühlt sich aber oft so viel wahrer an…)

Oder Sie stellen sich vor, ein kleines Marsmännchen landet vor Ihnen sein Ufo, steigt aus und hält seinen Laserstrahl an Ihren Kopf. Mit dem Laser löscht er das Schlüsselwort aus Ihrem Glaubenssatz. In meinem Falle wäre das »verschwenden«. Ich kann also ab jetzt das Wort »verschwenden« nicht mehr denken. Wie wäre das?

Oder Sie streichen das Wort aus Ihrem persönlichen Duden.

Oder Sie rufen sich eine Situation ins Gedächtnis, in der Sie glücklich und entspannt waren und den Gedanken ergo nicht gedacht haben. Wie war es da, in der Abwesenheit dieses Gedankens?

Gut. Wenn Sie alles versucht haben und sich immer noch auf gar keine Weise vorstellen können, wie es wäre, diesen Gedanken nicht zu denken, überspringen Sie diese Frage einfach (das gilt nicht als Abkürzung).

Den Abschluss der Work bilden die Umkehrungen

Wir nehmen unseren Verstand an die Hand und sagen ihm:
»Mein Lieber, jetzt hast du lange nur in die eine Richtung ge-
guckt, nämlich in Richtung dessen, was du für wahr gehalten
hast. Jetzt dreh dich um und schau in die Gegenrichtung.«
Was ist das Gegenteil dessen, was ich bis eben geglaubt habe?
Ich habe geglaubt:
– *Mein Mann verschwendet mein Leben.*

Eine mögliche Umkehrung wäre:
– *Mein Mann verschwendet mein Leben nicht.*

Könnte das auch wahr sein? Ja, das könnte es. Das habe ich
bei der Beantwortung der vierten Frage gespürt. Nun finde ich
drei Beispiele, in denen er mein Leben nicht verschwendet.

Warum drei (möglichst konkrete) Beispiele? Finden wir nur
eins, wird der Verstand einwenden: »Na ja, ein kleines Mini-
beispiel. Das kann mich nicht überzeugen.« Der Verstand
braucht mindestens drei Beispiele (mehr geht immer), um zu
verstehen, dass das Gegenteil genauso wahr ist wie das, was
wir vorher geglaubt haben. Wenn nicht sogar wahrer.

Meine drei Beispiele:
1. Ich weiß gar nicht, was es bedeutet, das Leben zu verschwenden. Wenn ich mir mein Leben anschaue, war nichts
   davon sinnlos. Alles hatte seine Bedeutung.
2. Ich hab mir diesen Mann ausgesucht, ich hab ihn gewählt.
   Ich habe mich bis jetzt nicht von ihm getrennt – offensichtlich will ich mit ihm zusammen sein.
3. Mir fällt ein ganzer Strauß an Erlebnissen ein, wo wir miteinander gelacht haben, uns eine Hilfe waren oder wo es
   einfach schön war, dass ich ihn hatte.

Indem ich konkrete Beispiele für das Gegenteil finde und vor Augen sehe, lässt mich der Gedanke, der mich gestresst hat, von alleine los. Ich kann ihn sowieso nicht willentlich loslassen. Wenn ich ihm sage, er soll weggehen, wird er das nicht tun, im Gegenteil. Er wird sich eher noch stärker in den Vordergrund drängen.

Welche Umkehrung kann ich noch finden?
– *Ich verschwende sein Leben.*

Diese Umkehrung mag erst mal absurd klingen und so, als hätte sie gar nichts mit meinem Problem zu tun. Und genau da liegt die Chance. Ich nehme mir Zeit, drei Beispiele zu finden, in denen ich das Leben meines Mannes verschwende. Zuerst überprüfe ich, ob es in der Situation im Restaurant so einen Aspekt gegeben hat. Ich finde, ich verschwende sein Leben:

1. Wenn ich ihm nicht wirklich zuhöre. Er hat das Bedürfnis, mir etwas von sich zu erzählen, und ich bin, genau wie er, nur mit mir beschäftigt.
2. Wenn ich nicht ehrlich mit ihm bin. Wenn ich nur so tue, als ob mich seine Geschichten interessieren.
3. Mit all diesen Gedanken, die ihn anders haben wollen, als er ist; die an ihm ziehen, herumzetern und wollen, dass er sich ändert.

Es tut gut wahrzunehmen, dass es auch sein könnte, dass ich *sein* Leben verschwende. Ich bekomme Lust, ihn bei Gelegenheit zu fragen, ob er das hin und wieder so empfindet.

Auch das Gegenteil des Verbs bildet eine Umkehrung. Das Gegenteil von »verschwenden« bedeutet für mich »bereichern«.
– *Er bereichert mein Leben.*

Sofort kann ich spüren, dass es das in unserer Beziehung auch gibt. Auf jeden Fall ist diese Umkehrung auch wahr. Und zwar:

1. Wenn er mir Dinge von sich anvertrauen will wie im Restaurant.
2. Gerade dann, wenn er einfach drauflosplaudert und mir vertraut, dass ich mich schon melden werde, falls mir irgendetwas nicht passt.
3. Er bereichert mein Leben schon allein mit seiner Anwesenheit, mit seinen Ideen, seiner Poesie; wenn er die Waschmaschine repariert; mit den Büchern, die er anschleppt; der Musik, die er findet; mit den Reisen, die er vorschlägt; den veganen Nahrungsmitteln, die er mit nach Hause bringt; mit seinem Freundeskreis, zu dem ich auch Kontakt habe, mit seiner Familie... waren das schon drei Beispiele? Na gut.

Zu guter Letzt kann ich noch diese Umkehrung finden:
– *Ich verschwende mein Leben.*

Und wieder finde ich drei Beispiele, wo diese Umkehrung zutrifft.
Gesetzt den Fall, dass man sein Leben überhaupt verschwenden kann, dann tue ich das zum Beispiel:

1. Wenn ich mit meinem Mann beim Essen sitze und ihm nicht sage, dass ich gern über etwas anderes reden würde, und mich stattdessen über ihn ärgere.
2. In den Momenten, wo ich mir das Gehirn zermartere, was Verschwendung ist und was nicht.
3. Ich verschwende auch *unser* Leben, wenn ich nicht ehrlich sage, was mich bewegt.

Ich komme zu dem Schluss: Ich darf! mein Leben verschwenden. Das ist für mich wahr, weil diese Ausrichtung auf das Sinnvolle, Wertvolle so viel Stress macht. Und ich bin mir gar nicht mehr sicher, ob das nicht die eigentliche Verschwendung ist. Es fühlt sich an, als würde ich unter diesem Stress das eigentliche Leben aussperren.

Ich darf mein Leben verschwenden, weil es *mein* Leben ist.

Und ich darf es verschwenden, weil sich das frei und unbeschwert anfühlt. Und wie ein Abenteuer, das auf mich wartet.

Ach ja. Ich sitze auf meinem Sofa, und das Leben ist wieder leicht und einfach. Da geht der Schlüssel in der Wohnungstür, mein Mann kommt nach Hause. Komm, denke ich, lass uns gemeinsam unser Leben verschwenden, und gehe ihm entgegen.

Für mich gilt: The Work funktioniert. Aber nur, wenn wir sie auch machen.

Wenn ich dann mal wirklich keine Zeit habe, kann mir auch eine Abkürzung weiterhelfen. Mittlerweile habe ich schon eine Menge an Möglichkeiten gesammelt. Manche Leute fragen sich im akuten Fall einfach nur: »Ist das wahr?«, und spüren schon eine gewisse Erleichterung, weil ihnen klar wird, dass es noch mehr Möglichkeiten gibt, die Welt und ihr Problem zu betrachten. Andere machen nur die Umkehrung und schauen, ob das Gegenteil von dem, was sie stresst, nicht auch wahr sein könnte. Und auch das fühlt sich manchmal gleich besser an.

Eine Frau brauchte sich lediglich das Gesicht von Katie vor Augen zu führen, und schon ging's mit ihrer Lebensfreude wieder bergauf.

Die Abkürzung, die ich nehme, wenn's bei mir mal brennt, lautet: »Wer wäre ich ohne meine Gedanken?« Also ohne einen einzigen Gedanken. Und dann ist mir, als würde jemand dichten Nebel in mein Gehirn blasen und ich könnte nichts mehr denken. Das stellt den zehnspurigen Gedankenhighway, der bei mir immer läuft, wenn ich Stress empfinde, einfach ab. Mühsal, Sorgen und Überlastung fallen aus wegen Bodennebel. Liebe Leserin, lieber Leser, versuchen Sie das mal, auch wenn Sie gerade nicht unter enormem Stress stehen. Lehnen Sie sich kurz zurück und atmen Sie aus. Wie wäre es, wenn Ihr Gehirn für ein paar Sekunden keine Gedanken mehr denken würde? Wie fühlt sich das an?

Bei mir hat es zur Folge, dass ich mehr spüre, höre, sehe, rieche, was um mich herum ist. Das erdet mich und erinnert mich daran, dass es an jedwedem Zeitpunkt meines Lebens immer nur den Moment gibt, in dem ich gerade bin. Ich muss mich nicht überschlagen, ich darf einfach Gast auf dieser Erde sein und meinen Weg Schritt für Schritt gehen. Schön. Ich atme auf.

So hat jeder seine eigene maßgeschneiderte Kurzmethode, die man quasi als Feuerlöscher im Notfall benutzen kann.

Welche Abkürzung nehmen Sie, wenn es mal brennt?

Angst

Was ist wahr, und was ist nur vorgestellt?

Meine Tochter hatte schon immer Angst vorm Arzt. Und mit immer meine ich: immer. Ich habe keine Ahnung, wann diese Prägung stattgefunden hat, auf jeden Fall so rechtzeitig, dass wir Arztbesuche in den ersten Jahren nicht anders kannten als eine Folter dritten Grades. Wir haben uns tatsächlich gefragt, ob wir schlechte Eltern sind, wenn wir die Arztbesuche durchsetzen. Und wer selber Kinder hat, weiß, dass es gerade in den ersten Jahren eine Menge davon gibt. Nein, der Herr Doktor hat unsere Tochter nicht angefasst oder ihr weh getan. Beileibe nicht. Es reichte, ihn zu sehen, dass er ihr in die Ohren schauen wollte oder in die Nase. Oft blieb uns nichts anderes übrig, als sie an Armen und Beinen festzuhalten, während sie schrie, als würde sie zur Schlachtbank geführt. Unsere Elternherzen schrien auch. Wenn die Prozedur vorüber war, waren wir erledigt für den Rest des Tages und fielen zur gleichen Uhrzeit wie unsere Tochter erschöpft ins Bett.

Als unsere Tochter zur Welt kam, waren Ärzte, Eltern und Erzieher in der Frage, ob man impfen solle oder nicht, sehr unterschiedlicher Meinung. Alle schlimmen Kinderkrankheiten waren so gut wie ausgerottet, was gegen das Impfen und dessen mögliche Folgen sprach. Andererseits öffneten sich mit der Globalisierung alle Grenzen, und es wurden neue oder ähnliche oder auch dieselben Erreger wieder eingeschleppt.

Ich halte es durchaus für möglich, dass unsere Entscheidung, unsere Tochter nicht im Säuglingsalter impfen zu lassen, zumindest unterschwellig von ihrer Arztphobie beeinflusst wurde. Wenn sie schon beim In-die-Ohren-Gucken das ganze Haus zusammenschrie und wir unsere gesammelten Kräfte brauchten, damit der Arzt seine Arbeit tun konnte, was sollte das erst werden, wenn er mit einer waschechten Spritze daherkam?

Unsere Tochter wurde vier, wurde fünf, kam in die Schule, und wir beschlossen eines Tages, dass es nun so weit sei. Die Aufgabe, es ihr beizubringen, fiel diesmal an mich. Ich war gespannt, welche Lösung wir finden würden.

Es lief ungefähr so:

»Schnuffi, ich muss dir was sagen.«

Meine Tochter sah erschrocken von ihrem Frühstücksteller auf. Ich atmete einmal tief ein und versuchte, so normal und selbstverständlich wie möglich zu klingen. »Du weißt ja, dass du noch nicht geimpft bist. Papa und ich wollten dich damit verschonen, als du noch klein warst. Aber nun bist du ja schon groß, und jetzt müssen wir das machen.«

Ich sah, wie ihr Körper sich anspannte und ihr das Buttermesser aus der Hand glitt.

»Wir kommen jetzt nicht mehr drum herum« – das wollte ich unmissverständlich klarmachen –, »und ich weiß, dass du Angst vorm Impfen hast. Deshalb möchte ich dich fragen, wie du's gern hättest. Was können wir für dich tun, damit es leichter wird? Was könnte diese Sache für dich erträglich machen?« Ich hatte ihr konkrete Fragen gestellt und konnte beobachten, dass sie tatsächlich anfing nachzudenken und wie ihr Körper sich wieder entspannte. Ideen, was ihr angesichts dieser Situation guttun würde, verdrängten die Horrorbilder vom Impfen. Es arbeitete zwei Minuten in ihr, und dann sagte unsere Sechsjährige:

»Also, erst mal möchte ich erst an dem Tag davon wissen, an dem wir zum Arzt gehen. Sag es mir nicht vorher, ja?« Sie überlegte noch ein bisschen und fügte dann an: »An dem Morgen will ich es aber schon wissen. Vielleicht kann ich es noch mit einer Freundin besprechen und mir Trost holen.«

Ich war gerührt und beeindruckt, ließ es mir nicht anmerken und versprach ihr, mich nach ihrem Wunsch zu richten. Dann lenkte ich das Gespräch auf etwas Erfreuliches, und das Thema war erst mal vom Tisch.

Ich vereinbarte den Termin beim Arzt, schrieb ihn in meinen Kalender und sagte ihr nichts davon. Der Tag rückte näher, und plötzlich war er da. Wir saßen wieder beim Frühstück.

»Schnuffi, ich muss dir was sagen.«

Sie sah mich an. Diesen Satz hatte sie irgendwo schon mal gehört. »Du hast dir gewünscht, dass ich es dir heute Morgen sage. Ich sage dir also, dass wir heute nach der Schule zum Impfen gehen.«

Ich hatte mir keine schlaue Idee zurechtgelegt. Mir war nichts eingefallen, womit ich den Ausbruch hätte entschärfen können, der mir nun gleich entgegendonnern würde. Ich war lediglich darauf vorbereitet, ihn auszuhalten und durchzustehen. Meine Süße wurde blass, und plötzlich kam, keine Ahnung woher, eine vage Idee in meinen Kopf.

»Sag mal«, begann ich, »du bist doch eine Turn- und Klettermaus...« Ich wartete auf ihre Bestätigung. »Du kletterst jeden Tag irgendwo drauf und fällst auch runter, nicht?« Ich wartete. Sie nickte zögerlich und wusste nicht, worauf ich hinauswollte. »So zwei Mal am Tag tust du dir auch weh, oder? Schon so, dass du weinen musst...« Sie überlegte, ob das hinkommen könnte, dann nickte sie. »Und obwohl du sicher sein kannst, dass es passieren wird, weinst du aber nicht morgens schon, weil du dir nachmittags weh tun wirst, oder?«

Sie lachte. Das schien eine alberne Vorstellung zu sein.

Jetzt kam ich zum Punkt: »Wollen wir das mit dem Impfen nicht auch so machen?« Sie sah mich an. Was sollte das eine mit dem anderen zu tun haben?

»Na, tut denn jetzt schon was weh?«, fragte ich und piekste mit meinem Finger in die Stelle an ihrem Oberarm, in die am Nachmittag die Spritze pieksen würde. Sie sah auf die Stelle, wie um sich zu vergewissern, was sie da piekste. Sie sah, spürte und stellte fest: »Nö.«

Keine Anzeichen mehr von Blässe. Ich hätte in die Luft springen können vor Freude. »Was meinst du, wollen wir nicht einfach warten, bis es wirklich wehtut? Ich verspreche dir, wenn der Moment gekommen ist, wo es wehtut, darfst du weinen, schreien, dich auf den Boden schmeißen und bekommst hinterher trotzdem ein Eis.« Ich blickte meiner Tochter ins Gesicht. Sie sah fröhlich aus. Ganz in echt.

Wir packten die Schultasche, schwangen uns auf die Fahrräder und redeten über etwas anderes. Vor der Schule traf sie auf ihre beste Freundin, und das schien sie an das drohende Unheil zu erinnern. Sie wollte sich doch Trost holen. Ich bemerkte, wie die Freundin zu mir herübersah und dann den Arm schützend um meine Tochter legte. Ach, dachte ich, wie schön. Eine gute Gelegenheit, den Zusammenhalt zu spüren. Vor dem Klassenzimmer piekste ich sie noch mal kurz in den Arm und fragte: »Tut's schon weh?«

Sie drehte sich weg. »Ach, Mama!«

Am Nachmittag fuhr ich mit dem Fahrrad zum Schulhort, stieg ein paar Meter vorher ab und lugte durch die Hecke. Ich war darauf gefasst, dass meine Tochter in Erwartung des Schrecklichen in den Armen der Hortbetreuer hing. Nein, hing sie nicht. Was sie tat, sah nach ganz normalem Nachmittagsspiel aus. Ich kam aus meiner Deckung und winkte ihr zu. Mein Anblick erinnerte sie daran, was wir heute Nachmittag vorhatten. Sie sackte zusammen, schlich ihre Schultasche holen und fiel dann in meine Arme. Ich hielt sie eine Weile fest und wiegte sie hin und her. Dann berührte ich sanft die Stelle an ihrem Arm und flüsterte: »Tut's denn schon weh?«

Ein bisschen haben wir noch gekuschelt, dann ist sie aufgestanden, hat ihr Fahrrad genommen, und wir sind losgefahren. Unterwegs haben wir uns unterhalten, auf den Verkehr geachtet, und alles schien mir normal. Bis wir vor der Haustür des Kinderarztes ankamen. Ich glaubte, ihre Hand zittern zu sehen, als sie ihr Fahrrad anschloss. Ich war mir sicher, ab hier nicht mehr mit meiner Tut's-denn-schon-weh-Nummer durchzukommen. Jetzt waren wir in der Höhle des Löwen angekommen, und alles, was sie sah, würde sie daran erinnern.

Ich fasste ihre Hand, fragte: »Okay?«, und gemeinsam stiegen wir die Treppen in den ersten Stock hoch. Ich öffnete die Tür, aus dem Wartezimmer quoll uns Kinderspiellärm entgegen. Ich wollte ihr eine Wahl lassen: »Kommst du mit zur Anmeldung, oder willst du spielen gehen?« Sie schüttelte den Kopf, was ich so deutete, dass sie nicht mit zur Anmeldung wollte. Hatte ich auch nicht erwartet. »Tut irgendwo was weh?«, traute ich mich leicht abgewandelt zu fragen. Sie schüttelte noch schnell den Kopf, und schon war sie im Wartezimmer verschwunden. Dort gab es ein Holzschiff zum Klettern. Ich meldete uns an und setzte mich zu ihr ins Wartezimmer. Sie kletterte, redete mit anderen Kindern, sah zu mir herüber, und kein Gedanke ans Impfen schien sie zu beschäftigen. Jedenfalls kein stressiger. Dass wir es ohne Komplikationen bis hierher geschafft hatten, war schon eine Sensation. Nun wurde unser Name aufgerufen. Ich stand auf. Ich reichte meiner Tochter die Hand, sie nahm sie, und wir gingen durch den Flur in das uns zugewiesene Behandlungszimmer. »Schon mal frei machen obenrum«, war die Ansage der Schwester. Ich hob meine Tochter auf den Behandlungstisch, sah ihr in die Augen und erkannte die Angst. »Zeig mir mal die Stelle, wo's wehtut, zeig mal hin, Süße.« Mir war, als hätte sie furchtbar gern irgendwohin gezeigt, wusste aber nicht, wohin. Stattdessen zeigte sie auf ein Plakat an der Wand. Darauf gab's viel zu sehen. Sie zeigte mir Schlittschuh laufende Pinguine und lachende Bärchen.

Die Schwester betrat das Zimmer. »So, mal obenrum frei machen«, wiederholte sie, und ich griff meiner Tochter ans T-Shirt. Sie aber presste ihre Arme fest an den Oberkörper.

»Ich bin stolz auf dich«, sagte ich. »Du hast das ganz toll gemacht bis hierher.« Ich war wirklich stolz. Sie ließ locker, und ich zog ihr das T-Shirt über den Kopf. »Gleich hast du's geschafft.« Die Schwester war zu uns getreten, und nun kam auch der Doc durch die Tür.

Die Augen meiner Tochter weiteten sich, sie zitterte und flehte: »Mami!«

»Halt dich bei mir fest«, sagte ich und schlang ihre Arme um mich. »Pass mal gut auf, wann's wirklich wehtut«, flüsterte ich in ihr Ohr, während der Arzt die Spritze aufzog. Sie wollte hinsehen. Die Stelle am Arm wurde desinfiziert. »Tut das weh?«, fragte ich. Sie presste einen Laut hervor, der Arzt hob die Spritze, meine Tochter schrie kurz auf, da steckte sie schon drin. Sie sah auf ihren Arm, als könnte sie es nicht fassen, dass da nun tatsächlich eine Spritze drinsteckte. Der Arzt zog die Spritze wieder heraus, meine Tochter atmete aus, sie bekam ein Pflaster und einen Stempel in ihren Impfausweis. Und schon waren wir wieder allein im Behandlungszimmer. Sie hatte nicht geweint, geschrien oder sich auf den Boden geworfen. Sie saß einfach auf dem Behandlungstisch und sah in die Luft.

»Hat's wehgetan?«

Sie schien überlegen zu müssen. »Nicht so richtig.« Sie zog ihr T-Shirt über. »Mami? Kann ich drei Kugeln?«

»Na klar.«

Wir gingen Eis essen, und ich verlor kein Wort mehr über den Besuch beim Arzt. Innerlich aber, innerlich blühte und strahlte ich, liebte ich meine Tochter über alle Meere und Berge dieser Welt und weiter.

Wir schwangen uns wieder auf unsere Räder, und als brauchte dieses Erlebnis einen Schlusssatz, sagte sie: »Mami, ich glaub, ich hab das jetzt verstanden.«

Mir rieselte schon die Gänsehaut über die Arme, egal was jetzt folgen würde. »Was denn, mein Schatz?«

»Man braucht nicht schon vorher Angst zu haben. Man kann warten, bis es wirklich wehtut.«

Wenn Sie jetzt glauben, so was sagt doch kein Kind, oder ich schreibe das hier nur hin, um die Geschichte abzurunden, dann irren Sie. Genau diese Worte hat sie gesagt.

Ich radelte neben ihr her, und mir war, als flöge ich. Ich sah keine Notwendigkeit, etwas hinzuzufügen. Sie hatte das Gefühl, es verstanden zu haben, das genügte. Ich war so reich beschenkt wie für Weihnachten und Ostern zusammen.

Wenn ich heute Anzeichen von Angst spüre, stelle ich immer fest, dass ich mit meinen Gedanken nicht da bin, wo mein Körper ist. Ich bin nicht hier, nicht im Jetzt, nicht in dieser

Sekunde, in der mein Leben gerade stattfindet. Ich bin in Gedanken in einer vorgestellten Situation in der Zukunft. Angst ist eine »Krankheit« der Phantasiebegabten, derer, die sich etwas vorstellen können, die sich etwas ausmalen und es für wahr halten – oder für sehr, sehr *wahr*scheinlich. Erich Kästner sagte es so: »Wenn einer keine Angst hat, hat er keine Phantasie.«

Dafür gibt es die ersten beiden Fragen der Work.

Wenn ich Angst spüre, stelle ich mir die Frage: *Ist das, was ich gerade erlebe, wahr oder vorgestellt? Kann ich absolut sicher sein, dass es wahr ist? Kann ich mir ganz sicher sein, dass es so kommen wird?* Meistens nicht.

Dann öffne ich meine Sinne. Ich schaue auf das, was vor mir ist, ich höre, was es gerade zu hören gibt, fühle, dass ich sitze, stehe oder liege. Riechen und schmecken kann auch hilfreich sein. Die Sinneskanäle zu öffnen bringt mich dahin, wo ich gerade bin. Und mein Körper versteht wieder einmal: Es gibt kein anderes Leben als die Sekunde gerade hier. Und schwups, schon ist sie vorbei. Und schwups ist die nächste vorbei.

Wenn ich verstehe, dass meine Angst und ihre Auswirkungen nur einer Vorstellung entspringen, nur einer Phantasie, kann ich in die Gegenwart zurückkommen. Ich kann mit der Angst bis zu dem Moment warten, wo das, was ich fürchte, wirklich geschieht. Und wenn es dann wehtut, darf ich weinen, schreien, mich auf den Boden schmeißen und bekomme hinterher trotzdem ein Eis.

Die Gedanken

Wie funktionieren unsere Gedanken?

*M*ein Mann sagte eines Tages, er müsse zum Friseur. Ich sah erst ihn an, danach seine Frisur. Dann fragte ich: »Warum?« Ich fand seine Haare gerade ganz schön. Er fuhr sich zweimal über den Kopf. »Na ja, es ist mal wieder dran.« Er wollte sogar wissen, wie ich es gern hätte, was ich wirklich aufmerksam fand. Wir schauten uns ältere Fotos an, und ich zeigte ihm welche, auf denen sein Haarschnitt mir besonders gut gefiel. Er verstand, was ich meinte, wollte es so machen, wir lachten und freuten uns, dass die Verständigung darüber so einfach war. Am nächsten Tag hatte er seinen Termin. Als er nach Hause kam, hörte ich ihn an der Tür, ließ meine Arbeit liegen und eilte ihm entgegen. Ich war gespannt. Wir trafen uns im Flur, und es fiel mir schwer, meine Enttäuschung zu verbergen. Sein neuer Haarschnitt sah nicht im Entferntesten so aus wie auf den Fotos. Ich fragte ihn, ob er zufrieden sei, und er sagte ja. Ich versuchte, es nicht so schwer zu nehmen. »Wächst ja wieder« und »nach einem Mal Waschen sieht's wieder ganz anders aus«, waren die Sätze, mit denen ich mich zu trösten versuchte. Den Rest des Tages schlich ich um ihn herum und versuchte, nicht so oft hinzusehen. Es war sicher nur eine Gewöhnungsfrage. Morgen würde es schon besser sein!

Am nächsten Morgen war gar nichts besser. Wenn ich ehrlich war, fand ich den neuen Haarschnitt richtig unvorteilhaft.

Und wenn ich so richtig, richtig ehrlich war, fand ich meinen Mann sogar unattraktiv. So gefiel er mir nicht. Hätten wir uns mit dieser Frisur kennengelernt, wäre da sicher nichts gelaufen. Das betrübte mich. So banal konnte die Welt nicht eingerichtet sein, so banal wollte ich nicht gestrickt sein. Ich wollte ihn wegen all dem lieben, was ihn ausmacht, wegen seiner Poesie, seiner Art, etwas anzupacken, seinem Lächeln, seiner Hilfsbereitschaft. Es konnte doch nicht sein, dass mir das alles nichts mehr wert war, nur weil die Haare ein bisschen anders waren als gestern noch. Diese Gedanken kamen mir kleinkariert vor. Sie passten gar nicht zu dem Bild, was ich von mir selber hatte.

Mein Mann setzte sich, legte die Beine hoch und hatte diese neumodischen Socken an. Die, die beim Erscheinen des Buches schon wieder out sein werden. Sie gehen nur bis zum Knöchel und erinnern mich immer an Taucherflossen. Ich weiß nicht, was, aber irgendetwas habe ich gegen diese Dinger. Normalerweise gehe ich darüber hinweg, und mein Verstand weiß ja auch, dass es seine Sache ist, welche Socken er trägt. Aber nun, in der Gleichzeitigkeit mit dem neuen Haarschnitt, juckte es mich doch, ein paar Worte darüber zu verlieren.

Was mich aber noch mehr verärgerte, waren meine eigenen Gedanken. Ich schämte mich dafür, solch einen Murks zu denken. Tief in meinem Herzen wollte ich natürlich, dass mein Mann frei ist, dass er anzieht, was er möchte, und die Frisur trägt, die ihm gefällt. Und doch dachte ich diese Gedanken. Sie waren da. Am liebsten hätte ich sie einfach wegradiert, aus dem Fenster geworfen oder im Kamin verbrannt.

Morgens, wenn der Tag in mein Zimmer kriecht und ich mich gerade aus dem Schlaf herausrekle, fangen die Gedanken schon an, durch meinen Kopf zu ziehen. An manchen Tagen wie feiner Nebel, an anderen rattern sie wie eine ganze Fabrik. Bin ich das? Hab ich diese Maschine angestellt? Habe ich einen direkten Einfluss darauf, wann welche Gedanken auftauchen? Hirnforscher haben herausgefunden, dass wir zwischen 60 000 und 80 000 Gedanken am Tag denken. Produziere ich die alle? Wo kommen die her, wo gehen sie hin? Kann ich sie steuern und lenken? Kann ich einem stressigen Gedanken sagen, er soll mich in Ruhe lassen? Verschwindet er dann?

Wenn Sie mögen, beobachten Sie mal ein paar Tage, wie es sich mit Ihren Gedanken verhält. Meine Erfahrung ist, dass Gedanken den ganzen Tag lang herumschwirren wie kleine Staubteilchen in der Luft. Sobald ich die Augen aufschlage, geht's los. Das sind ein Gesurre und Gesumse, ein Geschnatter und Vorgedrängel. Ich habe all diese Gedanken nicht eingeladen, sie sind von selbst aufgetaucht. Manchmal bleibe ich mitten im Raum stehen und bemerke, was für ein Rummel in meinem Kopf tobt. Ein Gedanke schreit lauter als der andere: Ich bin wichtig! Nein, hör nicht auf ihn, ich bin wichtiger!

Was kann ich nun tun? Muss ich den Lärm ertragen, bis der Rummel abends zumacht?

Abgesehen von Meditation, Schlaf und Alkohol oder anderen Drogen kenne ich nur zwei Möglichkeiten, dieses Geschwirre zur Ruhe zu bringen.

Nummer eins:
Bei der Menge der Gedanken, die tagtäglich durch mich hindurchrauschen, macht es einen großen Unterschied, welche ich glaube und welche nicht. Diejenigen, die ich nicht für wahr halte, ziehen einfach weiter. Sie bekommen von mir keine Fläche geboten, an der sie sich festsetzen können. Sie können mich weder erfreuen noch verletzen. Ich glaube sie einfach nicht.

Diejenigen jedoch, die ich für wahr halte, lade ich ein, bei mir zu Hause zu sein. Sie bekommen ein schönes Plätzchen zugewiesen in meinem schon vorhandenen Glaubenssystem. Irgendwo wird schon ein ähnlicher Glaubenssatz sitzen, und da setze ich den neuen einfach daneben. Passt. Sie sind meine Gefährten und haben Einfluss auf mich. Und wenn ich mir einen stressigen Gedanken nach Hause eingeladen habe, wird er in meinem Haus auch Stress verbreiten.

Mit der Work kann ich überprüfen, ob ich diesen Stress auslösenden Gedanken wirklich einladen wollte. In den meisten Fällen merke ich, dass wir beide nicht zueinander passen. Dann schnürt er seinen Ranzen und zieht weiter. Meist nimmt er seine gleichgesinnten Kumpane (die mir noch einflüstern wollten, was das alles Schlimmes bedeutet, wenn ich die Frisur meines Mannes mal nicht mag; dass ich ihn dann nicht mehr liebe und ich nur auf Äußerlichkeiten fliege, was wiederum heißt, dass ich ein oberflächlicher Mensch bin) mit, und in meinem Haus ist viel weniger Stress. Ruhe und Frieden dürfen sich wieder ungestört ausbreiten. Der Gedanke ist zwar noch auf der Welt, aber er ist nicht mehr bei mir zu Hause. Und falls ihn sein Weg mal wieder an meinem Haus vorbeiführen sollte, kann ich ihm freundlich vom Fenster aus zuwinken.

Nummer zwei:

Der zweite wichtige Unterschied im Umgang mit Gedanken liegt darin, ob ich ihnen mit Verständnis begegne oder ob ich sie kontrollieren und weghaben will. Wenn ich mit ihnen kämpfe, lass ich sie nicht ziehen, sondern fordere sie immer weiter heraus. Wir werden uns tiefer ineinander verstricken und ständig neue Schlachtfelder eröffnen.

Wenn ich ihnen allerdings mit Verständnis begegne, reiche ich ihnen die Hand, und wir schließen Frieden. Das geschieht im Prozess der Work. Ich kann einfach wahrnehmen, was ich über seine Frisur oder die Socken denke. Es sind nur Gedanken. Ich brauche mich nicht für meine Gedanken zu verurteilen, ich habe sie ja auch nicht gemacht. Wenn ich keine Angst vor meinen Gedanken habe, kann ich neugierig sein und wahrnehmen, was der Gedanke noch alles im Schlepptau mitführt. »Wenn ich wirklich so oberflächlich bin, dann soll das keiner wissen«, »ich werde der Welt etwas vorspielen müssen« und »ich muss mich schämen«.

Aha, könnte ich sagen, das ist es also, was ich so vor mich hin denke. Ich mache mein Denken nicht, es denkt einfach. Den ganzen Tag. Ich habe liebevolle Gedanken, und ich habe fiese Gedanken, und ich habe auch verurteilende Gedanken. Wenn ich meinen Gedanken mit Verständnis begegne und sie alle willkommen sind, befinden wir uns nicht länger im Krieg. Gedanken richten keinen Schaden an, solange ich nicht glaube, sie seien wahr. Es sind nicht meine Gedanken, die Leiden verursachen, es ist mein Anhaften an sie. Anhaften ist Festhalten.

Ich kann förmlich spüren, wie ich meine Gedanken festhalte und ihnen einen Platz in meinem Haus anbiete, wenn ich mir diese Schreckensgeschichte über mich selbst erzähle. Die Geschichte von fehlender Liebe und Oberflächlichkeit und einem Leben, in dem ich mich verstecken muss.

Als Gegenentwurf kann ich mir vorstellen, diese Gedanken nicht zu glauben. Ich lasse sie einfach weiterziehen, und dann sind sie vorbei. Nach einer kurzen Weile sind sie schon in der Ferne und dann ganz fort. Ich habe ihnen nicht einmal nachgeschaut.

Ich setzte mich also zu meinem Mann an den Tisch und sagte: »Ich möchte dir gern mal sagen, was ich für Gedanken habe.

Darf ich? Ich hab mich nicht gut gefühlt mit ihnen und allerhand Befürchtungen gehabt, was geschieht, wenn du mitbekommst, was ich da denke. Ich hab ihnen gesagt, sie sollen weggehen, aber das haben sie nicht getan. Deswegen würde ich sie gern mal richtig da sein lassen und sie dir mitteilen. Geht das?«

Mein Mann nickte. Nach so einer Vorrede war er neugierig.

»Also, erst habe ich nur gedacht, dass ich deine Socken nicht mag. Und dass ich deine Frisur doof finde. Ehrlich gesagt, richtig doof.« Ich sah ihm ins Gesicht. »Und dann kamen in Windeseile schreckliche Gedanken hinterher, was das alles bedeutet. Lauter kleine Interpretationen.« Ich zählte ihm meine Liste mit Befürchtungen auf, die sich bemerkbar gemacht hatten. Und was tat mein Mann? Er stand auf, nahm mich in den Arm, drückte mich, als wollte er alles Überflüssige aus mir herauspressen, und ich spürte, wie ich ihn liebe. So standen wir eine Weile, hielten uns, spürten uns, und ich konnte mir nicht mehr erklären, woher diese Befürchtungen gekommen waren. Sie waren verschwunden. Er machte eine Bewegung mit der Hand, als würde er eine kleine Fliege verscheuchen: »Sind das nicht alles nur Gedanken?«

So ist es, dachte ich. Nur Gedanken. Und wenn ich sie gar nicht erst festhalte, brauche ich sie auch nicht loszulassen.

Sich verlieben

Die Kraft der Umkehrung

*I*ch hatte mich verliebt (ja richtig, es war Frühling). Ich steckte in einer Beziehung und das Objekt meiner Begierde auch. Wir waren uns im größeren Freundeskreis begegnet und hatten uns, nach vielsagenden Blicken und tiefgehenden Worten, todesmutig auf ein Glas Wein verabredet. Als wir uns dann trafen, waren wir beide aufgeregt, konnten darüber lachen, und es wurde ein schöner Abend.

Nie hätte ich mich getraut, ihn zu küssen. Er tat es, zum Abschied. Kein verhuschtes Küsschen auf die Wange, nein, seine Lippen auf meinen Lippen. Bestimmt drei Sekunden lang – oder waren es fünf? Wir lächelten uns noch ein letztes Mal an, und dann ging er nach rechts die Straße hinunter und ich nach links. Ich schwebte nach Hause, schlang im Bett die Arme um meinen Mann und dachte: wie schön, dass so etwas möglich ist.

Ich erwachte mit Gedanken an den Kuss vom Vorabend. Mittags wurde mir bewusst, dass ich schon fünf Mal auf mein Handy geschaut hatte, und abends wurde ich traurig. Wo blieb er denn? Kein Gruß? Auch kein kleiner? Am folgenden Tag hätte ich den Kuss gern zurückgenommen, am dritten kam Wut. Am vierten war ich mir sicher, er mochte mich gar nicht, und an Tag fünf war mir alles egal. Ich wollte mich zusammenreißen. Ich kannte ihn doch gar nicht. So ungemein wichtig konnten anderthalb Begegnungen nun auch wieder nicht sein. Am Ende der Woche formulierte ich eine SMS, die stilistisch die Leichtigkeit eines Windhauches besaß. Auf keinen Fall wollte ich mich aufdrängen. Nach einer Woche konnte man durchaus mal eine SMS schreiben, das machte einen entspannten Eindruck. Keine Spur von Klammern.

Nein, ich brauchte ihn nicht, er sollte sein Leben nicht für mich aufgeben. Ich wollte ihn nur wiedersehen. Das war alles. Klare Ansage. Abgeschickt. Jetzt war er dran.

Ein paar Stunden lang war ich neugierig, was er wohl antworten würde.

Der Herr antwortete aber nicht. Nicht an diesem Tag und nicht am nächsten. Das war der Dolchstoß, den ich noch gebraucht hatte. Jetzt hatte ich keine Lust mehr, auf ihn zu warten, ich konnte endlich anfangen, mir selber zu helfen. Zettel raus, Stift in die Hand und los. Ich schrieb alles auf, was ich über ihn dachte. Was will ich denn von ihm? Was ist es, das ich so heiß ersehne, das ich zu brauchen glaube und das ich lieber jetzt gleich und auf der Stelle hätte als später? Was sollte ER in mein Leben bringen?

Ich schrieb: *Er ist so weich, er ist zurückhaltend und eindringlich zugleich, er ist so aufmerksam, er ist unabhängig und sich seiner selbst auf wunderbare Weise bewusst. Er kann schweigen, Blicke aushalten, hat nicht auf alles eine kluge Antwort und nicht den Drang, perfekt zu sein.*

Sie sehen, ich war hingerissen.

Abgesehen davon, dass ich heute, da ich den Herrn etwas besser kenne, diese Eigenschaften nicht mehr so ausgeprägt in ihm sehe, wurde mir schon damals klar: Ich habe sie aufgrund von ein, zwei schönen Momenten in ihn hineininterpretiert. Es waren MEINE Gedanken über ihn, meine Glaubenssätze.

Und dennoch hatte ich das Gefühl, all das haben zu wollen,

ja, es zu brauchen. Sogar dringend. Er sollte alle diese herrlichen Eigenschaften in mein Leben bringen. Also habe ich alles, was ich über ihn (einen Mann, den ich summa summarum drei Stunden kannte) geglaubt habe, zu mir umgekehrt. Die ganze Liste. *Ich bin weich, ich bin aufmerksam, ich kann schweigen.* Ich atmete auf. Ich konnte spüren, dass mir diese Dinge gefehlt hatten. Ich wollte, dass es in meinem Leben mehr Aufmerksamkeit gab, mehr Weichheit.

Es war, als bräche nach einer Woche Dauerregen die Sonne hervor. Ich begann, selbst aufmerksamer zu sein und mir weichere Reaktionen zu gönnen. Das war schön. Wie eine Liebkosung. Ich sah Details, die mir sonst entgangen waren, ich hielt ab und zu inne und konnte alles, was geschah, viel mehr genießen. Ich war in der Lage, meinem Mann entspannter zuzuhören, Pausen zuzulassen und zu spüren, wie es ihm geht. Meine Sinneskanäle waren offen, und mir war, als würde ich diese Welt gerade erst entdecken.

Ich erlaubte mir, nicht mehr perfekt sein zu müssen. Und siehe da: Ich brauchte den Herrn nicht. Ich hatte den ganzen Stress von der Backe. Ich musste mich nicht von meinem Mann trennen, ich musste keine Affäre beginnen. Ich konnte mir das, was er in mein Leben bringen sollte, selber geben (und ihn dann in Ruhe kennenlernen).

Das ist die Kraft der Umkehrungen. Und wie viel besser fühlt es sich an, mir etwas selbst zu geben, anstatt darauf hoffen zu müssen, dass jemand anders bereit sein wird, es zu tun.

Die Erfahrung zeigt: Andere sind nicht immer bereit dazu. Sie sind beschäftigt, im Moment selbst in einer schwierigen Situation oder haben gerade keine Lust, sich meinen Kram anzuhören. Ich bin aber immer bei mir; und niemand kann so gut wissen wie ich selbst, was ich gerade brauche.

Nun fragen Sie sich vielleicht, wozu Sie andere Menschen noch brauchen, wenn sie nichts mehr für Sie tun sollen? Ich möchte Sie einladen, sich für diese Frage Zeit zu nehmen. Wofür brauchen Sie andere Menschen, wenn die anderen nicht mehr verpflichtet sind, Ihnen Anerkennung zu zollen? Wofür sind andere Menschen da, wenn sie nicht mehr Ihre Sicht auf die Welt bestätigen müssen? Was ist der Sinn von einem Freund, wenn er nicht mehr alles großartig finden muss, was Sie tun (es ist ja schließlich ein Freund!)? Wie fühlt es sich an, die anderen Menschen freizulassen? Sie dürften sagen, was sie wirklich denken, dürften etwas anderes vorhaben oder müde sein. Wie wäre das?

Meine Antwort ist (und bitte, finden Sie Ihre eigene):

Die anderen müssen gar nichts. Das fühlt sich für mich wunderbar an, denn (und das ist wieder eine Umkehrung) ich möchte auch nicht unter dem Druck stehen, etwas zu müssen. Das ist mir zu viel Stress, viel zu anstrengend.

Das Großartige ist: Wenn ich keine Forderungen an andere habe, keine Erwartungen, keine Bedingungen, dann kann ich mich zurücklehnen und in Ruhe warten, was den anderen aus dem Herzen kommt. Von alleine, frisch, ungefälscht und ehrlich. Kein Verbiegen, kein Stress. Das ist die Welt, in der ich leben möchte. Und indem ich die anderen freilasse, lebe ich schon dort.

Gute Geräusche – schlechte Geräusche

Wer wäre ich ohne meine stressigen Gedanken?

*A*ls mein Mann noch nicht mit mir zusammenwohnte, bewohnte er ein kleines Häuschen auf dem platten Land. In der Nähe war ein See mit dem herrlichsten Seewasser aller Zeiten. Im Sommer gingen wir baden und im Winter Schlittschuh laufen.

Allerdings hört sich das jetzt romantischer an, als es war. Abgesehen davon, dass es unter seinen Nachbarn unausgesprochene Regeln gab, wie hoch der Rasen zu sein hatte, wann die Hecken geschnitten werden mussten und was man als Unkraut bezeichnet, beschlichen mich dort mitunter noch andere seltsame Gedanken. Einer davon war eine vage Vermutung, warum Menschen sich Häuser auf dem Land anschaffen. Nicht, damit sie dort in Ruhe die Natur genießen können. Nicht, damit sie sich von einer anstrengenden Woche erholen, die Beine hochlegen und endlich die Bücher lesen können, die sie schon lange mal lesen wollten. Und auch nicht, damit sie ihr Gärtnerherz entdecken, die Hände tief in die Erde stecken und glücklich werden. Nein.

Weit gefehlt. Nach vier Jahren, in denen ich das Dörfchen regelmäßig besuchte, war ich mir sicher: Menschen kaufen sich Häuser auf dem Land, damit sie daran herumbauen können. Anbauen, wegreißen, mauern, ausbessern, neue Fenster und Türen einsetzen, vergrößern, verkleinern, irgendwas sägen, Carport fürs neue Auto zusammenschrauben, Einbruchssicherungsanlagen installieren, neue Zäune errichten und … nein, hier ist die Aufzählung noch nicht zu Ende. Rollläden und Sonnenschutz an Fenstern anbringen, Fußboden verlegen, das Dach isolieren, Zement anrühren und auf die Terrasse kippen, Kamine einbauen und in die bisher ungenutzte hintere Ecke des Grundstücks noch einen Unterstand für das gehackte Holz hinklotzen. Tja. Ich sage Ihnen, so ist's. Bauen ist das neue Gärtnern.

Und das Erstaunlichste daran ist, dass ich den Lärm, den Dreck und all die Unruhe immer wieder vergessen konnte. Plante ich, aus der Stadt heraus und zu meinem Mann aufs Land zu fahren, hatte ich stets die unberührte Natur vor Augen, den Tau auf dem frühmorgendlichen Gras, das In-Ruhe-Ausschlafen und das Zur-Ruhe-Kommen. Ich freute mich auf die Besuche der Vögel vor unserem Fenster, die würzige Luft, wenn wir am Morgen vor die Tür traten, und das Pausemachen im Garten. So auch diesmal.

Ich schrieb gerade einen Roman und befand mich im Landeanflug auf das Ende. Es mussten alle angerissenen Erzählstränge zusammengeführt werden, und ich war gespannt, ob es tatsächlich zu dem Ende kommen würde, das ich mir ausgedacht hatte. Ich wollte noch vier Tage in Ruhe arbeiten, mich noch einmal vollständig in die Geschichte versenken und meine Figuren bis zu ihrem Höhepunkt begleiten. Ich wollte ungestört emotional sein dürfen, entspannt meinen Gedanken nachhängen und in Ruhe das letzte Kapitel schreiben. Das kleine Häuschen in Seenähe schien mir dafür der ideale Ort zu sein.

Am Abend kam ich in völliger Dunkelheit am Häuschen an, verschwatzte eine Stunde mit meinem Mann, und wir fielen müde ins Bett. Um 6.15 Uhr klingelte sein Wecker. Ich stand mit ihm auf, kochte Kaffee, winkte ihm, als er zur Arbeit fuhr, und machte es mir am Schreibtisch gemütlich. Ich klappte meinen Computer auf, las die letzten Seiten noch einmal durch, überflog meine Notizen für das Ende und legte die Finger auf die Tastatur. Gerade schoben sich Gedanken zusammen, gerade wollten Worte aus dem Kopf in die Finger fließen – da erbebte ich. Und nicht nur ich. Mit mir erbebte die Erde, und ein Donnergrollen erschütterte den bis eben noch friedlichen Morgen auf dem Land. Es brauchte einige Atemzüge, bis ich mich vom ersten Schreck erholt hatte. Ich hob den Blick. Und jetzt sah ich sie, die Baustelle. Das Grundstück vor uns, hinter einem kleinen Hügel versteckt, hatte kein Haus mehr. An seine Stelle war eine Grube getreten, rundherum nur Sand und aufgestapelte Bauteile. Auf dem Sand fuhr ein Bagger. Als wären sie vom Himmel gefallen, waren da plötzlich vier Arbeiter in Blaumännern, schrien sich ihre Unterhaltung über den Lärm des Baggers hinweg zu, und es sah aus, als fänden sie das normal. Ich starrte nach draußen, sah regungslos zu, was sich da zusammenbraute, und mir wurde klar: Bis zur Mittagspause würde es keine Ruhe mehr geben. Das waren fünf Stunden. Danach würde es bis in den Abend weitergehen. Und morgen ebenso und übermorgen und so fort, bis ich das Dörfchen längst würde verlassen haben. Ich sah mich zerstört über meinem Computer hängen, meine Nerven in Fetzen. Ich sah mich, wie ich am Ende der vier Tage die eine Seite in den Papierkorb warf, die ich unter Qualen zusammengestümpert hatte. Meine Gedanken flogen hinaus. Wohin sollte ich fliehen? Gab es hier irgendwo ein Plätzchen für mich und meine Geschichte, die zu Ende gehen wollte? Und wie ich so nachsann, wer mir Unterschlupf gewähren könnte, donnerte es in meinem Rücken. Ich sprang auf. Der gleiche Donner noch einmal. Ich glaubte tatsächlich zu spüren, wie unser Haus sich bewegte. Ich lief zum hinteren Fenster und musste mit ansehen, wie auf dem angrenzenden Grundstück zur anderen Seite Pfähle in den Boden gerammt wurden. Dort stand zwar das Haus noch, aber die Terrasse war abgetragen worden. Ich war von Baustellen umgeben.

Mechanisch ging ich zu meinem Schreibtisch zurück und setzte mich. Es ratterte und grölte von vorn, es stampfte und dröhnte von hinten. Ich stand auf, lief ein paar Schritte und setzte mich wieder. Ich konnte keinen klaren Gedanken fassen. Außer diesem einen: *So kann ich nicht arbeiten.*

Mein Glück war, dass ich das Haus nicht Hals über Kopf verließ, dass ich in meiner ersten Verzweiflung nicht wieder abgefahren bin. Ich war so vollständig überrumpelt, dass ich nun einfach am Fenster stand, ohne etwas zu tun. Ich sah hinaus, sah den Männern beim Arbeiten zu. Ich dachte daran, was ich mir wohl bauen würde, wenn ich denn bauen würde. Daran, wie gern ich selbst meine erste Wohnung ausgebaut hatte und wie gut es gelungen war. Draußen war es keinen Dezibel leiser. Ich stellte fest: Ich kann hier stehen. Ich kann auch hier denken. Schließlich waren gerade Gedanken durch meinen Kopf gegangen. Viel mehr brauchte ich zum Arbeiten eigentlich auch nicht. *Stimmte es, dass ich so nicht arbeiten konnte?* Wie oft hatte ich mich schon über Lärm geärgert, wie oft mich beim Arbeiten, Schlafen und Lesen davon gestört gefühlt? Ich war mit meinem Arbeitszimmer schon mehrmals innerhalb der Wohnung umgezogen, und wir hatten bereits über eine kostspielige Geräuschdämmung nachgedacht. Zugespitzt war es ein Leben auf der Flucht.

Und was, wenn ich nicht fliehen müsste? Was, wenn ich hierbleiben könnte und auch mit den Baustellen arbeiten könnte?

Der Bagger schlug seine Schaufel in die Erde, hob seine

Beute an, fuhr zurück und brummte nun in einer anderen Tonlage. Große Lust verspürte ich nicht, meinen Arbeitsplatz in die Kneipe des nächsten Dorfes zu verlegen.

Wenn ich hier trotz des ohrenbetäubenden Lärmes arbeiten könnte, wäre das nicht nur praktisch, es wäre revolutionär. Ich wäre nicht mehr abhängig von Ruhe.

Wem es so geht wie mir, der weiß, wie anstrengend und umständlich diese Art Abhängigkeit ist. Denn den Lärm machen immer die anderen. Wenn man auf Ruhe angewiesen ist, steht man dauernd vor den Türen irgendwelcher Nachbarn und muss Bittebitte sagen. Man verbringt Tage und Nächte mit klebrigen Ohropax in den Ohren, und die Polizei sagt: »Ah ja, Frau Rudolph, schönen guten Abend«, wenn ich um zwei Uhr nachts mal wieder darum bitte, dass vor der Kneipe gegenüber um diese Uhrzeit nicht mehr gegrölt wird.

Ich sah aus dem Fenster und dachte: Wie wär's? *Wie wäre es, wenn ich nicht glauben würde, dass ich so nicht arbeiten kann?* Wie würde sich das jetzt und hier anfühlen? Ich sah den Bagger, und ich hörte den Bagger. Alles im Außen blieb gleich. Nur ich stellte mir diesmal nicht lauter schwierige und unpraktische Konsequenzen vor. Sondern, dass mein Gehirn den Satz nicht denken könnte: *So kann ich nicht arbeiten.* Ich hatte keine Eile damit. Ich stand am Fenster, und wenn ich nichts Schlimmes über das dachte, was ich sah, verlor der Lärm seinen Schrecken. Ich konnte spüren, wie mein Körper sich entspannte. Ich ließ es geschehen.

Die Bauarbeiter schrien sich irgendetwas zu. Die wollten nur ihre Arbeit machen. Ohne den Gedanken, dass ich so nicht arbeiten konnte, war ich gelassen.

Der Schreibtisch wartete schon auf mich. Ich setzte mich und stellte mir vor, wie ich meine Arbeit machte und wie alle anderen Menschen auf der Welt gerade ihre Arbeit machten.

Ich war von der Idee erfüllt, wie wunderbar es wäre, wenn das Experiment gelänge. Ich las meine Notizen und das Ende des letzten Kapitels noch einmal durch und legte die Finger auf die Tastatur. Meine Gedanken krochen in die Geschichte des Romans, weilten in Berlin, dort, wo ich sie hinhaben wollte. Ich saß mit Tamara und Herrmann auf einer Bank am Schloss Charlottenburg, und es war der erste Frühlingstag des Jahres. Meine Finger glitten über die Tasten, schrieben sich weiter dem Ende entgegen. Erst als ich Hunger bekam, bemerkte ich, dass die Zeit schon zwei Stunden fortgeschritten und das Manuskript drei Seiten länger war. Es hatte funktioniert. Für zwei Stunden. Eine Amsel setzte sich vor meinem Fenster auf den Rasen, pickte zwischen den Halmen nach Futter, und ich verstand nicht mehr, wieso ich mir die Welt so kompliziert eingerichtet hatte. Das Vogelzwitschern galt als gutes Geräusch. In ihm lag der Klang von Mutter Natur, von etwas, das es zu schützen galt. Eine Baustelle hingegen galt als ein störendes Geräusch. Das waren Maschinen, laut, kalt, brutal. Wer hatte das denn festgelegt? Wer hatte diese Ordnung geschaffen? Eine Fahrradklingel ist freundlich und ein Hupen aggressiv? Meeresrauschen ist angenehm und das Rauschen der Autobahn eine Zumutung? Wie wäre es, wenn wir das umkehren könnten? Sind die meisten von uns nicht wesentlich öfter auf der Autobahn als am Meer? Könnte es nicht sein, dass wir ein Geräusch als angenehm empfinden, wenn wir etwas Angenehmes über den Verursacher denken?

Die Amsel flog fort, und ich holte mir einen Apfel. Plötzlich empfand ich Dankbarkeit gegenüber der Baustelle. Wie gut, dass es sie gab. Ich schrieb weiter bis zum Nachmittag und war kein bisschen gestresst, als die Bauarbeiter Punkt siebzehn Uhr mit dem Arbeiten aufhörten. Nicht nur, dass ich gut hatte schreiben können – nein, ich war am Ende des Tages auch noch stolz und auf eine erhabene Weise berührt. Davon, dass Lautstärke ab jetzt kein Problem mehr sein müsste. Dass ich keine Ruhe mehr brauchte, um arbeiten zu können.

Mittlerweile arbeite ich überall. Aus: *So kann ich nicht arbeiten* wurde: *Ich kann überall arbeiten*. Ich habe ein kleines Taschennotebook, und wo immer ich sitze, im Zug, Flugzeug oder Auto, mit vielen Menschen oder ohne, mit greinenden Kindern oder schnatternden Reisegruppen – ich kann arbeiten. Ich lenke meine Aufmerksamkeit auf das, was ich tun möchte, und dann tu ich es.

Lieben, was auftaucht

The Work ist eine Meditation

𝒜ls ich anfing, mich selbst durch den Prozess von The Work zu begleiten, fügte es sich, dass ich auch gerade Zeit dafür hatte. Oft brütete ich zwei, drei Stunden über dem Urteile-über-deinen-Nächsten-Arbeitsblatt, mit dem man die stressigen Glaubenssätze finden kann. Ich hatte nicht vor, mich zu schonen, wollte mich erkennen und mit meinen Geschichten aufräumen. Wieder und wieder führte ich mir Situationen vor Augen, die mich im Zusammenhang mit der Person, über die ich schrieb, gestresst hatten. Noch einmal bekam ich nicht, was ich mir gewünscht hatte, noch einmal wurde ich ungeliebt zurückgewiesen, bloßgestellt, übergangen, links liegen gelassen, für minderwertig erklärt und ausgeschlossen. Ich sah in alle Dreckecken und dorthin, wo es wehgetan hatte und immer noch tat. Ich kramte alte Fotos raus und blätterte in Tagebüchern und Kalendern. Jedes schmerzliche Detail war wichtig. Ich kritzelte noch die Ränder voll und brauchte Zusatzblätter. Es war eine Reise zum Schmerz. Das Arbeitsblatt lebte. Ich war in mein Leben und was ich darüber dachte eingetaucht und hatte aus den Gefühlen heraus geschrieben, die ich damals wirklich gehabt hatte. So manches Mal habe ich mich für meine Gedanken geschämt, habe mich erwischt, wie ich einen Satz für die Fixierung auf dem Papier abschwächen wollte. Als würde ich dieses ausgefüllte Arbeitsblatt später vor der Workpolizei verantworten müssen. Manchmal prustete ich auch laut heraus, weil es so absurd war, was ich gedacht hatte. Und doch hatte ich es gedacht. Also schrieb ich es hin.

Ich machte auch vor Personen nicht halt, die schon gestorben waren. Stressige Gedanken über andere hören nicht auf, nur weil sie nicht mehr leben. Ich urteilte und verurteilte so hart, wie ich es auch getan hatte, als ich verletzt gewesen war, enttäuscht und wütend. Das war kein Text, den ich gern herumgezeigt hätte.

Fiel mir wirklich nichts mehr ein, machte ich eine Pause, ging ein paar Schritte und trank ein Glas Wasser.

Dann nahm ich mir weißes Papier und einen Stift und überflog mein übervolles Arbeitsblatt. Ich fuhr mit dem Gefühlsscanner über jeden einzelnen Satz. Ich prüfte, wie sehr ich jetzt und hier etwas vermisste, ablehnte oder anders haben wollte. Ich konnte gut fühlen, welcher Satz schmerzte und welcher nicht.

Den Satz, der mich am meisten ansprang, wählte ich aus und schrieb ihn oben auf das weiße Blatt Papier. Das war mein stressiger Glaubenssatz, den ich nun mit den vier Fragen und den Umkehrungen überprüfen wollte. Schon allein, den Satz da so geschrieben zu sehen und ihn noch einmal zu spüren, zu fühlen, wie viel Stress und Ärger darin lagen, war hilfreich. Manchmal drängte sich schon hier eine Umkehrung auf, oder eine der vier Fragen wollte gestellt werden. Ich nahm mir vor, alles der Reihe nach und ganz in Ruhe zu machen.

Zu Beginn einer jeden Überprüfung mache ich mir noch einmal klar, dass ich keine Ahnung habe, was dabei herauskommen wird. Wenn ich glaube, schon zu wissen, was ich auf der Reise finden werde, fange ich nicht an. Das Einzige, was ich tue, ist, meinen Verstand und mein Herz zu öffnen. Ich schaffe die Voraussetzungen, um die vergessenen Antworten zu finden, die in mir wohnen. Ich vertraue, dass es sie gibt und dass sie sich zeigen werden, wenn ich nett zu ihnen bin. Und ich habe eine Vereinbarung mit mir, alles, was auftaucht, freundlich zu behandeln. Alles. Auch wenn ich stecken bleiben sollte, keine erlösenden Antworten finde, das Ende vielleicht nicht erreiche oder meine Gedanken sich immer wieder anderen Themen zuwenden. Es ist ein Vertrag mit mir selbst, mir und meinen Gedanken für die Zeit der Überprüfung mit Verständnis zu begegnen. Diesen Vertrag habe ich mittlerweile auf mein ganzes Leben ausgedehnt.

Ich kenne viele Menschen, denen es schwerfällt, freundlich mit sich zu sein. Sie haben einiges an sich zu bemängeln, und ihr innerer Kritiker ist stets im Dienst. Für diejenigen kann es hilfreich sein, am Anfang einen begrenzten Zeitraum dafür festzulegen, eine Stunde oder eine halbe. Wenn Sie möchten, probieren Sie das einmal aus. Danach dürfen Sie sich wieder zur Schnecke machen, versprochen. Den Vertrag können Sie niederschreiben und zu Ihren Work-Unterlagen legen, dann ist er immer da, wenn Sie ihn brauchen.

Dann fange ich an. Ich lese meinen stressigen Glaubenssatz laut vor und werde still. Wie in einer Meditation ist meine Aufmerksamkeit nach innen gerichtet. Dann stelle ich mir die erste Frage. *Ist das, was ich da glaube, überhaupt wahr?*

Es ist, als würde der Verstand die Frage stellen und die Frage fiele wie Alice ins Wunderland. Sie fiele in den Kaninchenbau, würde fallen und fallen, und dann kämen Bilder und neue Gedanken. Mal schnell und dann wieder außerordentlich langsam. Hinunter, hinunter, hinunter.

Die Frage geht auf die Reise. Meine erste Antwort zeigt sich schon, während Alice sich noch über das Loch beugt. Ich bedanke mich und lasse die Frage noch ein bisschen weiterreisen. Da gibt es noch einiges zu sehen am Wegesrand. Ich liebe alles, was auftaucht. Ich warte auf die vergessene Antwort, die Stimme des Herzens. Ich befinde mich in einer Meditation, drängle meine Gedanken nicht und lasse ihnen Zeit aufzutauchen, wo immer sie verbuddelt liegen. Vielleicht werden sie größer oder winzig klein, vielleicht ändern sie ihr Aussehen oder ihre Farbe. Ich zwinge sie nicht, fordere nicht, bin nicht ungehalten, wenn sie länger brauchen. Ich behandle sie wie Freunde. Ich lasse ihnen die Zeit, die sie sich selber nehmen. Es ist wie ein inneres Streicheln, ein Liebkosen. Gedanken dürfen kommen und gehen. Sie dürfen alle Gefühle mitbringen, die es gibt auf der Welt. Alles ist willkommen.

So manches Mal stelle ich fest, dass ich auf meinem Stuhl sitze und in die Luft gucke, ohne an irgendetwas Konkretes zu denken. Oder dass ich Alice vollkommen aus den Augen verloren habe. Vielleicht habe ich nachgedacht, was ich meiner Schwester zu Weihnachten schenke oder was es heute Abend zu essen geben soll. Auch dann bin ich freundlich zu mir. Wer weiß, wofür der Exkurs gut war. Vielleicht brauchten meine Gedanken den Umweg oder eine Pause? Ich begegne allem, was sich zeigt, mit Verständnis und Liebe. Ich kann mir die Fragen ja immer wieder stellen und warten, wie die Reise weitergeht. Wenn Alice etwas Interessantes findet, schreib ich es auf. Wenn sie der Meinung ist, einen Abzweig nehmen zu müssen, geh ich dem nach. Erst wenn das Kapitel zu Ende gelebt ist, stelle ich mir die nächste Frage. Dann nicke ich Alice freundlich zu, und die Reise kann weitergehen. Vielleicht treffen wir die Herzkönigin? Könnte doch sein.

Wo immer Alice am Ende herauskommt, schon allein für diese Art des Reisens hat es sich gelohnt, das Abenteuer zu wagen.

Gedankenkreisen

Die drei Angelegenheiten

Kennen Sie das? Es fängt ganz harmlos an. Ich wache morgens auf, stelle fest, dass ich zum Beispiel in einem Hotelbett liege. Eigentlich ist alles in bester Ordnung. Ich habe ein Dach über dem Kopf, konnte gut schlafen, und nun warten eine heiße Dusche und das Frühstücksbuffet auf mich. Meine Laune ist weder gut noch schlecht, also in Ordnung. Eine halbe Stunde später sitze ich im Frühstücksraum. Es gibt Kaffee und ausreichend zu essen. Musik läuft. Ein bisschen zu laut für einen Frühstücksraum, wie ich finde. Nicht so schön für ein gemütliches Frühstück. Ich bin die Letzte am Buffet, es ist also niemand da, mit dem ich mich verbünden könnte. Jetzt wird über die Lautsprecher auch noch geredet. Oh nein. Mit meinem Brötchenteller in der Hand schaue ich mich um. Keiner da, dem ich das mitteilen könnte. Wer will denn beim Frühstück so vollgesabbelt werden, gleich früh am Morgen? Und warum sprechen die immer so unnatürlich? Es gibt echt doofe Sender. Mit einem Grummeln im Bauch schlurfe ich an meinen Tisch. Ich muss ja nicht hinhören. Ach du Schreck – nun läuft auch noch Werbung. Das kann ich ja gar nicht leiden. Ich gieße mir Kaffee in die Tasse und versuche gaaanz ruhig zu bleiben, versuche mir einzureden, dass es nicht schlimm ist, es doch nur Radio ist und bestimmt gleich wieder Musik kommt. Genieße einfach dein Frühstück, sage ich mir, und fertig. Andere Hotelbewohner hat das bestimmt auch nicht gestört. Ich rühre mir Zucker in den Kaffee. Das wird mir den Start in den Tag schon versüßen und den aufkommenden Ärger abschwächen. Und während ich so rühre, kommt tatsächlich wieder Musik. Gerade will ich mich entspannen, denn so hatte ich mich programmiert; Musik ist besser als das Gequatsche, hatte ich gerade noch geglaubt. Aber … was läuft denn da? Ich kann es kaum glauben. Das ist ja nicht zu fassen, in einem Hotel-Frühstücksraum! Elektrische Gitarren heulen auf, ein Schlagzeug setzt ein, und eine Männerstimme schreit Hass und Verzweiflung über das Buffet. Heavy Metal! Das müsste man verbieten! Ich stütze die Arme auf den Tisch und meinen Kopf in die Hände. Ich bin fertig. Der Tag hat noch nicht angefangen, und meine Nerven sind schon runter.

Eine Weile sitze ich so, bis ich erkenne: Ich hänge in einem Problemzustand. In so einem Zustand krieg ich nichts geregelt, also erst mal raus hier. Ich stehe auf und verlasse den Frühstücksraum. Ich fliehe vor die Tür und atme tief durch. Dann gehe ich zur Rezeption. Nein, ich blaffe die nicht an, ich weiß, dass die mich nicht ärgern wollen. Ich bitte, so freundlich ich kann, das Radio abzustellen, und kehre dann zu meinem Kaffee zurück. Herrliche Ruhe im Frühstücksraum. Ich entspanne mich und nippe an meinem Kaffee.

Was ist denn hier passiert? Wegen so ein bisschen Radio? Oder stimmt sonst etwas nicht in meinem Leben? Ich beiße in mein Brötchen, lehne mich zurück und forsche. Nö, eigentlich ist alles in Ordnung. Ich bin nur mal wieder einem Gedankenkreisen in die Falle gegangen.

Am Anfang ist es noch harmlos, ich hüpfe von einer Gedankenwolke zur nächsten. Aber dann schleichen sich stressige Gedanken ein, und mit jedem Sprung werden die Wolken dunkler und schwerer. Es wird immer schwieriger abzuspringen, bis ich auf einer fetten Gewitterwolke lande. Dann ist es zu spät. Ich werde in das Unwetter eingesogen und bin Teil des Tornados, der über die Erde fegt. Wie das geschehen ist? Ich habe den Absprung nicht gekriegt, meinen ersten Impuls nicht ernst genommen.

In der Arbeit mit The Work habe ich gelernt, meine Gedanken zu beobachten. Ich habe verstanden, wie sie mich in ein angenehmes oder auch in ein stressiges Gefühl ziehen können. Ich kann jetzt bemerken, wann meine Gedankenwolken beginnen, sich grau zu färben, und springe ab, bevor sie noch dunkler werden. Das schlechte Gefühl beim Gedankenkreisen rührt einerseits daher, dass ich immer tiefer in stressige Gedankengänge hineinrutsche, andererseits aber auch daher, dass ich nichts tue. Alles spielt sich nur in meinen Gedanken ab und schaukelt sich dort hoch. Theoretisch. Handlungsunfähig zu sein fühlt sich an wie gefesselt. Stau. Ich will Veränderung, und nichts passiert.

Katie sagt, sie konnte auf der Welt nur drei Arten von Angelegenheiten finden. Und zwar: Meine, deine und die Gottes (oder auch die des Schicksals). Wenn ich denke: *Die sollten das Radio nicht so laut drehen*, oder: *Sie sollten darauf achten, dass im Frühstücksraum kein Heavy Metal läuft*, bin ich in der Angelegenheit der Menschen, die im Hotel arbeiten. In der Angelegenheit anderer Menschen zu sein ist immer stressig. Dort kann ich nichts tun. Ich kann sie nicht zwingen, und ich kann nicht voraussetzen, dass sie meine Wünsche erfüllen. In meinen Gedanken will ich das aber. Ich mische mich in ihre Angelegenheiten ein, und das ist unfreundlich. Und während ich in Gedanken damit beschäftigt bin, anderen zu sagen, was sie tun sollen, bin ich nicht bei mir und sorge nicht für meine Belange. Das macht mich wütend und ohnmächtig und fühlt sich oft einsam an.

In meiner Angelegenheit bin ich, wenn ich etwas tun kann, wenn ich handlungsfähig bin. In meiner Angelegenheit bleiben heißt auch, für mich zu sorgen. Wenn es geht, rechtzeitig. Wenn mich Musikgedudel im Frühstücksraum stört, frage ich mich: Stört es mich wirklich? Wenn ja, gehe ich hin und frage, ob es änderbar ist, oder ändere es selbst. Ich handele.

Spätestens an der Stelle, wo die Werbung einsetzte, hätte ich zur Rezeption gehen können, zu diesem Zeitpunkt hatten die Wolken erst eine hellgraue Färbung. Wenn ich handle, löst sich der Stau. Ich tue etwas, sorge für mich, komme wieder in Fluss. Es ist meine Angelegenheit, mich um mich zu kümmern. Und es kann sein, dass man im Hotel nicht bereit ist, das Radio abzustellen, oder es sich nicht abstellen lässt oder dass ich einfach nicht bekomme, was ich mir wünsche. Dennoch fühlt es sich anders an, wenn ich es versucht habe. Das ist in jedem Fall besser. Und wenn ich dann immer noch für mich sorgen will, kann ich erfinderisch werden. Auf dem Zimmer frühstücken, an der Rezeption oder beim Bäcker nebenan. Vielleicht stört mich das Radio auch gar nicht mehr so sehr, wenn ich erst einmal geäußert habe, dass es mich stört; wenn ich den Gedankenstau los bin.

Seminarteilnehmer beschreiben immer wieder, dass es sich nach getaner Work so anfühlt. Der Stau in der Gedankenwelt ist aufgelöst. Sie wissen wieder, was zu tun ist, und können darauf zugehen. Die Gedanken rutschen wieder in den Hintergrund. Das allein ist sehr angenehm.

Normalerweise bin ich immer diejenige, die handelt. Ich gehe im Kino zum Filmvorführer, wenn das Bild unscharf ist; ich lasse eine Suppe zurückgehen, wenn man sie mir lauwarm serviert; ich sage der Zugbegleiterin, wenn die Klimaanlage das Abteil mal wieder auf minus dreißig Grad heruntergekühlt hat; ich bin die, die vom Nebentisch das Salz erbittet, falls auf meinem kein Salzstreuer steht.

Und dann gibt es Tage, da sitze ich am Tisch im Restaurant, es ist kein Salz da, und irgendetwas hält mich vom Handeln ab. Dann bin ich verstimmt. Meist halte ich dann mir selbst oder meinem Tischpartner einen Vortrag darüber, was eine gute Grundausstattung eines Restaurants ausmacht und was man als Gast erwarten darf. Ich stelle Vermutungen über die Servicekraft an und ziehe auf Grundlage dieser haltlosen Phantastereien Rückschlüsse auf die Qualität des Essens. Ich versuche, die Kellnerin heranzuwinken. Es ist schließlich ihr Job sicherzustellen, dass ich Salz und Pfeffer auf dem Tisch habe. Bis sie es bringt, ist das Essen entweder kalt oder schon halb aufgegessen. Ich bin immer noch verstimmt, wenn nicht sogar verstimmter. Körper und Geist fühlen sich steif an, ich bemerke, wie ich mir auf umständliche Art und Weise Mühe gebe, zu meinem Recht zu kommen. Ich will, dass andere mein Wohlgefühl wiederherstellen. Ich bin nicht in meiner Angelegenheit.

An diesen Tagen mache ich wieder einmal die Erfahrung, dass es besser wäre, gleich von der ersten Wolke der Erkenntnis zu der Wolke zu springen, auf der ich bekomme, was ich möchte. Ohne den Umweg über all die grauen und schwarzen Gedankenwolken. Ohne den Tornado. Es ist so viel leichter, das Salz vom Nachbartisch zu erbitten, als sich in Grundsatzdiskussionen zu verstricken. Mein Essen wird nicht kalt, und beim nächsten Mal kann ich mir immer noch grundsätzlich überlegen, ob ich ein Restaurant besuchen möchte, in dem ich mich um ein paar Dinge selber kümmern muss.

Es ist so viel besser, kurz den Kinosaal zu verlassen und Bescheid zu sagen, als den Film unscharf zu sehen. Es ist so viel besser zu handeln, als sich ständig zu ärgern.

Und wenn die Gedanken doch wieder einmal kreisen, kann ich das bemerken. Ich kenne den Mechanismus und wie er sich aufbaut und muss diesen Gedanken nicht mehr so folgen. Wenn ich sie bemerke, begrüße ich sie freundlich wie alte Bekannte, und dann schaue ich mich um. Eine kurze Frage hilft. *Bin ich in meiner Angelegenheit?* Oder vielleicht in der von anderen?

Suche nach Sicherheit

Der befreite Geist

*E*s gibt Themen, die mir immer wieder wegrutschen, die ich einfach nicht zu fassen kriege. Umso häufiger denke ich über sie nach, weil ich glaube, eine Lösung dafür finden zu müssen. (Oh ja, das ist ein stressiger Glaubenssatz.) Zum Beispiel das Thema Rentenvorsorge. Ich hätte natürlich gern eine bestimmte Summe Geld, wenn ich alt bin. Aber da geht's schon los. Ab wann bin ich denn alt? Genauer gefragt: Ab wann werde ich nicht mehr arbeiten, aber trotzdem Geld brauchen?

Das ist die Frage Nr. 1, und ich kann sie nicht beantworten. Vielleicht sterbe ich ja auch rechtzeitig oder vielleicht überraschend? Kommt ja vor. In diesem Fall bräuchte ich mir zum jetzigen Zeitpunkt gar keine Gedanken um eine Rente zu machen. Das wäre natürlich schön, aber früher sterben will ich deshalb auch wieder nicht.

Wie viel werde ich denn brauchen, ist die Frage Nr. 2. Vielleicht wird das Rentenalter noch mal hochgesetzt, und wir bekommen erst mit 70 Jahren eine Rente? Keiner weiß es. Experten sind sogar der Meinung, wenn unsere Generation dran ist, wird's gar nichts mehr geben. Wenn dieser Fall eintritt, müsste ich also so viel Geld ansparen, dass ich mich alleine tragen kann.

Ich versuche mal eine Rechnung. Sagen wir, ich gehe mit 65 in die Rente und werde 90 Jahre alt. Sagen wir, ich arbeite in Rente nicht mehr. Wenn ich nicht mehr arbeite, hab ich aber den ganzen Tag Zeit. Wenn man viel Zeit hat, hat man auch viel Zeit zum Geldausgeben. Und eigentlich soll man es sich im Alter ja auch nett machen, wenn man ein Leben lang gearbeitet hat. So war's doch mal gedacht, oder? Ich brauche also mit Augenzudrücken mindestens 1500 € pro Monat, und von diesem Betrag kann ich noch keine Kreuzfahrt machen. Pro Jahr also 18 000 €. Zwischen 65 und 90 Jahren liegen 25 Jahre. Das sind 450 000 €, die ich mir in den 21 Jahren, die bis zum angenommenen Renteneintritt verbleiben, zurücklegen müsste. Abgerundet 20 000 € im Jahr. Mit Zinsen möchte ich auch nicht rechnen, das ist alles zu unsicher. Wenn ich mir jedes Jahr diese Summe zurücklegen könnte, wäre das alles kein Problem. Kann ich aber nicht. Da habe ich den Salat. Und falls ich mit 80 Jahren in ein Pflegeheim muss, brauche ich eher noch mehr Geld. Ich müsste also entweder jetzt mehr Geld verdienen, arbeiten, bis ich umfalle, oder mit 70 sterben. Dann würde das Geld gerade so reichen.

Diese Varianten sehen nicht sehr verlockend aus. Je angestrengter ich nach finanzieller Sicherheit suche, umso unsicherer fühle ich mich. Es ist wirklich gut von mir gemeint, sieht nach Vorsorge und zukünftigem Komfort aus, ist aber enorm stressig. Jedes Mal, wenn ich wieder ohne Lösung aus so einem Gedankenprozess herauskomme, bin ich entmutigt. Und weil ich das nicht will, schiebe ich das Thema auf später. Und dann wieder auf später und wieder auf später. Wenn das Thema gerade nicht in meinem Kopf herumspukt, hab ich kein Problem. Leider ist es aber nur in den Hintergrund gerückt, und wenn ich mir schicke Stiefel kaufen will oder eine Mitteilung der BfA im Briefkasten liegt, ist es wieder da.

Ich würde dieses Thema ja gerne loslassen, aber woran soll ich mich dann festhalten?

Kann ich mir denn hundertprozentig sicher sein, dass ich eine Lösung finden muss? Es fühlt sich ziemlich hundertprozentig an. Wer soll sie finden, wenn nicht ich? Und gleich springt mir noch ein Glaubenssatz in den Kopf. *Wenn ich es nicht mache, passiert hier gar nichts.* Alles, was in den letzten Berufsjahren anstrengend war, hat sich in diesen Satz hineinverdichtet. In seinem Windschatten trägt er eine unbeschreibliche Schwere. *Ich muss alles alleine machen. Die Zeit, in der ich es einfach hatte, ist vorbei.* Diese Sätze schreib ich mir auf. Schöne stressige Glaubenssätze. Na wartet, ihr Bürschchen, ihr kommt auch noch dran!

Ich schließe die Augen und stelle mir die Frage noch einmal:
Kann ich mir hundertprozentig sicher sein, dass ich eine Lösung finden muss?
Während ich auf Antworten warte, steigt die Frage in mir auf: Hab ich denn am Anfang meines Lebens einen Finanzplan gehabt? Ich habe mit 200 Ostmark Stipendium begonnen, schon da musste ich was dazuverdienen, wenn ich nicht nur Wasser trinken und trockenes Brot essen wollte. Das war durchaus vorgekommen, wenn das Geld nicht reichte. Nach dem Studium hab ich gedacht, ich werde bis zum sechzigsten Lebensjahr ein Gehalt vom Theater bekommen, und daran wird sich nahtlos die Rente anschließen. Mit dem Fall der Mauer und meinem Weggang vom Theater hatte sich das erledigt. Ein paar Jahre lang hab ich diesbezüglich gar nichts gedacht. Nach der Wende fühlte sich alles unsicher an. 1994 kam ich nach Deutschland zurück, ging zum Fernsehen und dachte wieder, das würde nun auf ewig so weitergehen. Als viel beschäftigte Schauspielerin beim Fernsehen hätte ich die 20 000 € pro Jahr ohne Probleme weglegen können. Es ging aber nicht so weiter. Wann immer ich versucht habe, etwas festzuhalten,

sei es die Fernsehkarriere oder ein finanzieller Standard, war die Folge Leid.

Mit der Suche nach Sicherheit habe ich mir stets eher Unsicherheit eingehandelt. Denn ich suchte nach etwas, was nicht existiert. Vielleicht sieht eine Beziehung oder eine Geldanlage eine Zeit lang sicher aus. Aber kaum drehe ich mich um, kann alles anders sein.

Für mich ist wahr: Ich hab keine Ahnung, was kommt. Es ist unmöglich, das vorher zu sagen. Nicht nur in meinem kleinen Privatbereich. Keiner weiß, was mit den Geldmärkten geschehen wird, durch welche Krisen wir noch müssen und was die Politik dann entscheiden wird.
Es gibt keine Sicherheiten. Und zwar für niemanden.

Worauf kann ich denn dann bauen?

Ich habe mich entschieden, auf die Dinge zu bauen, die mir keine Krise wegnehmen kann. Mit einem freien Geist brauche ich mich nirgendwo festhalten. Mit einem freien Geist kann ich das Leben genießen. Ich meine: richtig genießen, nicht nur ertragen. Unabhängig davon, ob ich Geld habe oder nicht, ob ich gesund bin oder krank, ob ich im Exil wohne oder zu Hause, ob andere mich lieben oder hassen – mein Leben wird schön sein, interessant, abwechslungsreich, lebenswert. Ich habe mich entschieden, immer so viel Geld für die Rente beiseitezulegen, wie es mir heute nicht weh tut. Und den Rest werde ich sehen. Das fühlt sich richtig an und stresst mich kein bisschen. Mit einem freien Geist kommen mir unentwegt Ideen, was ich alles tun kann. Ganz gleich, ob ich in einer Notlage bin oder gerade aus dem Vollen schöpfe.

Kurz vor seinem Tod traf ich am Flughafen Berlin Tegel den Finanzexperten André Kostolany. Er stand vor mir in der Schlange, und wir plauderten ein wenig. Als er an der Reihe war, wurde er vom Steward augenzwinkernd gefragt, ob er einen Tipp für ihn hätte. »Hab ich«, sagte Kostolany. Der Steward zeigte sich überrascht. Kostolany beugte sich in einer vertraulichen Geste zu ihm hinüber und sagte dann doch so laut, dass es alle hören konnten: »Investieren Sie in Ihre Kinder. Das bekommen Sie doppelt und dreifach zurück.«

Ich sage: Investieren Sie in einen freien Geist.
Dann sind Sie für jede Situation gerüstet, und Ihre Lebensaktien steigen kontinuierlich.

Leicht oder schwer?

Finde die Antwort in dir selbst

*E*s gibt so Überzeugungen, die sich, wider besseres Wissen, hartnäckig in der Erdumlaufbahn halten. Eine davon lautet: *Schöne Menschen haben es leicht.* Was im Umkehrschluss so viel heißt wie: »Nicht so schöne Menschen haben es schwerer, und Hässliche haben es am schwersten.«

Mir wurde immer wieder gesagt, dass ich zu den schönen Menschen gehöre. Ergo hatte ich es leicht im Leben. Einige meiner Familienmitglieder und Bekannten waren sogar der Meinung, ich hätte es *zu* leicht.

Was auch wieder bedeutete: Ich kann überhaupt nicht mitreden. Ich hab keine Ahnung, wie der Hase läuft. Als ich dann auch noch gutes Geld verdient habe, war's ganz aus. Schön und reich. Geht gar nicht. Pfui.

Eins kann ich gleich mal vorwegschicken: In so einer Schublade lebt sich's alles andere als leicht.

Variationen zu dem Thema hören sich so an:
Die kriegt alles hinterhergeschmissen; die kann anziehen, was sie will, während wir anderen lange suchen müssen, um ein passendes Kleidungsstück zu finden; die kann alle Männer haben; die wird immer bevorzugt, und sie kann alles essen, ohne dick zu werden.

Liebe Freunde der Work, liebe Freunde, liebe Familie, liebe Alle, die mich kennen:

Ich kann nicht alles essen, ohne dick zu werden. Auch ich habe Phasen, in denen ich mich mit meinem Körper nicht wohlfühle, auch bei mir geht das Gewicht hoch und runter, und auch ich mag einen angefutterten Kugelbauch nicht so gern an mir. Ich weiß dann aber immer, dass ich die Wahl habe. Ich kann weiterfuttern und mich mit dem Bauch arrangieren und ihn vielleicht sogar lieben lernen. Oder ich esse so, dass der Bauch zurückgeht. Bis zum heutigen Tag hab ich mich immer wieder fürs Schlanksein entschieden. Ohne Stress. Bis jetzt war weniger und anders essen immer einfacher für mich, als moppelig zu sein.

Einmal wollte ich zwei Freundinnen in einer Kleiderfrage um Rat bitten. Sie waren bei mir zu Besuch, hatten Kaffee getrunken und beim Kuchen abgewinkt. »Das kannst nur du dir leisten. Wir brauchen den Kuchen nur anzusehen, und schon haben wir ihn auf den Hüften!« Ihr Leben lang hatten sie für sich reklamiert, die rundlicheren zu sein, die mehr Probleme mit ihrer Figur hatten als ich.

Es war gerade Mode, Kleider über den Hosen zu tragen, und ich hatte mir so eine Kombi herausgesucht. Ich zog sie an, stellte mich vor den großen Spiegel und fand, dass ein enges Kleid über Jeans schon deutlich auftrug. Ich stand ein bisschen vorm Spiegel herum, nur für den Fall, dass sie von selbst was zu meiner neuen Kreation sagen wollten. Wollten sie nicht. Ich wagte es also, meine Freundinnen zu fragen, ob ich das so tragen könne. Sie starrten mich eine Minute lang an, sahen sich gegenseitig an, und dann brach das Gewitter los.

Ich durfte das nicht! Ich durfte so etwas nicht fragen. Wie konnte ich nur! Aus ihrer Sicht konnte ich alles tragen. Sie waren die Benachteiligten, und diese jahrelang manifestierte

Behauptung musste aufrechterhalten werden. Hier wurde nichts umsortiert. Es zählte nicht, wie ich mich fühlte, es zählte nicht, was ich im Spiegel sah.

Das Gewitter zog vorüber, ich hatte keine Antwort außer der indirekten, die in der Entrüstung meiner Freundinnen lag. Ich persönlich fand, ich hatte es nicht leicht. Niemals konnte ich mit ihnen etwas über Kosmetik, Kleidung oder Frisuren besprechen. Es sei denn, es ging um ihre Belange. Wo sollte ich mit meinen Frauenfragen hin? Meine Freundinnen bestanden auf eine bevorzugte Behandlung, da ich ja, ihrer Meinung nach, vom Leben selbst schon bevorzugt behandelt worden war.

Es blieb mir nichts weiter übrig, als mich wieder selber zu fragen, ob ich so eine Kombination tragen möchte. Das war mein Glück. Denn wie oft hatte ich schon Leute um Rat gefragt und es dann doch anders gemacht. (Mir ist aufgefallen, dass am Ende doch am meisten zählt, was ich selber finde. Da können meine Freundinnen zehn Mal sagen, dass ich das tragen kann – wenn ich mich mit der Kombi nicht wohlfühle, verbessert sich mein Gefühl durch ihre Meinung auch nicht wesentlich.)

Ich fand, es trug auf, und da ich das nicht bei jedem Kleidungsstück denke, beschloss ich, meiner eigenen Meinung zu vertrauen.

Wenn ich mich selber frage, dann finde ich, dass ich durch mein Aussehen manchmal Glück hatte und manchmal Pech. Als ich meine ersten Rollen fürs Fernsehen bekam, war es gerade angesagt, schöne Menschen zu besetzen. Neben meinem Talent hat mir dieser Umstand wirklich genutzt. Ich war ein paar Jahre dicke da und gut im Geschäft. Im Moment werden eher schräge Typen gesucht oder Identifikationsfiguren.

Das Mädchen von nebenan. Da bin ich wieder raus. Ich kann das als Drama empfinden, als Schicksalsschlag. Oder ich kann es leichtnehmen, für die erfolgreichen Jahre dankbar sein und schauen, was das Leben sonst noch so bietet. Die Sache selbst ist nicht leicht oder schwer. Erst meine Bewertung gibt ihr das Gewicht.

Fünfzehn Jahre lang hab ich immer den gleichen Haarschnitt getragen, weil das Fernsehen den schön fand. Jeder kannte mich so und wollte mich so wieder »einkaufen«. Das war hin und wieder nicht leicht für mich. Eines Tages musste es einfach mal sein, und ich schnitt mir die Haare ab. Alle fanden es süß, fanden, es würde mir gut stehen – nur die Filmleute rümpften die Nasen. Frauen mit kurzen Haaren? Nein. Das war nicht weiblich, nicht erotisch genug. Ich war ein halbes Jahr arbeitslos, bis man Haarteile hineinstecken konnte und es wieder möglich war, langes Haar zumindest zu simulieren. Ich musste einem bestimmten Schönheitsideal entsprechen, sonst hatte ich keine Arbeit. Hatte ich es schwer oder leicht?

2006 spielte ich eine Hauptrolle in einer RTL-Serie, und eines Tages sah ich am Set beim Händewaschen in den Spiegel. Mein Gesicht war mit weißen Pusteln übersät, die ich am Morgen noch nicht gehabt hatte. Ich war erschrocken und lief zum Regisseur. »Jaja.« Er winkte ab. Natürlich hatte er es längst gesehen. Ich bat ihn, darauf zu achten, heute keine nahen Einstellungen von meinem Gesicht zu drehen. Er versprach es. Der Kameramann auch. Es blieb aber nicht bei dem einen Tag. Ich hatte diesen Ausschlag ein halbes Jahr, die Ärzte waren ratlos, und seitdem kommen und gehen diese Pusteln, wie sie wollen.

Leicht hatte es, aus meiner Sicht, jemand, bei dem es nicht drauf ankam, wie er aussah. Ich hatte es einerseits leicht, weil ich ja schon fest in der Serie war und nicht deswegen entlassen wurde. Schwer war es, nachher den fertigen Film zu sehen und feststellen zu müssen, dass Regisseur und Kameramann sehr wohl Nahaufnahmen gemacht hatten. Sogar richtig nahe. So nah, dass es näher nicht mehr geht, es sei denn man sieht nur Augen oder nur Mund. Der Ausschlag hatte quasi seinen eigenen Auftritt bekommen.

Im Moment habe ich es mit diesem Ausschlag leicht, weil ich nach Jahren des Suchens (das war wieder eher schwer) eine Creme gefunden habe, die mir kurzfristig hilft, wenn ich es mal wirklich brauche.

Sie können sich sicherlich schon denken, dass ich nicht jeden Mann bekommen habe, den ich wollte. Und was müsste das für ein Mann sein, den einzig und allein das Äußere interessiert? Gibt es solche Menschen überhaupt, und hätte ich den gewollt? Sicher nicht. Natürlich hat es mich gefreut, wenn ein Mann mir gesagt hat, ich sei schön. Aber auch in diesen Situationen kam es darauf an, was meine Gedanken daraus machten. Wenn ich mir nichts weiter dabei dachte, als dass er mich jetzt gerade schön findet und es gern mal sagen möchte, ging es mir gut. Oder wenn ich dachte, er meine damit mich als ganzheitliches Wesen, meine Art und meine Seele, dann war ich auch zufrieden. Aber wehe, meine Gedanken gingen in die Richtung: Er liebt nur meine äußere Erscheinung. Jetzt muss ich für diesen Mann immer schön sein, sonst wird er mich nicht mehr wollen. Was mache ich denn sonntagmorgens im Bett oder wenn ich keine Zeit hatte, zum Friseur zu gehen, oder einfach einen schlechten Tag habe? Oder wenn ich dachte: Er will nur mit mir nach außen hin glänzen. Mit diesen Gedanken hatte ich es gar nicht leicht.

Wer hat es denn nun schwer, und wer hat es leicht? *Ist es*

wahr, dass schöne Menschen es leicht und hässliche es schwer haben?

Meine Erfahrung ist: Jeder hat es immer nur so leicht oder schwer, wie er selbst das Leben, die Arbeit und die Liebe empfindet. Und das wiederum hängt davon ab, was er über das Leben, die Arbeit und die Liebe denkt. Ob ich es schwer habe, hat nichts mit äußeren Faktoren zu tun. Meine Oma sagte immer, die Kriegsjahre wären ihre schönsten gewesen. Manche Leute haben Geld wie Heu, das Glück fliegt ihnen nur so zu, sie kriegen alles hinterhergetragen und empfinden ihr Leben als schwer. Und andere wieder leben am Existenzminimum, müssen jeder Kleinigkeit hinterherrennen oder sitzen im Rollstuhl und finden, sie hätten es leicht. Eine Bekannte von mir überlebte einen schweren Autounfall, ein Bein musste amputiert werden, und ihr Freundeskreis machte sich darauf gefasst, sie für längere Zeit trösten zu müssen. Weit gefehlt. Sie kam aus dem Krankenhaus und strahlte. Sie konnte kaum gehen, hatte Schmerzen und würde nie wieder ohne Krücken laufen können. Aber sie strahlte. Nie zuvor hatte ich sie so gesehen. Sie freute sich über jedes Stück Brot, das sie essen, jeden Sonnenstrahl, den sie erhaschen, und jedes Wort, das sie mit jemandem wechseln konnte. Sie war am Leben – das genügte, um durch und durch glücklich zu sein. Sie fand, sie habe es leicht.

Manchmal liegt auch das Leichte im Schweren. Ich kenne ehemalige Ostdeutsche, die sehnen sich in die Diktatur zurück. Unterdrückung fördert Solidarität und Zusammenhalt, und das fühlt sich gut an. Nur braucht man nicht zwingend eine Diktatur, um solidarisch zu sein. Jeder, der sich danach sehnt, kann sofort und auf der Stelle damit anfangen.

Ich selbst glaube nicht an Pauschalurteile. Ein schöner Mensch kann es ausgesprochen schwer haben, und ein hässlicher nimmt es womöglich leicht. Wenn jemand etwas leichtnehmen kann, hat er es auch leicht. Darin liegt der Unterschied.

Wenn es Ihnen noch nicht so gut gelingen sollte, das Leben leichtzunehmen, habe ich eine kleine Übung für Sie. Wenn Sie das nächste Mal denken, Sie hätten es schwer, stellen Sie sich die folgende Frage:

Warum könnte das, was ich hier gerade als schwer empfinde, gut für mich sein? Warum ist es das Beste, was mir passieren konnte? Was zeigt mir diese Situation?

Sie können davon ausgehen, dass im Reichtum der Welt eine Antwort auf Ihre Frage vorhanden ist. Und sei dieser Fund noch so klein – es gibt ihn. Wenn Sie ihn gefunden haben, wiegt die gerade noch schwere Situation schon viel weniger. Wenn Sie eine weitere Antwort finden, reduziert sich das Gewicht noch einmal. Sie können das so lange machen, bis Ihnen die gleiche Sache wie ein Federgewicht vorkommt.

Und wissen Sie was? Ich hab's gern schwer. Daran wachse ich, daran lerne ich, so finde ich meine Lösungen. Wunderschöne, clevere Lösungen manchmal. Und dann sieht es von außen eben immer so aus, als hätte ich es leicht.

Ich brauche einen kreativen Freundeskreis

Stimmt das, was ich für wahr halte?

Obwohl ich seit jeher ein Einzelgänger bin, ich mich allein oder mit einer anderen Person immer am wohlsten fühlte, tauchte in mir dennoch hin und wieder der Wunsch nach einem miteinander verbundenen Freundeskreis auf. Immer wieder mal dachte ich, ich müsste Teil einer Gruppe sein, in der alle wahnsinnig kreativ sind. Die Vorstellung davon war erhebend. Ich sah vor Augen, wie wir uns alle mit unserer Kreativität ansteckten, wie wir, stets randvoll mit neuen Ideen, gemeinsam nur so sprühen würden. Wenn einer von uns mal nicht weiterwusste, würde jemand anders weiterwissen, und so wären wir nie in kreativer Not. Das war ein lohnendes Ziel, leuchtend, strahlend, wunderschön. Ich startete mit zwei Freundinnen.

Dann lud ich, unter der Flagge dieser hehren Idee, einen befreundeten Regisseur dazu. Er kam immer, wenn wir uns unter vier Augen verabredet hatten; in die kleine Gruppe nie. Da war er krank oder verreist, mit der Vorbereitung eines neuen Projekts beschäftigt oder von der Arbeit so erschöpft, dass er ausruhen musste. Die kleine Gruppe, die ohne ihn auskommen musste, fühlte sich für mich unvollständig an. Ich hielt daran fest, ihn einzuladen, jedes Mal etwas eindringlicher. Er würde, so wie ich und die Gruppe, davon profitieren können, da war ich mir sicher. Ich lockte ihn mit seinem Lieblingsessen und mit meinen schönen Freundinnen. Er kam nicht. Ich strafte ihn, indem ich für unsere Treffen unter vier Augen auch keine Zeit mehr hatte, krank oder verreist war, mit der Vorbereitung eines neuen Projekts beschäftigt oder so erschöpft von der Arbeit war, dass ich ausruhen musste. Er bedauerte das, erschien aber trotzdem nicht. Als mir dämmerte, dass es aussichtslos war, ihn für meine kleine Gruppe zu gewinnen, fand ich ihn unspontan, wenig aufgeschlossen, borniert und unkreativ. Seine Filme mochte ich auch nicht mehr so richtig. Jemanden, der so wenig Inspiration versprühte, konnte ich in meiner Gruppe wahrlich nicht gebrauchen. Unser Kontakt verlor sich.

Auf dem Geburtstagsfest eines großen Verlages geriet ich an eine Journalistin, deren Artikel mir schon aufgefallen waren. Wir plauderten, hatten die gleiche Wellenlänge, gelangten in unserem Gespräch in Tiefen, in die man sonst bei einer solchen Veranstaltung nicht gelangt, und blieben in Kontakt. Diesmal wollte ich schlauer sein und wartete, bis sie mir das erste Mal von einem Problem erzählte, das sie bei ihrer Arbeit hatte. Dies erschien mir der geeignete Augenblick zu sein, um ihr von unserem Problemlösungsparadies vorzuschwärmen. Nein, wenn ich es recht bedenke, schwärmte ich nicht. Ich brauchte meine Gruppe nicht anbieten wie sauer Bier. Es wurde ein sachlicher Bericht über unsere Erfolge, den sie mit »aha« und »interessant« kommentierte. Am Ende war ich so sachlich, dass ich nicht einmal erwähnte, dass sie uns Gesellschaft leisten könnte. Ich hatte etwas Großartiges anzubieten, und wenn sie dabei sein wollte, würde sie es schon sagen. Ich würde niemanden mehr drängeln. Man wusste ja, wohin das führte. Sie fragte nicht und zeigte auch später kein Interesse.

So saß ich immer noch mit den gleichen Leuten in meiner kleinen Gruppe, und mich quälte der Gedanke, dass ich ihnen nichts Neues bieten konnte. Ich hatte es nicht geschafft, neue inspirierende Kontakte zu gewinnen. Dennoch wollte ich unbeirrt meinen kreativ-genialen Kreis aufrechterhalten. Auch hatte ich unterdessen schon von anderen Seiten Lob und Anerkennung ernten können, wenn ich von unserem Kreativpool berichtet hatte. Man fand es großartig, dass ich so etwas ins Leben gerufen hatte. Das hatte mir geschmeichelt und mich in der Idee bestärkt, dass so eine Gruppe etwas Wertvolles war, etwas Kostbares, etwas, wofür es sich lohnte zu kämpfen. Aufgeben konnte jeder. Ich musste lediglich das Zaubermittel finden, nur verstehen, wie ich diese Gruppe so attraktiv machen konnte, dass niemand imstande war, ihr zu widerstehen. Ich war überzeugt, dass es möglich war, andere für diese gute Idee zu gewinnen. Der einzige Haken war: Ich wusste noch nicht, wie. Ich spürte einen gewissen Ehrgeiz, der mich antrieb; aber auch einen Hauch von Stress, der sich über meine Idee legte. Was musste ich nicht alles tun für meine Ideale.

Nachdem das vierte Mitglied meiner bestehenden Gruppe schon zwei Mal nicht erschienen war, erhöhte sich mein Stresspegel. Mein kreativer Freundeskreis musste erhalten bleiben. Ich gab mir selbst unheimlich Mühe, in die bestehende Gruppe neue Ideen einzubringen. Ich studierte die Webseiten der Mitglieder, sah nach, wie sie über Suchmaschinen zu finden waren, ersann Konzepte für Flyer und originelle Sprüche. Ich brachte Bekannte über die gerade entstehenden sozialen Netzwerke zusammen und fand mich ungeheuer kreativ.

Allerdings setzten meine Freunde diese Einfälle nicht um. Ich selbst bekam auch nur noch wenige Ideen von den anderen geliefert, und selbst wenn, hätte ich keine Zeit mehr gehabt, sie zu verwirklichen. Ich war zu beschäftigt, für die anderen zu denken.

Eines Abends, an dem sich meine kleine Gruppe wieder

treffen sollte (ich war gut vorbereitet), sagten zwei Freunde kurzfristig ab, und einer erschien einfach nicht. Ich saß alleingelassen an meinem Küchentisch zwischen Gläsern, Wasser-, und Weinflaschen und hatte einen Kopf wie ein Heißluftballon. Ich verstand es nicht. Ich hatte doch so viel getan, so viel gegeben. Die anderen hatten unendlich viele Impulse bekommen, und das auch noch umsonst. Wo lag denn mein Fehler? Wie hätte ich es machen können? Ich stützte meinen Ballonkopf in die Hände und konnte lange gar nicht denken. Nachdem minutenlang nichts weiter passiert war, kehrten zuerst die Frage, was ich hier tat, und dann die Vernunft zu mir zurück. Ich, als Liebhaber, Seminarleiter und Coach von der Work, setzte mich hin und suchte nach den stressigen Glaubenssätzen. Ich hatte einen freien Abend geschenkt bekommen, und den würde ich nicht mit Jammern verbringen. Ich nahm mir Papier und Bleistift und setzte mich auf mein Sofa. Wo lagen die Diskrepanzen, die Widersprüche? Was tat hier weh? Ich hatte geglaubt, etwas Reizvolles anzubieten, etwas, das alle Menschen auf der Welt, die etwas bewegen wollten, interessieren musste! Das stand allerdings der realen Situation entgegen, dass meine Gruppe sich nicht wesentlich erweitert hatte, eher wieder geschrumpft war oder sich, von diesem Abend aus gesehen, vielleicht sogar erledigt hatte. Ich konnte die hinterfragenswerten Glaubenssätze notieren:

– *Meine Idee/meine Gruppe ist reizvoll.*
– *So eine Gruppe ist hilfreich.*
– *Alle Menschen müssten sich für so ein Angebot interessieren.*

Nachdem ich diese Sätze aufgeschrieben hatte, konnte ich spüren, dass es noch mehr gab, was mich an dieser Geschichte beschäftigte. Auf irgendeine Weise hatte ich an diese Idee geglaubt und tat es noch immer, doch meine Herangehensweise musste die falsche gewesen sein. Der Gedanke spukte in mir: *Wenn ich es nur richtig anstelle, kann ich jeden Menschen dazu bringen, Mitglied in meiner Gruppe sein zu wollen.* Vielleicht sagen Sie, das wäre absurd, aber ich hatte es in meinem Eifer geglaubt. Ich hielt es für möglich, andere gewinnen zu können, für mich oder meine Idee. Nur hatte ich den Weg nicht gefunden. Die heiligen Türen waren verschlossen geblieben, meine Worte hatten keine Zauberkraft besessen, und auf Deutsch gesagt war ich einfach zu blöd gewesen, um es richtig zu machen.

Ich schrieb:

– *Ich bin zu blöd, um zu wissen, wie's geht.*
– *Ich müsste den Schlüssel finden können.*
– *Ich habe es falsch gemacht.*
– *Es ist möglich, alle Menschen zu gewinnen.*

Diesen letzten Gedanken glaubte ich so fest, dass ich ihn als Erstes auf meinen DIN-A4-Block schrieb. Es war möglich – nur ich hatte versagt. Ich lehnte mich zurück und spürte, wie der Glauben daran in meinem Körper festhing. Und? Ist das wahr, fragte ich mich. *Ist es wahr, dass es möglich ist, alle Menschen zu gewinnen?* Mir kamen unzählige Sätze von Marketingberatern in den Sinn, und ihre gesammelten Weisheiten fielen wie eine Horde über mich her. »Du musst ein Alleinstellungsmerkmal haben!«, schrie einer. »Du musst dich nur gut positionieren«, ein anderer. »Du musst den Erfolg nur ausstrahlen, dann kommen alle automatisch zu dir und wollen wissen, wie's geht!«

»Okay«, rief ich, um erst mal Ruhe zu schaffen. *Aber ist all das wirklich wahr?*

Gesetzt den Fall, ich habe ein Alleinstellungsmerkmal, bin gut positioniert und strahle den Erfolg auch aus; also gesetzt den Fall, ich hätte alles richtig gemacht und es wäre eine gute Sache – *stimmt es, dass es dann möglich ist, alle Menschen gewinnen zu können?* Puh. Ich musste einmal ausatmen. Das war es exakt, was ich glaubte. Meine Idee war gut – nur ich hatte es nicht geschafft.

Ich gab der Frage Raum, wartete darauf, was mein Geist mir zeigen wollte, wenn ich ihn fragte. Vor Augen sah ich große Ansammlungen von Menschen, in der U-Bahn, auf der Autobahn, dem Ku'damm und dem Alexanderplatz. Sie alle hatten Ideen, hatten Freunde und trafen sich unter bestimmten Umständen mit anderen Menschen. Welche war eigentlich die anerkannteste Organisation in Deutschland? Hatte die es geschafft, all diese Menschen für sich zu gewinnen? Als Erstes fiel mir Amnesty International ein, eine Organisation, über die noch nie etwas Schlechtes zu hören war und in der ich mich sogar schon engagiert hatte. Ich sah auf der Webseite von Amnesty nach, und laut Selbstauskunft hatten sie aktuell etwa 110 000 Mitglieder und Förderer. Beim Statistischen Bundsamt konnte ich nachlesen, dass Deutschland im Moment ca. 81 Millionen Einwohner hat. Rechnete ich Kleinkinder und Greise heraus, kam ich auf ca. 60 Millionen Menschen, die, wenn mein stressiger Glaubenssatz wahr wäre, alle bei Amnesty sein müssten. Es waren jedoch nur 110 000. Ich war schockiert. Ich ließ das in mir wirken, sah auf mein Blatt und stellte fest, dass ich immer noch bei der ersten Frage der Work war, ob es überhaupt stimmte, dass man alle Menschen für eine gute Idee gewinnen konnte, wenn man es nur richtig anstellte. Dabei fiel mir auf, dass Amnesty auch mich nicht dauerhaft hatte gewinnen können. Obwohl ich schon Mitglied gewesen war, obwohl ich die Sache immer noch gut fand und trotz ihrer Erfolge. Ich suchte nach dem Grund, warum ich das Engagement aufgegeben hatte, und konnte nichts wirklich Klares finden. Ich beantwortete die erste Frage mit Nein. Scheinbar war es nicht möglich, alle Menschen zu gewinnen, sei die Idee auch noch so gut und hilfreich. Es war erleichternd, das zu sehen.

Was geschieht nun aber, wie reagiere ich, wenn ich ganz fest daran glaube, dass es möglich ist, und es in der Realität aber nicht hinkriege?

Ich spürte noch einmal meine Verzweiflung, mein Werben, mein Strafen, die Verrenkungen, die ich gemacht hatte, um beweisen zu können, dass es mir möglich war, alle Menschen zu gewinnen. Das hatte wehgetan, Zeit geraubt und Freunde vergrault. Mit dem Regisseur war ich nicht mehr in Kontakt, und mein Verhältnis zu der Journalistin war nie wieder so locker gewesen wie an dem Abend, an dem wir uns kennengelernt hatten. Seitdem hatte ich sie gewinnen wollen, und wann immer ich mit ihr gesprochen hatte, hatte diese Idee den Weg versperrt. Mich selbst hatte ich für einen Versager gehalten, für jemanden, der's einfach nicht bringt, der eben zu blöd ist, um so eine einfache Aufgabe hinzubekommen. Auch das war schmerzlich gewesen.

Wenn ich diesen Gedanken – denn es war ja nichts weiter als ein Gedanke – nicht geglaubt hätte, hätte ich einfach Spaß an der Sache gehabt, und wenn es nicht gelaufen wäre, hätte ich einen anderen Weg gefunden. Oh ja, das wäre schön gewesen.

Ich schrieb mir das Gegenteil auf mein Papier.
Es ist nicht möglich, alle Menschen zu gewinnen. (Auch wenn man alles richtig macht und es für eine gute Sache ist.)

Konnte es sein, dass diese Behauptung auch wahr war?

Ich fühlte in mich hinein und konnte gleich Beispiele finden. Es könnte wahr sein, weil:

1. derjenige, den ich überzeugen will, mein Angebot vielleicht gar nicht braucht; 2. oder er glaubt, wir seien eine Sekte, und je engagierter ich das Missverständnis aufklären will, desto mehr verfestigt sich diese Überzeugung in ihm; 3. er glaubt, alle Lösungen, die etwas taugen, können sowieso nur aus ihm selber kommen; 4. sich jemand grundsätzlich nicht wohlfühlt in Gruppen; 5. die akuten Probleme der Person sich kurz vor dem Zusammentreffen der Gruppe von selber gelöst haben; 6. die Probleme sich kurz vorher dermaßen zugespitzt haben, dass es demjenigen peinlich war, mit einer solchen Not in der Gruppe zu erscheinen (schließlich waren wir keine Psychiater, sondern eine Laiencoachinggruppe); 7. jemand gerade frisch verliebt ist und Wichtigeres zu tun hat, als meine Gruppe zu besuchen; oder 8. jemand ja auch glauben konnte, kein Coaching zu brauchen, oder glauben, das Coaching bringe ihn auch nicht vorwärts.

Nachdem ich so viele Beispiele gefunden hatte, wurde mir klar: Es liegt nur zu einem gewissen Teil an mir, ob andere sich für mein Angebot interessieren. Zuerst einmal liegt der Grund, ob sie Lust auf meine kleine Gruppe haben, in ihnen selbst.

Und weiß ich denn, ob diejenigen, die bisher zu meiner Gruppe gekommen waren, wirklich wegen der Coachinggruppe bei mir waren? Vielleicht hatten sie ganz andere Beweggründe gehabt, und ich hatte sie überhaupt nicht gewonnen. Vielleicht waren sie zu Hause ausgerissen, vor etwas anderem geflüchtet oder waren wegen mir gekommen oder wegen dem Rotwein, den es bei mir immer gab. All das konnte ich auch nicht wissen.

Auf jeden Fall wurde mir klar:

Wenn der andere nicht will, wird es nicht gehen. Da kann man sich auf den Kopf stellen, es rote Rosen regnen lassen und organisieren, dass neunundneunzig Luftballons in den Himmel aufsteigen. Da hilft nur loslassen.

Loslassen heißt in dem Fall für mich: Respekt vor dem anderen; vor seinen Beweggründen, seiner Weltsicht, vor dem, was er schön findet, vor seiner Wahl der Freunde und der Entscheidung, womit er seinen Abend verbringt.

Respektlos ist, wenn ich glaube, dass der andere in der Lage sein müsste zu sehen, wie gut er in meine kleine Gruppe passt; wenn ich besser weiß, was für den anderen gut ist; wenn ich denke, dass ich ihn gewinnen muss. Wie bin ich denn mit meinen Freunden und Bekannten umgegangen, als ich das glaubte? Ich habe versucht, sie zu manipulieren, ihnen was zu verkaufen, war im Gespräch extra freundlich, um sie nicht zu verschrecken, habe ihnen beigepflichtet, obwohl ich anderer Meinung war, und summa summarum kann ich sehen, dass ich nicht freundschaftlich mit ihnen umgegangen bin. Für mich selbst war es auch unangenehm. Diese Menschen hätten echte Freunde sein können, hätte ich nicht so fest daran geglaubt, sie für meine Gruppe gewinnen zu müssen.

An dieser Stelle wurde mir schwer ums Herz. Ich hatte herausgefunden, wie sehr ich mich in eine Idee verrannt habe.

Nicht immer gehe ich juchzend und hüpfend aus einer Work heraus. Trotzdem war ich heilfroh, dieses Muster erkannt zu haben. Ich konnte sehen, wie auch unter einer guten Absicht oftmals Unkraut gedeihen kann. Dieser kreative Freundeskreis war so ungeheuer gut gemeint gewesen. Aber auch die beste Idee rechtfertigt nicht, dass ich die Umsetzung erzwinge.

*Wie habe ich mein Leben nun anders gelebt, seit ich diesen stres-
sigen Glaubenssatz nicht mehr für wahr hielt?*

Als Erstes habe ich die Journalistin angerufen. Eigentlich
wollte ich alles beichten und in irgendeiner Form um Ent-
schuldigung bitten. Dazu wäre ich wirklich bereit gewesen.

Allerdings entspann sich gleich ein so offenes, lockeres Gespräch, dass ich dachte, ich erzähle es ihr später einmal. Dieses ›später einmal‹ ist bis heute nicht eingetroffen. Ohne meinen Gedanken, sie gewinnen zu müssen, war unser Kontakt
so anregend wie an dem Abend, an dem wir uns kennengelernt hatten.

Zum Coaching gehe ich seitdem zu Leuten, die wirklich etwas
davon verstehen. Das ist irre effektiv, ich bin genau da, wo
ich mit meinen Fragen hingehöre, und Coaches sollen auch
was verdienen! Ich brauche nicht mehr so viel über das Busi-
ness von anderen Leuten nachdenken, und wenn mir mal was
Schönes einfällt, frage ich höflich, ob sie es hören wollen. Seitdem nehmen meine Freunde die Ideen immer dankbar entgegen.

Älter werden

Glaubenssätze finden

*M*anchmal sind Gedanken so fein, so flüchtig und transparent wie ätherische Wesen. Sie ziehen nebelschwadenartig durch Körper und Geist, sind nicht zu fassen und hinterlassen nur eine Ahnung – und doch kann dieser Dunst Auswirkungen auf mein Leben haben. Wie in dieser Geschichte.

Ich war zum Mittagessen mit einer Freundin verabredet. Ich schrieb noch ein paar Sätze an einer Geschichte, sah meine Mails durch, und dann war es Zeit, meine Wohnung zu verlassen. Ich schlüpfte in eine Jacke, stellte meine Tasche in den Flur, zog Schuhe aus dem Regal, beugte mich zum linken Fuß hinunter und stöhnte. Ich band den Schnürsenkel, beugte mich zum anderen Fuß und stöhnte wieder. Ich richtete mich auf, fühlte mich schwer, formlos, nicht wie ich selbst, und zog die Tür hinter mir zu. Ich ging zu meiner Verabredung und hatte irgendwie schlechte Laune. Nicht so schlechte Laune, dass ich es gleich hätte merken können. Es war nur eine kleine Laus über meine Leber gelaufen. Aber die genügte, um mich nicht richtig lebendig zu fühlen. Nicht richtig frei. Ich begrüßte die Freundin, mit der ich verabredet war, bestellte etwas zu essen, wir redeten – und über alldem lag ein ungemütlicher Schleier von Unwohlsein. Nach dem Essen schleppte ich mich die Treppen wieder nach oben, wollte mich an die Arbeit setzen und hatte keine Lust. Ich war überrascht. Das kommt selten vor.

Nun saß ich auf meinem Stuhl und tat nichts. Der Computer fuhr nicht hoch, ich griff nicht zu irgendwelchen Papieren auf dem Schreibtisch, ich saß einfach da und spürte meine Laune. Ein leichtes Drücken im Magen, Arme und Beine schwer, der Kopf vernebelt. Ich lehnte mich zurück und ließ es geschehen. Irgendwas war da, das war klar. Aber was? Wann hatte »es« denn angefangen? Mein Kopf spulte den Film zurück. Ich war mit einer Freundin essen gewesen, ich war dorthin gegangen, ich hatte mich angezogen, die Mails angeschaut, an einer Geschichte geschrieben. STOPP. Der Film hielt an. Ich erinnerte mich genau, dass ich, als ich an der Geschichte geschrieben hatte, noch unbeschwert gewesen war. Jetzt ließ ich den Film in Zeitlupe wieder vorlaufen. Als ich die Tasche in den Flur brachte, hatte ich mich noch wohlgefühlt. Die Jacke hatte ich ohne Unbehagen angezogen, und auch, als ich die Schuhe aus dem Regal nahm, war alles noch gut gewesen. Ich hatte mich zum Zubinden hinuntergebeugt – DA! In diesem Moment hatte sich an meiner Stimmung etwas geändert. Ich hatte gestöhnt. Welche Gedanken und Bilder waren dabei aufgetaucht? Ich lehnte mich auf meinem Stuhl zurück, schloss die Augen und blieb bei dem Augenblick des Hinunterbeugens. Wie ein Schnittmeister beim Film ging ich von Bild zu Bild. Ich hatte meinen Fuß gesehen, den Schuh über die Zehen gestülpt, ihn dann über die Ferse gezogen. Dann sah ich den Fuß meiner Uroma, wie sie sich die Schuhe angezogen hatte, und genau! Ich hatte meinen Fuß gesehen wie den ihrigen. Wie sie ihren kurzen kräftigen Unterschenkel immer nach vorn streckte, sich darüberbeugte, stöhnte, dabei »AchGottachGottachGott« murmelte, den Schnürsenkel band und sich stöhnend wieder aufrichtete. Für mich lag jegliche Schwere meiner

Kindheitswelt in dieser Handlung. Die Schwere, mit der meine Uroma ihren Körper morgens aus dem Bett hob; die Schwere, zur Winterzeit im Dunkeln und in Kälte aufzustehen und den Ofen zu heizen; die Kohlen mit Eimern aus dem muffigen Keller holen zu müssen; einen Topf auf den Herd zu setzen und nur für sich allein Rotkohl zu kochen; die Schwere, die für mich darin mündete, dass sie kurz vor ihrem Tod zu mir sagte: »Weißte, Kind, nun ist auch gut.« Was bedeutete, dass nun genug gelebt war, nichts Gutes mehr nachkam, genug Schwere ertragen worden war. All das hatte ich in Teilen vor meinen Augen gesehen, als ich mir selbst, fünfzehn Jahre nach ihrem Tod, vor einer Stunde im Flur meiner Wohnung die Schuhe angezogen hatte. Und nun erinnerte ich mich auch an die Gedanken, die sich an diese Bilder angeschlossen hatten. *Ab jetzt wird es immer schwieriger mit dem Schuheanziehen. Ich werde älter. Gebrechen werden sich einstellen. Ich werde meine jugendliche Spannkraft verlieren.* Das war es, was mir die Laune verdorben hatte. Die Gedanken daran, was es bedeutete, dass mir das Schuheanziehen heute schwergefallen war.

Kann ich absolut sicher wissen, dass sich Gebrechen einstellen werden? Dass es ab jetzt schwieriger wird mit dem Schuheanziehen? Nein. Ich kann noch nicht einmal sicher wissen, dass ich älter werde. Oder dass ich das Alter meiner Uroma erreichen werde. Fakt ist: Mir ist es heute mal schwergefallen, meine Schuhe anzuziehen.

Mein Verstand kann nun eine Geschichte daraus weben, was dieser Fakt alles bedeutet. Er macht eine Liste:

Wenn mir heute das Schuheanziehen schwerfällt, bedeutet das:

- *Ich bin nahe daran, eine Oma zu sein.*
- *Ab jetzt wird alles schwieriger.*
- *Ich werde mich immer schlechter bewegen können.*

- *Meine Lebenslust wird schwinden, bis ich eines Tages wie meine Uroma sagen werde: Nun ist auch gut.*

Nun, wo ich die stressigen Glaubenssätze kenne, wundert es mich nicht mehr, dass ich schlechte Laune hatte. Ohne diese Gedanken hätte ich mir meine Schuhe angezogen, kurz gestöhnt, und dann wäre der unangenehme Teil auch schon vorbei gewesen Und weiter hätte keine Last an diesem Erlebnis gehangen.

Falls Sie mal keine Glaubenssätze finden können, schreiben Sie einfach den Fakt auf, der Ihnen passiert ist, und machen eine Liste, was das für Sie selbst alles bedeutet. Diese Sätze können Sie dann mit der Work hinterfragen.

Noch ein paar Beispiele:

Fakt: Ich habe die U-Bahn verpasst.
Das bedeutet:
- *Alle werden ärgerlich sein.*
- *Ich habe den Stempel des Zuspätkommers.*
- *Ich werde mich entschuldigen müssen.*
- *Das hätte mir nicht passieren dürfen.*

Fakt: Ich habe meinen Mann verlassen.
Das bedeutet:
- *Ich habe ihm wehgetan.*
- *Ich bin gemein.*
- *Ich habe mich nicht genug angestrengt.*
- *Ich werde zeit meines Lebens Schuldgefühle haben.*

Fakt: Ich habe kein gespartes Geld.

Das bedeutet:
- *Ich kann mit Geld nicht umgehen.*
- *Ich werde im Alter arm sein.*
- *Ich verdiene zu wenig.*
- *Ich kann mir nie etwas leisten.*

Und jetzt Sie!

Lieben, was ist

Das Motto der Work

$\mathcal{O}$ft höre ich bei meinen Vorträgen oder Seminaren von Teilnehmern, sie hätten schon versucht, nach Katies Motto zu leben. Wann immer ein irgendwie gearteter Stress auf sie zugekommen wäre, hätten sie versucht zu lieben, was da gerade kam. Sie hätten sich Mühe gegeben, keinen Widerstand aufzubauen, und sich klargemacht, dass das Ziel der Work sei, alles zu lieben. Aber wenn sie ehrlich wären, hätte es nicht so gut geklappt.

Kann ich verstehen. Das ist eine gewagte Abkürzung und wird für alle, die neu bei der Work sind, selten funktionieren. Eher lauert dahinter ein neuer Stress. »Das muss doch gehen, wenn ich das nicht schaffe, dann bin ich selbst dafür zu blöd ...« Ab jetzt alles lieben zu müssen kann ganz schön anstrengend sein.

Eine Bekannte erzählte mir, sie versuche es seit einiger Zeit mit Affirmationen. An ihrem Badezimmerspiegel klebe ein Zettelchen, auf dem stehe: Ich liebe mich so, wie ich bin. Das sei ein nützlicher, positiver Glaubenssatz, und der könne ja gar nicht anders, als helfen und heilen.

»Und, liebst du dich schon so, wie du bist?«, wollte ich wissen.

»Ja, doch, das wird«, sagte sie, wurde plötzlich von einem Lachen geschüttelt und erzählte, wie sie eines Morgens vorm

Spiegel stand, in ihr verweintes Gesicht sah, den Spruch las und ihrem Spiegelbild die Zunge herausstreckte. Die Zähne hat sie sich dann in der Küche geputzt.

»Na ja, ich geb mir Mühe«, lenkte sie ein.

Wie fühlt es sich an, sich mehr lieben zu wollen, als man gerade kann? Immer so ein Ziel vor der Nase zu haben, das man nicht erreicht? Oder man erreicht es einen Tag und am anderen wieder nicht. Man kann es noch hartnäckiger versuchen, sich noch mehr Mühe geben. Aber kommt dabei Liebe heraus?

Mit der Work können wir hinter die Geschichte blicken. Was hält mich davon ab, mich so zu lieben, wie ich bin? Solange ich den Spruch an meinem Spiegel noch nicht glaube, wird er mir bei jedem Lesen nur wieder zeigen, dass ich es eben noch nicht glaube. Das frustriert. Genauso, wie pauschal alles lieben zu müssen, was auf dieser Welt existiert.

Ich habe meine Bekannte gefragt, was sie denn nicht an sich lieben würde.

»Ach«, sagte sie und winkte ab, »ich möchte einfach glücklicher sein. Ich hab doch nur dieses eine Leben.«

»Das kenne ich«, sagte ich, »dieser Wunsch kann einen echt unglücklich machen.« Sie nickte. »Genau. Scheiß Glücklichsein«, sagte sie, und wir lachten.

»Wie wäre es denn«, wagte ich mich vor, »wenn du nicht von dir verlangen würdest, glücklicher zu sein, als du jeweils gerade bist?« Im Grunde fragte ich sie die vierte Frage der Work. *Wer wäre sie ohne ihren Stress auslösenden Gedanken?*

Sie sah mich an und schien irgendwie verwirrt. »... wenn ich nicht glücklicher sein müsste, als ich gerade bin?«

»Na, du würdest aufstehen, dein verweintes Gesicht im Spiegel sehen, und das wäre in Ordnung. Du müsstest nicht glücklich sein, wenn du's nicht bist ...«

»... ich müsste nicht glücklich sein ... ja, das wäre gut. Leicht wäre das.« Erstaunt sah sie zu mir. »Mensch, wer hat eigentlich gesagt, dass ich mich immer lieben muss?«

Ich zuckte die Schultern und gab die Frage zurück. »Ja, wer hat dir das eigentlich gesagt?«

Sie überlegte und kam nicht wirklich drauf. »Das steht doch überall, dass man erst sich selber lieben muss, um andere zu lieben und so ...«

Das stimmt. Dieser Satz steht in vielen Büchern und Artikeln über die Liebe. Dennoch – schließen LIEBE und MÜSSEN sich nicht aus? Interessant ist der Weg, der zum Ziel führt. Kann ich mit Schritten, die sich nicht gut anfühlen, zur Liebe gelangen? Mit Qual zur Erlösung? Wie soll ich den Weg auf diese Weise finden?

Ich glaube: Mit Liebe geht's zur Liebe. Aber bitte, prüfen Sie es für sich selbst.

Es war immer so gut gemeint, wenn ich mir einen Ratgeber zulegte, der mir helfen sollte, ein schöneres Leben zu führen. Aber wie schnell ist es mir früher passiert, dass ich aus diesen Büchern etwas übernommen habe, das gar nicht zu mir passte. Und dann hatte ich noch ein Problem mehr.

Mit der Work können Sie überprüfen, was für Sie stimmt, wo Ihr Weg wirklich langgeht. Sie müssen weder von mir noch von Katie noch vom Dalai Lama irgendetwas übernehmen.

Ich fragte meine Bekannte: »Wenn du danach gehst, was dir wirklich guttut, was würde dann auf dem Zettel stehen, der an deinem Badezimmerspiegel hängt?«

Sie suchte nach Worten. »Ich liebe mich, wenn ich mich liebe. Wenn nicht, dann nicht. So was vielleicht?« »Aber!!«, rief sie, »aber höre ich dann nicht auf, mich zu entwickeln? Wenn ich nicht nach Verbesserung strebe, bleib ich doch stehen?«

Am liebsten hätte ich sie auf der Stelle in meinen Praxisraum zu einer Einzelsitzung eingeladen. *Wenn ich nicht nach Verbesserung strebe, bleibe ich stehen* ist ein Glaubenssatz, der es lohnt, betrachtet zu werden. Dahinter steckt: Ich muss mich verbessern, ich muss streben, ich darf nicht stehen bleiben. Klingt nach Stress, nicht nach Liebe.

»Wie war es denn, als du von dir verlangt hast, dass du dich lieben sollst? Besonders dann, wenn du es gerade nicht konntest? War das liebevoll?«

Sie schüttelte den Kopf. »Gar nicht. Und ich hab es immer als Scheitern empfunden.«

»Und wenn du dich in so einer Situation nicht lieben musst? Hat sich das vorhin nicht liebevoller angefühlt?«

»Ja, schon.«

»Bist du, wenn sich das liebevoller anfühlt, nicht eher auf dem Weg in Richtung Liebe? Auch wenn das erst mal paradox klingt? Das eine ist der Verstand, der kapiert hat, dass es ohne Liebe nicht geht, und der dir das Gewünschte verschaffen will. Das andere ist das Gefühl, das spüren kann, ob etwas wirklich liebevoll ist.«

»Stimmt. Also schreib ich: ›Ich liebe mich, wenn ich mich liebe. Wenn ich mich nicht liebe, kann ich ergründen, was gerade ist, und mich verstehen. Das ist auch schon so was wie Liebe.‹ Jo«, sagte sie und lachte.

»Schauen wir mal«, sagte ich, »du kannst ihn ja jederzeit ändern, falls dir was einfällt, was sich noch liebevoller anfühlt.«

Ich umarmte sie, und wir gingen unserer Wege.

Was bedeutet: Lieben, was ist?

Mal liebe ich mich und mal nicht. Das ist.

Vielleicht lehne ich gerade irgendetwas an mir ab. Dann kann ich es lieben, dass ich mich gerade nicht so liebe.

Und wenn ich das auch nicht schaffe?

Dann liebe ich es, dass ich es nicht liebe, wenn ich mich nicht liebe.

Alles klar? Na, dann los!

Eheleben

Wer wäre ich ohne meine Geschichte über ihn?

$\mathcal{E}$ines Morgens saß ich in der Küche und trank Tee. Kamille. Es war nämlich kein Kaffee mehr da. Meine Laune war so »lala«. Sicher, daran hätte ich denken müssen. Wenn man Kaffee will, muss man Kaffee kaufen. Aber mal ehrlich: Das hätte meinem Mann und Mitbewohner ruhig auch einfallen können! Oder? Schließlich hatte er gerade ein paar Tage frei und ich nicht. Jetzt hätte er mal die Chance gehabt, mir unter die Arme zu greifen. Und was machte er? Dachte nur an sich. Zu seinem Glück schlief er noch.

Mein Müsli schmeckte grässlich zum Tee, vor allem zu Kamille. Ich sprang auf. Hatten wir nicht noch irgendwo löslichen Kaffee? Löslicher Kaffee ist nun wirklich kein Hochgenuss, aber besser als Kamillentee ist er allemal. Ich kramte im Küchenschrank, zog alle Schubladen auf und schmiss Tüten und Kleinkram raus. Hier irgendwo hatte ich den Kaffee doch letztens noch gesehen. Immer deutlicher sah ich die dunkelbraune Dose vor meinem inneren Auge. Gleich würde ich sie haben, das Frühstück war gerettet. Ich kramte, suchte, ging auf die Knie, um auch im untersten Fach keinen Winkel undurchsucht zu

103

lassen – keine Kaffeedose. Na toll. Stöhnend richtete ich mich wieder auf. Dann wird mein Mann sie weggeschmissen haben. Kann er nicht vorher mal fragen? Ein Blick auf die Uhr. Ach du Schreck, ich musste los. Auch das noch. Ich ließ alles stehen, meine Laune war jetzt schon eher so »hmhm«, ich suchte meine Sachen zusammen, griff im Flur nach meinem Schlüssel und wollte auf geradem Weg die Wohnung verlassen, da stand seine Werkzeugtasche im Weg. Mann! Das reichte jetzt! Sollte ich mir auch noch ein Bein brechen, oder was? IMMER musste ÜBERALL sein Zeug rumliegen! Dass ich jetzt richtig schlechte Laune bekam, war wirklich nicht meine Schuld. Gedanken wie: *Er denkt nur an sich, er wird sich nie ändern,* und an all die Dinge, die anders sein müssten, begleiteten mich die Treppe hinab und zu meinem ersten Termin. Ich hatte Bauchgrummeln und war nicht bei dem, was ich gerade tat. Meine Gedanken weilten nebulös und unklar zu Hause, beschäftigten sich mit dem nächsten Problem, das anstand, nämlich, dass sich zu Hause etwas ändern musste; dass ich ihm das heute Abend sagen würde, dass wir eine Lösung finden müssten. Der Gedanke: *Er denkt nur an sich*, hielt besonders grausame Bilder für mich bereit. Ich sah, wie er für sich allein das Frühstück zubereitete, die Zahnpastaflecken im Bad großzügig übersah, den Müll mir überließ und mir erst am Nachmittag mitteilte, dass er abends eine Verabredung habe. Es sah so aus, als dächte er immer und ausschließlich nur an sich. Immer mehr Beispiele fielen mir ein; sie drängten sich geradezu auf. So schleppte ich mich durch den Tag.

Als ich mich am Nachmittag unserer Wohnung wieder näherte, war ich überzeugt, mich von ihm trennen zu müssen. Er war einfach nicht der Richtige. Was dann folgte, war erst mal Schweigen. Denn wer fängt schon gern so ein Thema an, das aussieht, als hätte es kein Ende? Als wir dann schließlich begannen, waren wir schon gereizt und angespannt. Die kleinen Zeichen waren ja spürbar gewesen. Dann folgte eine Diskussion, die ungefähr so aussah:

Hab ich nicht.

Hast du wohl.

Nein.

Bitte???

Daraufhin schlief jeder in seinem Zimmer, und zwar unruhig. Ich wusste, dass ich Recht hatte. Er wusste, dass er Recht hatte. Und irgendwie tat es uns leid.

Das war früher.

Und wie ist es heute?

Natürlich kann ich nicht jedes Mal eine Work machen, wenn ein stressiger Gedanke auftaucht. (Allerdings tauchen heute auch kaum noch welche auf.) Die vielen Works, die ich über ihn gemacht habe, haben mich stets zum gleichen Punkt gebracht: Wenn ich etwas will, habe ich drei Möglichkeiten:

1. Ich sage, dass ich es will.
2. Ich schaue erst mal, ob ich es selbst erledigen kann.
3. Es ist in Ordnung, es nicht zu haben. Denn ich habe nicht selbst dafür gesorgt, es zu bekommen.

Ich glaube nicht mehr, dass der »richtige« Partner mir meine Wünsche von den Augen ablesen muss. Dieser Glaubenssatz hat echtes Leidpotential. Nach so einem Partner kann ich suchen, bis ich verrückt werde. Ich glaube nicht mehr, dass er von selbst wissen muss, was zu tun ist. Ich habe mir meinen Partner ausgesucht, und nun will ich auch IHN. So, wie er ist. Voll und ganz und ohne Erziehung. Und das heißt nicht, dass ich ihn nicht bitten kann, seine Tasche aus dem Weg zu räumen. Wenn er es nach dem, sagen wir, sechsten Mal immer noch nicht tut, werde ich es machen. Ohne bösen Blick, ohne

Racheaktionen, ohne Vorwürfe. ICH will, dass die Tasche nicht im Weg steht. Ihm ist es offenbar egal. Wenn ich will, dass ER sie auf jeden Fall wegräumt, obwohl er das entweder nicht merkt, es vergisst oder kein Interesse daran hat, kann das zu entsetzlichen Kämpfen führen, die sich auf unser ganzes Zusammenleben ausbreiten. Und diese Kämpfe wird mein Herz sich merken, das schwöre ich. Bei der nächsten ähnlichen Kleinigkeit kommt die Sache mit aufs Tablett, hundertprozentig!

Wie war das früher, wenn ich wollte, dass er etwas für mich tut, und er tat es nicht? Wie hat es sich angefühlt, um Almosen zu betteln, zu manipulieren, zu weinen und laut zu werden? Mit Trennung zu drohen, wenn er meine Wünsche nicht erfüllen wollte. »Dann passen wir eben nicht zueinander« oder »du tust mir weh« zu sagen und das dann wirken zu lassen. Mich bei Freundinnen auszuweinen, die selbstverständlich für mich Partei ergriffen und mir gute Ratschläge mitgaben. Das war nicht nur aussichtslos, sondern hat sich auch ziemlich verloren angefühlt.

Grundsätzlich habe ich verstanden: Wenn ich schlechte Laune habe, ist das MEINE schlechte Laune. Sie kommt aus mir. Also bin ich es, die sie macht, nicht er. Und es ist überhaupt nicht wahr, dass ich schlechte Laune haben *muss*, wenn kein Kaffee mehr da ist. Oder eine Tasche im Weg steht. Für meine Laune bin nur ich verantwortlich. Ich hänge nicht mehr von ihm ab – und das macht gute Laune.

Wenn ich etwas von ihm will und er will nicht, will ich es auch nicht mehr. Ehrlich. Ich möchte nichts von ihm haben, was er nicht geben möchte.

Die Frage ist: *Ist all das wahr, was ich mir über ihn erzähle?* Dass er in seinen freien Tagen darauf hätte achten müssen, dass Kaffee da ist? Ist es wahr, dass seine Tasche IMMER im Weg steht? Ist es wahr, dass er sie aus eigenem Antrieb wegräumen muss? Ist es wahr, dass er immer nur an sich denkt?

Wenn ich beginne, all diese stressigen Gedanken zu glauben, wird mein Verstand immer neue Beweise dafür finden, dass ich Recht habe. Denn darauf habe ich mich ausgerichtet. Meine Augen werden sehen, meine Ohren hören. Ich werde Fakten sammeln, auswerten und zu einer Geschichte zusammenbrauen, die den Namen trägt: *Er denkt nur an sich.* Damit werde ich ihn konfrontieren, werde die Botschaft durch kleine Signale transportieren oder durch große. Wie viel Lust hat er dann wohl, liebevoll auf mich zuzugehen? Bekomme ich dann, was ich eigentlich will? Ich wollte von ihm, dass er warmherzig und liebevoll ist, und bin es selber nicht. Und nicht nur das, ich tue auch noch alles dafür, dass er es richtig schwer hat, mir zu geben, was ich möchte.

Seit wir zusammenwohnen, habe ich mir angewöhnt, beim leisesten spürbaren Grummeln gegen ihn innezuhalten. Mir zum Beispiel vor dem Betreten der Wohnung die Frage zu stellen: »Wie könnte ich ihm jetzt begegnen, wenn ich nicht all diese Gedanken über ihn glauben würde? All das Gerümpel, was sich, würde ich die Work damit machen, sowieso als unwahr herausstellen würde. *Wer wäre ich ohne meine Geschichte über ihn?*« Bevor ich den Schlüssel ins Schloss stecke, warte ich einen Moment, atme ein paar Mal und frage mich: »Wie wäre es, wenn ich ihm jetzt zum ersten Mal begegnen würde?«

Was glauben Sie wohl, was dann passiert? Genau. Ich öffne die Tür. Ich schaue in seine Augen, bin offen, neugierig, unbelastet, respektvoll und waaaahnsinnig tolerant. Und zwar vollkommen unabhängig davon, wie es ihm gerade geht. Er kann schlechte Laune haben oder gute. Meine Laune hängt davon nicht ab. Ich kann ihn einfach lieben, so wie er ist. Ich kann ihn fragen, ob es angenehm war auszuschlafen und ob er seinen freien Tag genießen konnte. Oder wie es für ihn war, Kamillentee zum Frühstück zu trinken.

Schön, oder?

Wenn Sie Lust haben, probieren Sie das mal aus. Greifen Sie sich Ihre Mutter, Ihr Kind, die Freundin oder das Meerschweinchen, schauen Sie ihm/ihr in die Augen und lassen Sie Ihre Geschichte über den anderen fallen. Wie wäre der Kontakt ohne all die angesammelten Gedanken über den anderen?

Wenn da nicht das Glück um die Ecke kommt, halten Sie noch an Ihrer Geschichte fest. Dann könnten Sie sich fragen: *Ist es wahr, was ich über den anderen denke? Wirklich wahr?*

All meine schlimmen Befürchtungen

Kann ich mir absolut sicher sein, dass sie eintreten?

*E*ines schönen Freitagabends, für das kommende Wochenendseminar war alles vorbereitet, lag ich auf meinem Sofa und las ein Buch. Kein Buch, was mit Arbeit zusammenhing, nein, Belletristik. Luxus pur. Als läge ich in einer Filmdekoration, hatte ich ein Glas Rotwein neben mir stehen, und das Beste war: Mir war auch noch bewusst, wie gut ich es hatte. Der Genuss war also mindestens doppelt. Mein Mann hatte Freunde zu Besuch. Die holten sich ab und zu ein neues Bier aus dem Kühlschrank, und dann war es wieder still. Herrlich.

Gerade sah ich mal wieder von meinem Buch auf, wollte mich zurechtruckeln und richtete mich dafür auf – da fuhr ein stechender Schmerz in meinen Rücken.

Ich schrie. Es fühlte sich an, als wäre etwas Wichtiges gerissen. Ich plumpste aufs Sofa zurück. Der Schmerz war noch da.

Einige Sekunden wagte ich nicht zu atmen. Ich hoffte wohl, dass ich nur geträumt hatte oder dass der Schmerz, so plötzlich wie er gekommen war, auch wieder verschwinden würde. Es tat weh. Es tat sehr weh.

So lag ich, bis ich begriff, dass kein Wunder geschehen würde. Ich machte mich bereit, das Ausmaß der Bescherung zu erforschen, und wollte aufstehen. Es ging nicht. Kopfheben ging nicht, Abstützen ging nicht. Ich versuchte, mich seitwärts hinunergleiten zu lassen, und rollte über die rechte Kante auf den Boden. Behutsam kam ich nach oben, bis ich auf beiden Beinen stand. Seltsam vornübergekrümmt konnte ich ein paar Schritte in die Küche machen. Die Bier trinkenden Freunde brauchten einen Moment, bis sie den Ernst der Lage verstanden. Sie wollten helfen, merkten, dass sie nicht konnten, und verkrümelten sich alsbald.

In der Hoffnung, dass ich würde schlafen können, wollte ich keinen Notarzt rufen. Ich kramte Ibuprofen aus der Hausapotheke und dachte, ich müsste nur müde genug sein, dann würde der Schlaf mich schon zu sich holen. Ich war in meinem Leben schon so müde gewesen, dass ich im Stehen hätte schlafen können. Ich war fest entschlossen, morgen früh zu meinem Seminar zu gehen. Wenn ich nur ein paar Stündchen die Augen zumachen könnte, würde das schon gehen.

Ich konnte aber nicht schlafen. Kaum lag ich, wollte ich wieder aufstehen. Stand ich, wollte ich schlafen. Im Liegen fand ich keine Position, die ohne Schmerz gewesen wäre. Aufrecht auch nicht. Ich wechselte hin und her, bis mein Mann ermattet in den Schlaf gesunken war. Um drei Uhr nachts verließ ich unser Bett und kehrte nicht zurück. Ich wollte ihn schlafen lassen. Eine Weile saß ich auf dem Sofa, dann versuchte ich zu liegen, lief durch die Wohnung, versuchte wieder zu liegen, lief durch die Wohnung und sah am Fenster die Sonne aufgehen. Ich weinte ein bisschen. Das hilft mir immer, wenn ich Schmerzen aushalten muss. Es ist ein Ventil, lässt Druck ab, gibt dem Schmerz die Hand und freundet sich mit ihm an. Um acht griff ich zum Telefon. Ich hatte genau null Sekunden geschlafen. Das konnte nicht gut gehen. Ich weckte zwei meiner Teilnehmer. Sie waren aufrichtig besorgt, aber auch bedrückt. Sie waren extra aus einer anderen Stadt angereist. Ich sagte, das hätte so keinen Sinn, und rief einen nach dem anderen an. Meist war die Mailbox dran, ich war noch zu früh.

Der nächste Teilnehmer, mit dem ich sprach, hatte sich so auf das Seminar gefreut, dass ich ins Grübeln kam. Ich stand an meinem Fenster, sah auf das gegenüberliegende Haus, auf dessen Dach schon die Sonne schien, und war mir plötzlich unsicher. Was hatte ich gesagt? *Es hat so keinen Sinn.*

Konnte ich mir sicher sein, dass das stimmte? Absolut sicher? Was hatte denn jetzt Sinn? Abgesehen von den anderen, die sich für das Wochenende einen neuen Sinn suchen mussten – was würde ich denn anfangen? Schlafen konnte ich nicht. Das hatte ich schon die ganze Nacht versucht.

Wieder griff ich zum Telefon und rief alle an. Das Seminar würde stattfinden. Pünktlich zehn Uhr. Bitte Nachsicht mitbringen.

Ich wollte es versuchen. Irgendetwas würden wir schon auf die Reihe kriegen. Plötzlich war mein Geist offen. Frei von stressigen Gedanken. Er war neugierig, was geschehen würde. Würde ich vom Stuhl fallen? Würde ich beim Reden langsamer werden, immer langsamer und dann wegnicken? Wovor fürchtete ich mich denn? Würde ich mich verzetteln, dummes Zeug reden und die falschen Arbeitsblätter austeilen? Ich war gespannt. Ich bestellte mir ein Taxi, fuhr zum Seminarraum und hatte eher das Gefühl, in ein Abenteuer zu fahren. Die Teilnehmer kamen, freuten sich, dass ihr Seminar stattfand, und waren voller Anteilnahme. Das war nicht sinnlos. Zu Beginn versicherte ich der Gruppe, dass sie sich keine Sorgen zu machen brauchten. Falls ich vom Stuhl fallen sollte, wäre es nur aus Müdigkeit. Sie lachten. Bis hierher hatte es also schon mal Sinn gehabt, das Seminar stattfinden zu lassen. Die Umkehrung war mindestens genauso wahr. Ich begann wie immer und behielt die Neugier, was geschehen würde. Das war erfrischend. Ich spürte in mich hinein. *Kann ich mir absolut sicher sein, dass ich müde bin?* Ist es wirklich Müdigkeit, was ich da spüre? Bereitet mir der Rücken solche Schmerzen, dass ich nicht reden oder zuhören kann? *Ist es wahr, dass es keinen Sinn hat, hier zu sitzen?* Ich konnte durchaus zuhören. Die Schmerzen nahm ich stärker wahr, wenn ich mich fragte, ob ich welche hatte. Immer, wenn ich mit meiner Aufmerksamkeit bei dem war, was wir gerade taten, spürte ich sie kaum.

Wie immer bot ich an, eine Work vor der Gruppe zu machen. Das war der Moment, wo ein Gedanke um die Ecke kam, der anmerkte, dass ich das heute besser nicht machen sollte. Er wollte mich an all meine schlimmen Befürchtungen erinnern. Was sollten die Teilnehmer von mir denken, wenn ich jetzt alles durcheinanderschmiss? In den drei Sekunden, in denen ich mich zu meinem Schreibblock hinunterbeugte, ihn aufhob und auf meinen Schoß legte, sah ich einen Kurzfilm vor Augen, wie ich mich verhaspelte, unwichtige Dinge wiederholte und wichtige vergaß. Diese Gedanken und Bilder lieferten ein Gefühl mit, das mich an Angst erinnerte. Wenn ich diesen Gedanken Raum gegeben hätte, wenn ich sie geglaubt hätte, wäre Stress vorprogrammiert gewesen.

Aber nun hatte sich schon jemand gemeldet, nahm den Platz neben mir ein, und ich glaubte diesen Gedanken nicht. Versuch's einfach, raunte mir die Neugier zu, bleib offen, schau erst mal. Ich sah dem Teilnehmer in die Augen, beschloss, den vier Fragen, mir und ihm zu vertrauen, und führte ihn durch den Prozess. Ab und zu spürte ich Schmerz und Müdigkeit. Ich ließ sie dabei sein. Auch sie nahmen am Seminar teil. Dann waren meine Gedanken wieder beim Worken, den Fragen und den Zusammenhängen. Jede Work ist eine spannende Reise. In der Mittagspause aß ich nicht, um nicht unnötig müde zu werden, und ich wurde nicht müde. Plötzlich war der erste Seminartag vorbei. Ich war nicht vom Stuhl gefallen. Nicht mal eine kleine Minikatastrophe hatte es gegeben.

Fast war ich ein bisschen enttäuscht. Alle meine schlimmen Befürchtungen waren ausgeblieben.

Oft, wenn ich ein Zipperlein habe oder denke, ich könnte irgendetwas nicht schaffen, erinnere ich mich an dieses Wochenendseminar. *Ich kann das nicht schaffen.*

Kann ich mir absolut sicher sein, dass das so stimmt?

Und abgesehen von dem Sinn, den es für die Teilnehmer hatte – auch für mich selbst war es sinnvoll. Die Umkehrung ist sogar viel wahrer als mein stressiger Glaubenssatz. Ich weiß jetzt, dass viel mehr möglich ist, als ich mir zugetraut habe. Und das lässt mich gelassener aufs Leben schauen. Eventuell eintretende Katastrophen werden zu Abenteuern. Was kann mir jetzt noch passieren?

Familienbande

Ist das wahr?

*O*ma, das Oberhaupt unserer Familie, ist heute das Geburtstagskind und hat uns eingeladen. Der Esstisch ist an beiden Enden ausgezogen und bricht unter der Last der aufgetischten Speisen beinahe zusammen. Oma rennt zum zwanzigsten Mal von der Küche ins Wohnzimmer und zurück. Rund um den Tisch drängen sich ihre Kinder, die Ehepartner der Kinder, die Kinder der Kinder, Nachbarn. Es ist noch kein Tropfen Alkohol geflossen, dennoch sind die Gesichter gerötet, heißgeredet. Meine Hilfsangebote werden abgelehnt. »Setz dich man hin.« Ich helfe also, indem ich mich setze, in den Trubel eintauche, einfach Gast bin. Bierflaschen werden geöffnet und herumgereicht. »Du trinkst Wein, oder?«, werde ich von meiner Tante gefragt. So ist es. Ich bekomme ein Glas in die Hand gedrückt. Alle warten auf Oma. Da kommt sie zur Tür herein. »Oma, setz dich mal!«, wird ihr zugerufen. Oma guckt sich um. Ist auch alles gemacht? Kann sie sich jetzt schon hinsetzen? Alles fertig? Wirklich alles? Meine Mutter sagt: »Mutter, setz dich!« Oma setzt sich, als wäre ihr Sitz eine Herdplatte. Könnte heiß sein. Sie ist in Bereitschaft, gleich wieder aufzuspringen, falls etwas fehlen sollte. Oma bekommt auch ein Glas, man will anstoßen. »Auf das Geburtstagskind!« Oma freut sich, wehrt aber ab. Zu lange will sie die Aufmerksamkeit nicht auf sich ziehen. »Nun greift zu«, sagt sie und lässt den Blick über den Tisch schweifen. Was könnte es wohl sein, das noch fehlt? Ach, na klar. Der Senf. Oma springt auf. Meine Mutter guckt kritisch. »Fehlt noch was?« Oma murmelt: »Senf«, und will sich an ihr vorbei nach draußen schieben. Meine Mutter ist schneller. »Nun bleib mal sitzen, ich mach schon.« Das ist meiner Oma unangenehm. Meine Mutter ist doch das Kind. Und Gast. »Du weißt gar nicht, wo der steht.« »Kannst du mir ja sagen«, meint meine Mutter und will die Oma zurück auf ihren Stuhl dirigieren. Meine Mutter meint es gut, Oma hat keine Chance. »Na, wenn de meinst.« Meine Mutter geht den Senf holen. Sie holt drei Minuten später auch noch zwei Löffel. Allerdings geht dem ein ähnlicher Dialog voraus. Dann fehlt noch der Süßstoff für die Nachbarin. Als Rufe laut werden, man könne zu den Würstchen ein wenig Ketchup vertragen, stehe ich auf. Ich könnte doch auch mal gehen. Oma guckt alarmiert. Meine Mutter macht mir ein Zeichen. Ich soll mal schön sitzen bleiben. Ich mache eine Geste, die bedeuten soll, dass sie es sich ja auch mal gemütlich machen könnte, nachdem sie schon dreimal den Weg Küche-Wohnzimmer zurückgelegt hat. »Lass mal«, raunt mir meine Mutter zu und geht selbst. Ich schaue mich an der Tafel um. Alle fühlen sich wohl, es herrscht eine ausgelassene Stimmung. Niemand sonst reißt sich um den Raustrag- oder den Reinholjob. Ich lehne mich zurück und beschließe, entspannt zu bleiben.

Dieses Szenario wiederholt sich jedes Jahr auf exakt die gleiche Weise, und ich frage immer, ob ich etwas helfen kann. Wenn nicht, bin ich einfach das Kind und genieße es. Das war aber nicht immer so. Noch vor zehn Jahren schaltete ich mich stets an der Stelle ein, wo die Oma darauf bestand, selbst hinauszugehen, und meine Mutter dann ihrerseits darauf bestand, dass die Oma sich hinsetzen sollte. Ich wiederum bestand darauf, dass meine Mutter die Oma mal machen lassen sollte. Sie hatte Geburtstag, und wenn sie in die Küche gehen wollte, sollte sie das tun dürfen. Woraufhin mir wiederum jemand sagte, ich solle die beiden mal machen lassen. Alle meinten es nur gut. In der Zeit war die Oma aufgestanden und in die Küche gegangen, und über der Feier lag eine spürbare Anspannung. Alle sagen allen, was sie tun sollen. Unsichtbare Muster greifen. Wer ist das Kind? Wenn man die Älteste ist, wie die Oma, sind alle anderen die Kinder. Als ich Kind war, wollte ich nie helfen, so wie meine Tochter jetzt. Heute, als erwachsene Frau, gehört helfen automatisch dazu. Dieser Gedanke ist für mich kein stressiger Glaubenssatz, da ich heute gerne helfe. Stressig wird es erst, wenn ich auch dort helfen will, wo es gar nicht gebraucht wird. *Ich muss helfen?* Gar nicht wahr.

Vor ein paar Jahren noch stand mein Vater immer schon in der Tür, wenn ich ihn besuchte. Er sah auf seine Armbanduhr, und ich fühlte mich wieder wie vierzehn. Er sagte auch den entsprechenden Satz, nur eine Spur freundlicher als früher: »Na, Kind, bist du wieder zu spät?« Es war gut möglich, dass sich bei mir ein kleiner Ärger einschlich. Er kam aus folgenden Gedanken geschlichen: *Mein Vater sollte mich nicht mehr wie eine Jugendliche behandeln. Er sollte sehen, dass ich aus dem Alter raus bin. Zuspätkommen war damals etwas ganz anderes als das Zuspätkommen heute. Mein Vater sollte nicht so pingelig sein und mich nicht auf solche Kleinigkeiten reduzieren.*

In einer Work darüber habe ich festgestellt, dass *ich* diejenige bin, die diese Verbindung herstellt, nicht er. *Ich* denke, das ist so wie früher. *Ich* denke, mein Vater reduziert mich auf solche Kleinigkeiten. *Ich* mache den Ärger und bewirke, dass diese Situation sich wie festgefahren anfühlt.

Beim nächsten Besuch kam ich die Stufen hoch, mein Va

ter stand in der Tür und hatte schon dieses Lächeln auf dem Gesicht. Ich dachte: *Wie wäre es jetzt, ohne dass ich mir diese Geschichte über meinen Vater erzähle?* Ich nahm die letzte Stufe. Er sah auf seine Armbanduhr und sagte: »Na, Kind? Drei Minuten«, und grinste. Mein Kopf war frei, und ich wollte wissen, ob an der Geschichte, die in mir herumspukte, etwas Wahres dran war. Ich sagte: »Guten Abend, Papa. Sag mal, ist es dir wichtig, dass ich auf die Minute pünktlich bin?« Mein Vater lachte. »Ach Quatsch, war doch bloß ein Witz.«

Es war bloß ein Witz. Eine Anspielung auf die Kindheit, und er hatte nicht gewusst, dass ich seine Worte jahrelang für bare Münze genommen hatte. Ein Witz, den ich nach einer ehrlich gestellten Frage sofort verstand. Im Grunde hatte ich gefragt: *Ist es wahr, was ich über dich denke? Ist es wahr, dass du mir die Unpünktlichkeit immer noch vorwirfst?*

Hätte ich meine Gedanken nicht überprüft, hätte sich dieses Thema Jahr für Jahr weiter verfestigen können. Und nicht nur dieses Thema. Meine Meinung über meinen Vater im Allgemeinen. Ich wäre mir immer sicherer geworden, dass ich mit meiner Interpretation Recht habe. Ich hätte weiter an meiner Geschichte über ihn festgehalten, und Stress wäre die Folge gewesen.

Diese Frage konnte ich ihm nur so frei und aufrichtig stellen, weil ich für einen Moment Abstand nehmen konnte von meinen Gedanken über ihn. Für einen Augenblick hatte ich es für möglich gehalten, dass meine Gedanken nur eine Geschichte sind, die ich über meinen Vater erzähle. Und auch wenn sie sich unglaublich wahr anfühlte, musste sie nicht wahr sein.

Wenn ich mir bewusst bin, dass meine Gedanken nur Gedanken sind und nicht DIE WAHRHEIT, steht mein Vater in der Tür, schaut auf die Uhr, sagt: »Na, Kind, du bist aber wieder spät.« Ich sehe auf meine Uhr und sage: »Stimmt.« Mehr ist es nicht. Dann sage ich guten Tag und trete ein. Durch die Überprüfung meiner Gedanken kann ich mich selbst von stressigen Familienbanden befreien.

Ihr Leben lang hat meine Mutter viel gearbeitet, abends noch am Schreibtisch gesessen und sonntags Arbeit mit nach Hause genommen. Und, raten Sie mal, was ich heute mache... Ich sitze abends noch am Schreibtisch und bin froh, wenn ich mir im häuslichen Familienbetrieb sonntags zwei Stunden »freinehmen« kann, um ein bisschen zu arbeiten.

Wenn ich das nicht tue, wenn ich nicht so viel arbeite, wie meine Mutter es getan hat, dann stimmt für sie was nicht; dann arbeite ich gar nicht richtig. Dann kriege ich die Härten des Lebens gar nicht mit.

Ich erinnere mich an eine Zeit, in der ich jeden Monat oder jeden zweiten einen Film gedreht habe. Vier bis fünf Drehtage, als Episodenhauptrolle in einer Serie zum Beispiel. Klar, ich musste Text lernen, mich auf die Rolle vorbereiten, zur Kostümprobe und zur Regiebesprechung. Es blieb in so einem Monat aber immer noch genügend Zeit übrig, echte Freizeit, die ich herumbringen konnte, wie ich wollte. Ich schrieb noch keine Bücher, gab noch keine Kurse, arbeitete nicht an Leseprogrammen und sorgte noch nicht für ein Kind. Ich hatte einfach regelmäßig für das Fernsehen zu tun, verdiente gutes Geld mit verhältnismäßig wenig Arbeit und hatte auch noch Zeit. Luxus pur. Als ich anfing, etwas Eigenes auf die Beine zu stellen, änderte sich das schlagartig. Freizeit wurde zu einer hart umkämpften Größe, zu etwas Besonderem.

Meine Mutter sagte zu meinem Mann und Mitbewohner: »Jetzt sieht sie mal, was arbeiten ist.« Für sie war ich jetzt im richtigen Leben angekommen. In der Realität. Für mich war der Luxus Realität gewesen, und ich strebte danach, dort wieder hinzugelangen. Ich wollte mein Leben nicht nur mit Arbeit zubringen.

Früher, als ich noch glaubte, dass meine Eltern Recht hätten oder ich nach ihren Überzeugungen handeln müsse, waren ihre Ansprüche und Meinungen für mich purer Stress. Heute ist ihre Meinung eine willkommene Möglichkeit für mich, meinen Stand im Leben zu überprüfen. Bin ich froh, so wie mein Leben ist? Was finde ich selbst? Arbeite ich zu viel oder zu wenig oder genau richtig? Wie will ich mein Leben leben?

Als Kind wollte ich es meinen Eltern recht machen, aber gleichzeitig auch so geliebt werden, wie ich war. Wenn sie nun heute noch über die Art, wie ich mein Leben führen sollte, eine andere Meinung haben, könnte ich dem Gedanken verfallen, dass ich wieder nicht so geliebt werde, wie ich bin. Ich kann es mit Diskutieren versuchen und mir Mühe geben, ihnen zu verdeutlichen, warum mein Leben so ist, wie es ist, und dass es seine Berechtigung hat. Oder ich kann verstehen, dass es ihre Angelegenheit ist, was sie denken und welche Maßstäbe sie setzen. Meine Angelegenheit ist, mir mein Leben so zu bauen, dass es für mich gut ist. Wenn ich mein Leben so leben kann, wie ich es möchte – gerade wenn meine Eltern vielleicht anderer Meinung sind –, fühlt sich das für mich richtig frei an. Wenn ich mit mir im Reinen bin, haben die Vorstellungen der anderen keine Angriffsfläche. Solange ich selbst noch zweifle, ob in meinem Leben irgendwas nicht richtig läuft, können mich die Meinungen anderer verunsichern. Mein Job ist also, mir selbst klar zu werden. Dafür ist die Work das beste Werkzeug, das ich kenne.

Auch über Kindererziehung haben meine Eltern und Großeltern zum Teil andere Ansichten. Ob das Baby im Tragetuch oder im Kinderwagen richtig aufgehoben ist, wie oft es etwas zu essen oder trinken braucht, wie lange man es schreien lassen sollte und wann man die Windel abschafft. Später soll das Kind höflich »Guten Tag« und »Auf Wiedersehen« sagen, sich immer gründlich die Hände waschen und von rot nach weiß die Zähne putzen.

Nach einigen hinterfragten Arbeitsblättern gehe ich zu einhundert Prozent davon aus, dass sie es gut meinen. Ich kann mich also fragen: Sind ihre Hinweise für mich brauchbar? *Ist es wahr*, dass meine Tochter immer »Guten Tag« und »Auf Wiedersehen« sagen soll? Will ich das? Will sie das? Ich prüfe diesen Hinweis und komme zu dem Schluss: Ich brauche das nicht. Soll sie von rot nach weiß die Zähne putzen? Ich prüfe den Hinweis und denke: Ja, soll sie. Außerdem möchte ich auch, dass sie mindestens zwei Minuten lang putzt. Alle Hinweise sind willkommene Anregungen, die ich an meiner Prüfstation auf eigene Tauglichkeit überprüfen kann. Wenn etwas für mich dabei war, sage ich Danke; wenn nicht, auch. Denn wenn ich nichts verändern möchte, stimmt mein Leben an diesem Punkt schon so, wie es ist. Und das ist ein Grund zur Freude. Erwachsen sein heißt für mich, mir selbst im Klaren darüber zu sein, was für mich passt und stimmt. Ob ich schon helfen *will* oder immer noch denke, dass ich *muss*. Ob ich meine stressigen Gedanken über meine Eltern immer noch glaube oder ob ich sie überprüfe. Mit ihnen persönlich oder mit den vier Fragen. Wenn ich einmal weiß, was mir wirklich wichtig ist, wird viel Platz frei. Alles Rätseln, aller Ärger und alle Furcht verschwinden. Ich weiß, was ich will, und der Kopf ist frei für die schönen Dinge des Lebens.

Aufregung

Eine Vorstellung ist nicht real

Schon in frühester Kindheit hatte ich Auftrittsangst. Da staunen Sie sicher. Als Schauspielerin??, werden Sie fragen.

Von Therapeuten habe ich immer wieder gehört, dass Menschen sich unbewusst Aufgaben suchen, die es in ihrem Leben zu bewältigen gibt. Nach dieser Theorie hätte ich mir die Schauspielerei gesucht, um meine Aufregung in den Griff zu bekommen. Wenn das stimmt, und ich halte es für möglich, war das natürlich nicht alles, was ich mit der Schauspielerei wollte. Aber ein Versatzstückchen könnte es gewesen sein.

In meiner Kindheit habe ich viel gelesen. Ganze Wochenenden verbrachte ich in Parallelwelten und verließ mein Zimmer nur, wenn es etwas zu essen gab.

Sicher war ich die einzige Schülerin in meiner Klasse, die sich aufs Gedichtaufsagen freute, obwohl es auch für mich nicht leicht war, mich vor die Klasse zu stellen. Meine Eltern nahmen mich oft mit ins Theater, und so hat es niemanden gewundert, als ich mit vierzehn Jahren in einem Laientheater landete. Wenn wir probten, genoss ich es, in die andere Figur zu schlüpfen, an Grenzen zu gehen und Szenen in alle Richtungen auszuloten. Doch kaum war Premiere und es saßen vierzig Leute im Raum, war mir blümerant zumute, und ich war gehemmt. Ich war nur halb in der Figur, lebte nicht vollständig in ihrer Welt, kam nicht in Fluss und war am Ende unzufrieden. Zum Glück gab es im Laientheater nicht allzu viele Vorstellungen.

Auf der Schauspielschule war es sogar so, dass ich zwei Minuten vor einem Auftritt dachte, ich würde tot umfallen, und auf der Bühne wusste ich die ersten drei Minuten lang nicht, was ich tat. Auch im Nachhinein hatte ich keine Erinnerungen an die Zeit nach dem Betreten der Bühne. Immerhin erholte ich mich von den Aussetzern und das noch während des Spielens.

In meinem Gesangsstudium erlebte ich noch eine Steigerung. Hier war ich schon tagelang vor einem Vorsingen aufgeregt und hasste die Auftritte bald. Gesungen hätte ich schon gern. Wenn nur das Publikum nicht gewesen wäre ...

Mein Abschlussexamen wollte ich unbedingt gut machen, ich hatte anderthalb Stunden vor Publikum zu singen, Lieder, Arien, Klassik, Barock und moderne Musik. Ich arbeitete wegen der Aufregung mit einem Coach und stellte fest, welche Gedanken mich so aufgeregt sein ließen: Ich hatte Angst, mich zu blamieren, Freunde zu verlieren, im Ansehen der ganzen Welt zu sinken und nichts mehr wert zu sein. Schon damals fühlte es sich gut an, diese stressigen Glaubenssätze gefunden zu haben. Jedoch kannte ich noch nicht das Werkzeug, um sie zu überprüfen.

Beim Drehen gab es diese Aufregung nicht. Jeder am Set hatte eine Aufgabe, hatte selbst etwas zu tun und war beschäftigt. Keiner hatte Zeit, mich eineinhalb Stunden lang zu beobachten. Das Publikum in einem Konzert hingegen hatte nichts weiter zu tun als das. Es hatte die Wahl zwischen mir, dem Pianisten und dem Programmheft.

Ich wurde keine Sängerin. Nach dem Abschluss des Studiums kämpfte ich mich noch durch drei Konzerte, quälte mich und das Publikum und gab schlussendlich auf. Bis ich lernte, meine stressigen Gedanken zu überprüfen, marterte mich auch noch mein schlechtes Gewissen. Ich hatte es nicht geschafft, ich hatte hingeschmissen.

Seitdem 2008 mein Erzählband *Sommerkuss* erschienen ist, fahre ich durch den deutschsprachigen Raum und lese vor. Am Anfang las ich nur meine eigenen Geschichten, bald darauf auch die anderer Autoren. Nach dem Publikumshit *Bei den Brunettis zu Gast* habe ich mich auf kulinarische Lesungen spezialisiert. In der Adventszeit zum Beispiel lese ich das Kapitel »Weihnachten bei den Buddenbrooks«, und in den Lesepausen genießt das Publikum all die köstlichen Speisen, die auch bei den Buddenbrooks auf dem Tisch standen. So wird der Abend ein gesamtsinnliches Erlebnis. Auch hier stehe ich vor 60 bis 200 Menschen, die nichts anderes tun, als mir zuzuhören und mich anzuschauen.

Gerade bin ich mal wieder auf Lesereise, und mein Programm ist noch ganz neu. Bis gestern schien es mir genug durchdacht, genug recherchiert und oft genug laut gelesen. Aber nun, da ich auf dem Weg zur Veranstaltung bin, kommen mir Zweifel; Gedanken tauchen auf. Ich hätte es ruhig meinem größten Kritiker noch mal vorlesen können, ich hätte noch ein paar Stellen auswendig lernen können, und insgesamt hätte ich mich eingehender mit dem Stoff beschäftigen sollen.

Wenn ich diesen Gedanken folge, sehe ich mich am Abend an meinem Text kleben, sehe unzufriedene Gesichter im Publikum und werde nervös. Was ich fühle, erinnert mich an alle vergangenen Erlebnisse mit der Aufregung, an die vielen Momente mit einer Enge in der Brust, an die Angst. Im schlimmsten imaginierten Fall beschweren sich Leute nach der Lesung, der Veranstalter gibt die Beschwerde an meine Agentur weiter und will meine Gage nicht zahlen.

In Wirklichkeit ist mir so etwas noch nie passiert. Noch niemals nie. Ich habe ungefähr 200 Lesungen hinter mir, und in den allermeisten Fällen merke ich schon, während ich lese, dass das Publikum sich gut unterhält. Sie lachen, nicken oder stoßen ihren Nachbarn an, weil sie sich selbst in dem Text erkennen. In den wenigen anderen Fällen bin ich in einem Landstrich gelandet, wo man sich ganz allgemein in Veranstaltungen nicht zu solchen Äußerungen hinreißen lässt.

Obwohl ich so etwas noch nicht erlebt habe, gibt es in meinem Verstand die Vorstellung davon, die Möglichkeit, dass es eines Tages geschehen könnte. Daran sehe ich mal wieder, wie mächtig die Vorstellungskraft ist. Wenn ich mir etwas lebhaft vorstelle, ist es laut Hirnforschung so, als hätte ich eine reale Erfahrung gemacht. Mitunter ist das, was ich mir vorstelle, sogar stärker als die gelebten Erfahrungen. 200 schöne Lesungen können die Idee nicht entkräften, dass es auch schiefgehen könnte.

Diesen Fakt kann ich mir zunutze machen. Wenn ich spüre, dass die Aufregung nach mir greifen will, besteht der erste Schritt für mich darin, mir klarzumachen, was Realität ist und was vorgestellt. Ich sitze im Zug oder im Taxi oder zu Hause am Schreibtisch und stelle mir vor, wie die Sache schiefgehen könnte. Realität ist: Im Moment geht es nicht schief. Es sind nur Gedanken und Bilder im Kopf. Diese Klärung macht deutlich, dass ich gerade wieder nicht dort bin, wo mein Körper ist, und dass ich überhaupt nicht wissen kann, wie die Veranstaltung nachher wird. Aber wenn es sich nur um eine Vorstellung handelt, kann ich mir auch etwas Nützliches vorstellen. Eine Weile habe ich die Bilder vom verkorksten Abend wie eine Diashow betrachtet und dann ein Dia mit einem weißen Bild eingelegt. Ich sah also nichts als Weiß vor mir, wenn ich an die kommende Veranstaltung dachte. Ein unbeschriebenes

Blatt, welches noch darauf wartete, beschrieben zu werden. Das fühlte sich gut an. Gelegentlich legte ich mir auch Dias von vergangenen Veranstaltungen ein, die besonders angenehm gewesen waren. Es ist ja auch möglich, dass meine kommende Veranstaltung so schön wird wie einer dieser Abende. Auf diese Weise glaube ich den Schreckensbildern nicht mehr, und sie lassen mich los.

Oder ich frage mich: Was müsste geschehen, damit ich mich auf das, was da kommt, freue? Was kann ich tun, damit aus der Aufregung Freude wird? Wenn ich auf diese Fragen Antworten finde, sind das auch nur Gedanken. So wie der Stress, den ich vorher hatte, auch nur Gedanken entsprungen war. Aber diesmal sind es nützliche Gedanken, die mich wieder in meine Kraft zurückbringen.

Während meines Gesangsstudiums habe ich mich ein einziges Mal auf der Bühne versungen. Ein Rondo von Mozart. Das gleiche musikalische Thema wurde sechsmal wiederholt, aber nicht genau gleich, sondern eben nur so ähnlich. Bei der dritten Wiederholung war ich fälschlicherweise schon bei der vierten, und dann tat meine Klavierbegleiterin etwas so Schlimmes, dass ich es mir noch nicht einmal hatte vorstellen können: Sie blätterte die Noten zurück, zwinkerte mir zu und sagte: »Wir fangen einfach noch mal an.« Ich schwitzte in zwei Sekunden drei Liter in mein Abendkleid und war mir sicher, aus diesem Rondo nicht mehr heil heraus zu kommen. Ich stellte mir vor, wie meine Begleiterin zum achten Mal aufmunternd sagen würde: »Na, fangen wir halt noch mal an«, und die Noten zurückblätterte.

Hin und wieder dachte ich sehnsuchtsvoll an den Volksmund: »Ist der Ruf erst ruiniert, lebt sich's völlig ungeniert.« Das schien das Paradies zu sein. Völlig ungeniert zu leben.

Ich habe mich noch niemals völlig blamiert. Und wenn ich heute mal wieder Angst davor habe, dann nehme ich mir vor, es geschehen zu lassen, wenn es geschehen sollte. Das ist die Umkehrung von dem, was ich befürchte. (*Ich will mich nicht blamieren – ich will mich mal so richtig blamieren.*) Wenigstens ein einziges Mal will ich mich in meinem Leben nach Herzenslust blamiert haben. Wenn ich mir diese Erlaubnis wahrhaft geben kann, bin ich entspannt. Die Entspannung verhindert die Aufregung, und dann wird's mit der Blamage natürlich erst mal wieder nichts. Dann kann ich ungeniert leben, ohne mich vorher blamiert zu haben.

Mein Rücken wurde nicht besser

Eine Work über meinen Körper

*E*rinnern Sie sich, im Februar hatte ich auf meinem Sofa gelegen und ein Buch gelesen. Beim gemütlichen Zurechtruckeln hatte ich mir etwas »ver-ruckelt« und damit den Rücken blockiert.

Diese Geschichte hier schreibe ich im September des gleichen Jahres. Seitdem hat sich mit meinem Rücken einiges getan. Die Schmerzen sind aber noch da. In diesen sieben Monaten habe ich so ziemlich alles, was im mitteleuropäischen Raum gegen Rückenschmerzen angeboten wird, versucht. Akut habe ich Schmerzmittel genommen, als Tablette oder Spritze, und mir Betäubungsmittel in die blockierte Stelle injizieren lassen. Als das MRT und die Röntgenbilder vorlagen und zeigten, dass weder eine Bandscheibe herausgesprungen war noch ein Tumor auf den Nerv drückte, war klar, die Sache ist höchstwahrscheinlich muskulär bedingt. Im nächsten Schritt habe ich Massagen, Akupunktur, Quaddeln, Manualtherapie, Osteopathie, Yoga, Rückenschule, leichten Sport, Schwimmen, die Grindbergmethode und Quantenheilung ausprobiert. Hab ich was vergessen?

Am besten wirkten Bewegung und die regelmäßige Einnahme von Schmerzmitteln. Ich hatte mich von einem darauf spezialisierten Schmerztherapeuten auf eine Mischung einstellen lassen, die ich gut vertrug. Ziel war es, den Körper die Schmerzen wieder verlernen zu lassen. Aber dann war ich wochenlang so schrecklich müde, dass ich abends mit meiner Tochter schlafen ging. Abgesehen davon wollte ich mal wieder spüren, wie sich mein Rücken ohne die Medikamente anfühlte. In der Hoffnung, die Schmerzen würden nicht viel stärker werden, schlich ich die Tabletten langsam aus. Die Schmerzen wurden stärker, von Tag zu Tag.

Eines Morgens griff ich mir an den Kopf. Konnte das wahr sein? Ich musste mich setzen. Nur schwerlich konnte ich begreifen, warum ich das Naheliegende noch nicht versucht hatte. Ich hatte mich überall umgesehen, Experten befragt und bezahlt. Aber ich hatte noch nicht eine einzige Work über meinen Rücken gemacht. Wieso war ich auf diese Möglichkeit nicht gekommen? Ich hatte wohl nach einer Lösung gesucht, die die Schmerzen beseitigt, nicht aber nach einem Weg.

Ich setzte mich also hin und schrieb alles auf, was ich über meinen Rücken dachte. Am Ende pickte ich mir den Glaubenssatz heraus: *Der Rücken soll jetzt mal besser werden.* Ich spürte, wie ich ihm sagen wollte: Jetzt reicht es langsam. Werd mal fertig!

Auf die erste Frage konnte ich, auch nach längerem Hinspüren, nur mit Ja antworten. Ich hatte sieben Monate lang Schmerzen gehabt, nur schlecht schlafen können, und ja, ja, ja, ich wünschte mir sehnlichst, dass der Rücken jetzt mal besser wurde. Umso neugieriger war ich, was ich in dieser Work wohl finden würde. *Konnte ich mir wirklich sicher sein, dass es das Beste für mich wäre, wenn der Rücken jetzt besser werden würde?* Bei dieser zweiten Frage ist es sehr hilfreich, auf die Bilder zu warten, die mein Verstand mir anbietet. Ich weiß, dass ich mir natürlich niemals sicher sein kann, aber das ist sehr allgemein. Ich suche nach meiner konkreten, individuellen Antwort. Häufig muss ich meinen Verstand mehrmals auf den Weg schicken und mir die Frage öfter stellen. Diesmal sagt er mir, dass ich vielleicht etwas verpasse, wenn der Rücken jetzt schon besser wird. Dass ich an etwas vorbeigehe, was für mich hilfreich sein könnte. Ich halte es also für möglich, dass der Zustand, wie er jetzt ist, auch für irgendetwas gut sein könnte. Diese Sicht auf meinen Rücken und die Schmerzen erleichtert mich schon.

Wie reagiere ich, was passiert in dem Moment, wo ich diesen Gedanken für wahr halte? Bei der dritten Frage schaue ich mir an, wie ich lebe, wenn ich glaube, dass mein Rücken jetzt mal besser werden sollte. Realität ist, er wird nicht besser. Das Erste, was ich spüre, ist, wie fordernd dieser Satz sich anhört. Der Rücken soll parieren, funktionieren und endlich auf alles, was ich schon gemacht habe, reagieren. Wie fühlt es sich an, von meinem Rücken etwas zu fordern? Ich bin fest am Bauch, fest im Körper, und gleichzeitig ist mir schwindlig. Das rührt von der Aussichtslosigkeit des Unterfangens her. Es ist ja schlicht unmöglich, von meinem Rücken etwas zu verlangen.

Noch dazu habe ich das Bedürfnis, mich meinem Selbstmitleid hinzugeben. Etwa so: Mensch, was soll ich denn jetzt noch tun, ich hab doch schon alles gemacht. Unsummen hab ich bereits ausgegeben, und nichts hat geholfen. Jetzt bleibt mir nichts anderes übrig, als den Mist auszuhalten. Und wenn das gar nicht mehr aufhört, werde ich keinen Spaß mehr am Leben haben... usw.

Wenn ich von meinem Rücken verlange, dass er jetzt besser werden sollte, und er tut das nicht, bin ich kurz davor, resigniert das Handtuch zu werfen. Es fühlt sich nach Frust an. Ich kann deutlich erkennen: Dieser Gedanke bringt Stress in mein Leben.

So. Nun darf ich zur vierten Frage übergehen. Ich atme einmal tief und frage mich, wie mein Leben wäre, wenn ich von meinem Rücken nichts fordern würde. *Wie wäre es ohne den Gedanken, dass der Rücken jetzt mal besser werden soll?* Ich lasse diese Frage sich in mir ausbreiten. Ich gebe ihr Raum, sonst nichts.

Ich atme, entspanne mich, spüre den kompletten hinteren Teil meines Körpers und habe ohne den Gedanken plötzlich ein freundliches Gefühl zu meinem Rücken. Dabei merke ich, dass ich vorher entweder gar kein Gefühl zu ihm hatte oder eher ein ablehnendes. Wenn ich nichts mehr von ihm fordere, gehören wir wieder zusammen. Dann möchte ich für ihn da sein, ihn streicheln und trösten. Das fühlt sich erst mal gut an. Die Schmerzen sind noch so stark wie vorher, und doch fühlt es sich leichter an. Der Rücken ist jetzt wieder mein Freund. Und genau so, als würde ich gerade einem Freund begegnen, fahre ich meine Antennen aus und nehme wahr, wie es dem anderen geht. Ich verlange nicht, dass er mir eine Standardantwort gibt oder zeitsparend mit »gut« antwortet. Zum ersten Mal frage ich aufrichtig: Wie geht es dir?

Ich spüre ein Drücken in der Mitte, ein Ziehen in der Lendenwirbelsäule, und im Nacken sitzt eine bleierne Schwere. All das darf da sein. Es ist wie eine liebevolle Bestandsaufnahme. Ich fühle eine Traurigkeit aufsteigen und stelle fest, dass ich meinem Rücken bis jetzt noch keine Freundin gewesen bin. Ich habe noch nicht einmal wirklich hingehört, was er mir zu sagen hatte. Sofort weiß ich, dass das jetzt ein Ende hat. Nicht, weil ich mir das vornehme oder verstandesmäßig weiß, dass es die bessere Umgangsform wäre, nein. Weil ich spüren kann, dass es das bessere Leben ist, liebevoller, aufmerksamer. So will ich leben. Ich will mir selbst mein bester Freund sein. Geistig und körperlich.

Also fing ich an, auf meinen Rücken zu achten, auf die feinsten Regungen zu lauschen. Was ihm guttat, gab ich ihm öfter. Was Schmerzen verursachte, vermied ich. Ich hielt mich nicht mehr an die Übungen, die mir Sporttrainer und Physiotherapeuten gegeben hatten, sondern bewegte mich so, wie es sich für meinen Rücken richtig anfühlte. Mit feinen Sensoren tastete ich mich heran, und siehe da, ich konnte die Schmerzmittel vollkommen absetzen. Ich habe mir ein individuelles Programm erarbeitet, welches jedes Mal wieder neu erfühlt werden möchte. Ich bin froh und auch ein bisschen stolz. Die Umkehrung war eindeutig wahrer: *ICH sollte jetzt mal besser werden. ICH sollte mich besinnen auf die Weisheit, die schon in mir steckt, die immer da ist und die ich nur anzuzapfen brauche.*

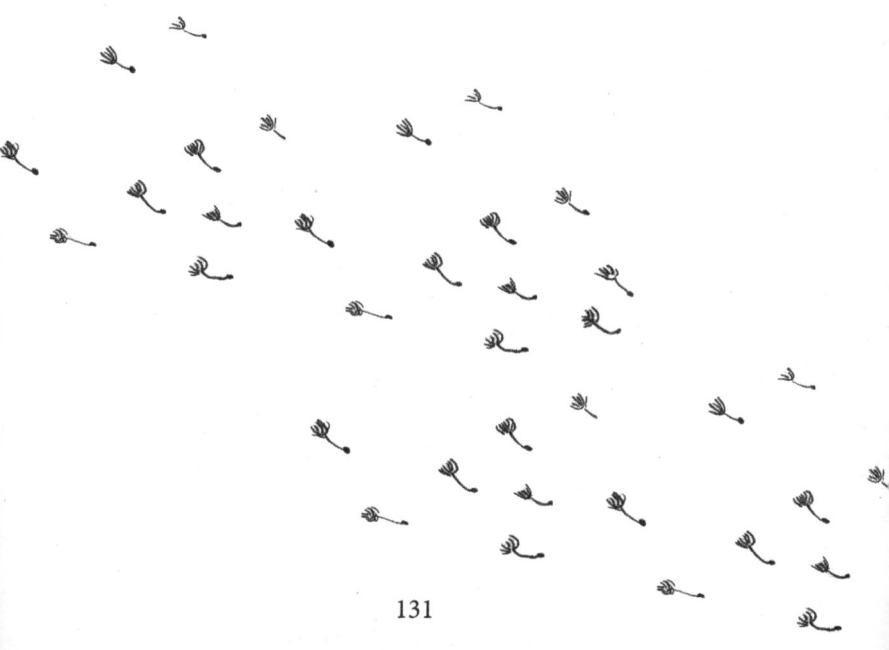

Harmlose Verdächtigungen im Alltag

Beispiele für Umkehrungen finden

*E*ines Tages brauchte ich für einen Gang zum Amt meinen Personalausweis. Ich lief zu meinem Schreibtisch, dorthin, wo der Ausweis immer lag, wollte zu der Stelle greifen, wo er immer lag, und – da lag er nicht.

Der erste Gedanke, der in nicht steuerbarer Geschwindigkeit in mein Gehirn schoss, lautete: Mein Mann hat ihn genommen. Ich war entsetzt. Hatte er mich gefragt? Gebeten? Wenigstens informiert? Nein! Seltsamerweise fragte sich mein Verstand nicht, was mein Mann mit meinem Personalausweis überhaupt anfangen sollte. Fest hing sein Bild in meinem Kopf, wie er zu meinem Schreibtisch gegangen sein musste, seinen Blick allzu neugierig hatte schweifen lassen und dann meinen Ausweis entführt hatte. Und zwar, ohne sich etwas dabei zu denken. Wer weiß, wie lange er ihn schon in Besitz hatte? Vielleicht war er längst auf Nimmerwiedersehen unter seinen Stapeln mit Papierkram vergraben. Passenderweise fiel mir jetzt eine Begebenheit ein, wo mein Mann vor einer Weile schon einmal, was war es noch …? Hm. Na ja, war ja auch egal, irgendetwas halt von mir genommen hatte, ohne mich zu fragen. Wie fühlte ich mich jetzt? Holla! Kampflustig wäre untertrieben. Und das Beste daran war: Ich hatte einhundertprozentig Recht. Jeder Mensch auf der Welt würde mir zustimmen: Man nimmt nicht einfach so, ohne zu fragen, etwas vom Schreibtisch des anderen. Da liegen Arbeitspapiere und wichtige Dokumente. Wenn davon etwas durcheinandergerät, kann es Stunden, vielleicht Tage dauern, bis das wieder in Ordnung gebracht ist, und außerdem war der Schreibtisch sozusagen das Hoheitsgebiet desjenigen … oh! Was war denn das hier? Mein Ausweis? Nanu. Hatte sich unter ein Papier geschoben.

Na, gratuliere! Da hatte mein Mann ja gerade noch mal Schwein gehabt.

Puh. Welches Donnerwetter wäre wohl durch unseren Haushalt gezogen, hätte ich den Ausweis erst morgen gefunden? Und hätte ich ihn dann verschwinden lassen müssen, um nicht der Verlierer zu sein?

Die Umkehrung lautet: *ICH habe Schwein gehabt.* Aber hallo!

Diese Geschichte ist mir jetzt so oft mit Ausweisen, Autoschlüsseln, Büchern und Briefmarken passiert, dass ich sofort darüber lache und die dazugehörigen Glaubenssätze schon zwei Sekunden nach dem Auftauchen nicht mehr glaube.

Die Gedanken, die ich als Bilder vor meinem geistigen Auge sehe, müssen überhaupt keinen Wahrheitsgehalt besitzen. Nur weil sie auftauchen, heißt das nicht, dass an ihnen etwas dran ist. Gedanken kommen und gehen. Manche zeigen sich klar und kräftig, und andere streifen mich lediglich undeutlich und sind schon vorbeigezogen, kaum dass ich ihren Inhalt erkennen konnte. Diejenigen, die laut »Hier!« schreien und herumhampeln, sind aber deswegen nicht wahrer. Die schnelleren auch nicht.

So hat der Gedanke: *Mein Mann muss den Ausweis genommen haben* kein erhöhtes Anrecht auf Wahrheit, nur weil er mit Blitzgeschwindigkeit auf sich aufmerksam gemacht hat.

Um mich selbst zu erkennen, brauchte es nur ein kurzes Innehalten im Moment des Aufbrausens. Es brauchte die Bereitschaft wahrzunehmen, für wie eintausendprozentig ich den anderen für schuldig befinde und wie nullprozentig mich selbst. Nur wahrnehmen. Der Rest geschieht von allein.
Wie oft bietet das Leben, Ihrer Meinung nach, solche eindeutigen Schuldverteilungen an?
Nach meiner Meinung fast nie.

Nun könnten Sie einwenden: Und was, wenn er ihn tatsächlich genommen hätte? In diesem Fall würde ich mich fragen: Habe ich die Verantwortung übernommen für das, was ich möchte? Habe ich unmissverständlich klargemacht, dass ich nicht will, dass er an meinen Schreibtisch geht? Habe ich sichergestellt, dass er mich auch richtig verstanden hat? Respektiert er meinen Wunsch? Wenn nicht, kann dies eine gute Gelegenheit sein, über Respekt und Achtung in der Beziehung zu sprechen. Eine gute Gelegenheit, meine Beziehung zu dem zu machen, was ich wirklich leben will. Die Kraft und Energie in (Auf)Klärung zu stecken statt in Wut und Ärger.

Möglicherweise finde ich heraus, dass ich mein Leben nicht mit jemandem teilen möchte, der meine Bedürfnisse nicht respektiert. Oder wir finden gemeinsam den Grund, warum er es nicht schafft, mir den Respekt entgegenzubringen, den ich mir wünsche. Das könnte eine interessante Unterhaltung sein.

In meinem Leben stellt sich oft heraus, dass ich selber die Dinge, die ich mir von anderen wünsche, nicht in vollem Maße gebe. Das ist eine Umkehrung, die es zu finden lohnt.

Von: »Er respektiert mich nicht« zu: »Ich respektiere ihn nicht.«

Wie behandle ich ihn, wenn ich mich in dem Glauben verfangen habe, dass er mich und meine Bedürfnisse nicht res pektiert? Werde ich wütend? Ärgerlich? Vielleicht ein ganz kleines Minibisschen? Beschwere ich mich bei meinen Freundinnen über ihn? Ob er den Ausweis nun genommen hat oder nicht – verhalte ich mich auf diese Weise respektvoll?

Ich habe lange Zeit nicht verstanden, was damit gemeint war, wenn jemand sagte: »Der andere ist mein Spiegel.«

Meist, wenn ich herausgefunden hatte, wo und warum ich das Gewünschte selbst nicht gegeben hatte, war es keine große Sache mehr, es zu geben. Wenn ich dann wirklich respektvoll sein konnte, war der andere es auch.

Ich behaupte, im Grunde ihres Herzens möchten alle Menschen respektvoll sein. Warum? Weil es sich einfach besser anfühlt. Weil man sich mit Respektlosigkeit das eigene Leben verdirbt. Wer möchte schon, vorausgesetzt er/sie hat die Wahl, grimmig, respektlos oder hasserfüllt durchs Leben gehen, wenn er/sie fröhlich, voller Respekt und Liebe sein kann? Ich bin es doch, die den Hass fühlt, den ich hege. Ich fühle meine fehlende Liebe. Ich fühle mich getrennt vom anderen, wenn ich respektlos bin. Und da habe ich noch nicht bedacht, was ich zurückbekomme, wenn ich in so einer Weise auf andere Menschen zugehe.

Ich kann für meine Situation noch eine zweite Umkehrung finden.
– *Ich respektiere mich nicht.*
Das Finden von Beispielen bei den Umkehrungen ist nicht immer leicht. Ich schließe meine Augen, atme einmal durch und schaue mich zuerst in der konkreten Situation um, mit der ich die Work begonnen habe. Die Situation war: Ich stehe an meinem Schreibtisch und bin sicher, mein Mann hat meinen Ausweis entwendet. In dem Moment schließe ich daraus: *Er respektiert mich nicht.* Ich bin wütend und geschockt.

Kann ich in dieser konkreten Situation etwas finden, woran ich erkenne, dass ich mich selbst nicht respektiere? Ich warte in Ruhe ab, bis eine Antwort bereit ist, sich zu zeigen. Ja, ich kann etwas finden. Ich habe meine Bedürfnisse nicht respektiert. Ich möchte eigentlich nicht, dass mein Mann etwas von meinem Schreibtisch nimmt. Eigentlich möchte ich auch nicht, dass er da immer herumschleicht und alles genau inspiziert. Und eigentlich passt mir auch überhaupt nicht, dass er an meinen Computer geht.

Eigentlich.

Dieses »eigentlich« kann ein Zeichen sein, dass ich nicht für meine Bedürfnisse sorge. Wenn ich »eigentlich« denke und sage, sende ich undeutliche Botschaften. Und dann werfe ich es ihm vor. Dann sage ich: »Du respektierst mich nicht.« Er ist mein Spiegel. Wenn er den Ausweis tatsächlich genommen haben sollte, kann ich daran sehen, dass ich unklar bin. Und dann beschimpfe ich ihn natürlich nicht, hacke nicht auf ihm rum und versaue uns damit den Abend, sondern frage respektvoll: Sag mal, Schatz, hast du meinen Ausweis vom Schreibtisch genommen? Ja? Gut, gibst du ihn mir mal bitte, ich brauche ihn morgen. Und ich möchte dir gern sagen, dass ich gemerkt habe, wie unklar ich bisher war, was den Umgang mit meinem Schreibtisch betrifft. Diese Gelegenheit möchte ich nutzen, ab jetzt damit klar zu sein. Ich habe festgestellt, dass ich nicht möchte, dass du an meinen Schreibtisch gehst. Ich möchte nicht, dass du darauf herumguckst oder etwas wegnimmst oder an meinen Computer gehst. Ich möchte meinen Schreibtisch gern für mich, und ich möchte meinen Sachen nicht hinterherlaufen. Ist das okay für dich? Ach, und hab ich dir heut schon gesagt, dass ich dich liebe?

Wenn ich mich ausgiebig in der konkreten Situation am Schreibtisch umgesehen habe und ich finde kein weiteres Beispiel, dann kann ich nachsehen, ob mir im Zusammenhang mit derselben Person noch andere Beispiele einfallen. Wo noch respektiere ich ihn nicht? Ich entspanne mich und schau mir in Gedanken unser Leben an. Ich suche nach Situationen, die sich nicht vollständig rund, entspannt und glücklich anfühlen. Manchmal stelle ich mir vor, ich würde meine persönliche Suchmaschine anschmeißen. Die durchsucht mein ganzes Leben im Schnelldurchlauf und wird irgendwo hängen bleiben. Ich lehne mich zurück und vertraue dem Suchmechanismus. Er findet mir Kleinigkeiten wie die, dass es mir schwerfällt, die Art und Weise zu respektieren, wie mein Mann die Gläser im Buffet anordnet oder dass er mir von Verabredungen oft erst erzählt, wenn er schon dabei ist, sich die Schuhe anzuziehen. Ich sehe, wie ich so doofe Sachen mache wie die Augenbrauen hochziehen oder den Kopf schütteln. Das mag ich an mir gar nicht. Möchte ich nicht. Wie viel schöner würde sich das anfühlen, ihn zu respektieren?

Die Suchmaschine findet mir aber auch gewichtigere Dinge wie die, dass es mir schwerfällt, aufkommende schlechte Laune zu respektieren. Da will ich immer einschreiten und Vorschläge machen, wie er davon wegkommen kann.

Ich meine es nur gut, da ich fest davon ausgehe, dass es auch für ihn nicht so großartig sein kann, schlechte Laune zu haben. Niemand möchte schlechte Laune haben, oder?

Und doch habe ich jedes Mal, wenn ich mir Mühe gegeben habe, das zu verändern, festgestellt, dass sich seine Laune durch mein Einwirken nicht verbesserte. Eher wurde sie noch schlechter und hielt sich auch länger. Wenn ich es hingegen schaffe, ihm aus freiem Herzen seine Laune zu lassen, herrscht Respekt. Respekt vor der Wahl seiner Mittel. Das ist seine Art, jetzt gerade mit irgendetwas umzugehen, und ich achte das. Seine Laune zu respektieren heißt für mich nicht, sie erdulden zu müssen. Ich kann sie aus ganzem Herzen respektieren und dann beschließen, mit einer Freundin ins Kino zu gehen.

Die Stelle, an der es für mich allerdings Sinn ergibt einzuwirken, ist, mich nicht anstecken zu lassen. ICH möchte keine schlechte Laune haben. Wenn ich an dieser Baustelle arbeite, also in meiner Angelegenheit bleibe, habe ich genug zu tun. Wenn ich es recht bedenke, hat er mich nicht gebeten, ihm zu helfen. Ich stelle mir vor, ich könnte Menschen immer unabhängig von ihren Launen respektieren. Egal, was die gerade mit sich herumtragen, ob sie aggressiv sind, verärgert oder einfach nur schlecht drauf – ich müsste das weder übernehmen noch darauf eingehen. Wie wäre das? Herrlich. Das ist ein Ziel, aufs Innigste zu wünschen. Und ob ich dieses Ziel erreiche, liegt in meinen Händen. Daran kann und möchte ich arbeiten.

Solche Schätze kann ich heben, wenn ich mir für die Beispiele der Umkehrungen Zeit lasse.

Falls ich im Zusammenhang mit derselben Person kein Beispiel finde, das sich auf eine andere Situation bezieht, kann ich auch nach einer ähnlichen Situation suchen, an der eine andere Person beteiligt ist. Vielleicht hat ein Kollege schon mal etwas von meinem Büroschreibtisch genommen? Kann ich ein Beispiel finden, wo ich diesen Kollegen nicht respektiere?

Wie fühlt es sich an, von anderen Respekt zu wollen? Wenn sie ihn mir geben, sieht es aus, als wäre die Welt in Ordnung. Aber wehe, wenn nicht. Dann kann ich Respekt wollen, bis ich schwarz werde. Ich kann niemanden zwingen, respektvoll zu sein. Es ist nicht meine Angelegenheit, was die anderen tun oder wozu sie gerade bereit sind. Wie fühlt es sich an, von anderen etwas zu wollen, wenn diese Personen nicht bereit sind, das zu geben? Die meisten Menschen fühlen Wut, manchmal schreckliche Wut. Sie wissen nicht ein noch aus und haben keine Ahnung, was zu tun ist. Sie sind nicht mehr fähig, auf eine friedliche Weise zu handeln.

Handlungsfähig werde ich sofort, wenn ich etwas tun kann. Und das kann ich bei mir. Ich bin der einzige Mensch, an dem ich wirklich etwas verändern kann. Ich kenne mich am besten, und ich hab mich immer dabei. Wenn die anderen nicht respektvoll sein wollen, kann ich immerhin das respektieren.

Respekt kann zurückkommen, wenn ich respektvoll bin. Dazu gibt es passende Sprüche. Zum Beispiel: »Behandle andere so, wie du selbst behandelt werden möchtest.« Oder: »Sei die Veränderung, die du in der Welt sehen möchtest.«

Wenn ich mich erkenne, habe ich die Wahl. Ich kann mich ärgern, dass die Welt nicht so ist, wie sie sein sollte. Ich kann mich ärgern, dass nicht genügend Respekt herrscht.
Oder:
Ich kann anfangen, mehr Respekt in die Welt zu tragen.
Respekt mir und anderen gegenüber. Wenn ich das kann, spüre ich auf jeden Fall in mir selbst mehr Respekt. Das gute Gefühl hab ich schon mal sicher.

Bitte geben Sie sich niemals mit weniger als drei Beispielen pro Umkehrung zufrieden. Der stressige Glaubenssatz hat eine große Kraft auf Sie ausgeübt, sonst hätten Sie ihn nicht für die Überprüfung gewählt. Die Beispiele, die Ihnen zeigen, dass das Gegenteil auch wahr ist, manifestieren den neuen stress-freien Glauben und helfen dem stressigen, loszulassen. Wenn Sie nur ein konkretes Beispiel finden, setzen Sie nur ein schwaches Gegengewicht auf die andere Seite der Waage. Ihr Verstand wird sagen: »Phh, nur ein lumpiges Beispiel? Das kann mich nicht beeindrucken. Das scheint doch eine unsichere Kiste zu sein. Da halte ich zur Sicherheit lieber noch ein bisschen an dem alten Glauben fest.«

Und lassen Sie auch so allgemeine Beispiele wie: »bei der Arbeit« oder Ähnliches nicht gelten. Das konkrete Beispiel ist ein kostbares Juwel. »Bei der Arbeit« kann ein Anfang sein. Falls Sie nichts Konkretes vor Ihren Augen sehen, können Sie sich fragen: Mit wem bei der Arbeit? Wann und wo? Was ist da genau geschehen? In meiner Umkehrung von oben: *Ich respektiere mich nicht* hätte ich antworten können: »Ja stimmt, ich respektiere mich nicht immer. Manchmal sage ich nicht auf den Punkt, was ich denke.« Diese Formulierung hat schon den Anschein, konkret zu sein. Es geht aber konkreter. Wann und wem gegenüber sage ich nicht, was ich denke, und was würde ich sagen, wenn ich ehrlich wäre?

In meinem Beispiel war es so wertvoll für mich, konkret zu sein. Ich habe verstanden, dass es mangelnder Respekt mir selbst gegenüber ist, wenn ich meine Bedürfnisse nicht vertrete. Das hat mir ganz konkrete Handlungshinweise gegeben. Ich möchte meinem Mann (respektvoll) sagen, dass mein Schreibtisch mir gehört. Und dass das für mich mit Respekt zu tun hat und nicht mit Misstrauen.

Wenn Sie konkret sind, können Sie an Ihren Handlungen erkennen, womit Sie sich selbst unglücklich machen. Diese und ähnliche Situationen werden Ihnen in Ihrem Leben immer wieder begegnen, und Ihr Verstand wird sich erinnern und Ihnen sagen: Schau mal, genau das wolltest du nicht mehr. Da hattest du eine bessere Variante gefunden.

Und das kann er nur, wenn Sie ihm etwas Konkretes anbieten.

Essensgewohnheiten

Umkehrungen

*I*ch habe mich schon geoutet, ich komme aus der DDR. Als Kind liebte ich den abgepackten Leberkäse aus der Kaufhalle und vom Fleischer den gekochten Schinken. Ich bin mit Bouletten, Frikassee und Broiler aufgewachsen, und das gesunde Gemüse blieb immer liegen. Fleisch gehörte zum Leben, wurde nicht hinterfragt, und wenn man etwas auf dem Teller übrig ließ, dann auf keinen Fall das gute Fleisch!

Ich legte morgens Wurst auf den Toast, mittags gab es irgendwas mit Hühnchen und abends Tartar mit Ei oder Geflügelsalat. Dreimal am Tag Fleisch. Unter heutigen Umständen kommt mir das ebenso seltsam vor, wie dass ich als Kind nur einmal in der Woche gebadet habe und mich ansonsten am Waschbecken wusch.

Ich fing erst an, mich mit Essen zu beschäftigen, als ich von Sibylle Bergemann für die Modezeitschrift *Sibylle* entdeckt wurde. Das war noch in Ostberlin. Wir schminkten uns selbst, es gab keinen Hairstylisten, niemanden, der die Klamotten zusammenstellte – dafür war dünn sein auch im Osten angesagt.

Ein paar Jahre beschränkte sich mein Ernährungsinteresse darauf, nur so viel Nahrung zu mir zu nehmen, dass ich noch Modelmaße besaß. Als Ersatz waren Zigaretten und Rotwein willkommen. Auch Heiner Müller hatte sich von Whiskey und Zigarren ernährt.

Im Westen aßen plötzlich alle Müsli zum Frühstück, und ich war erstaunt, dass es so einfach ging, sich umzustellen. Unbewusst hatte ich wohl geglaubt, die Ernährungsvorlieben seien angeboren und unabänderlich. Auf Fleisch verzichtete damals aber keiner, den ich kannte. Ich auch nicht. In den ersten drei Jahren in Freiheit bereiste ich die Welt und kostete die unglaublichsten Sachen. Alles war komplett neu für meinen Gaumen. Schnecken, Croissants, Froschschenkel, Feigen frisch vom Baum und roher Fisch. Ich nahm zehn Kilo zu, ich konnte nicht anders. So landete ich bei 1,78 Meter in Kleidergröße 42.

Wieder zu Hause gab es Kantinenessen. Das der Musikhochschule Hanns Eisler, das der Semperoper in Dresden und das in Leipzig, bei der ARD-Serie *In aller Freundschaft*. Diese Teller nicht aufzuessen war kein Verlust. Ich passte wieder in Größe 38.

Mein Fokus bei der Nahrungsaufnahme lag weder darauf, was gesund oder ökologisch angebaut war, noch darauf, was für unseren Fortbestand sinnvoll sein könnte. Ich aß einfach, was ich seit jeher gewohnt war: Fleisch.

Wie so viele Menschen kam ich durch eine mysteriöse Krankheit, die mich ein Jahr lang beschäftigte, zu alternativen Heilverfahren. Nachdem alle Ärzte, die man über die Kasse abrechnen konnte, nur noch die Achseln zuckten, landete ich bei der Akupunktur und der Fußreflexzonenmassage. Heute wird das überall angeboten, und jeder weiß in etwa, was sich dahinter verbirgt. Ich kam damit 1998 in Kontakt, da waren diese Methoden noch Außerirdische. Ich wollte die Krankheit loswerden und probierte alles, was man mir vorschlug. Aloe Vera, ungeschälten Naturreis, Walnuss- und Sojaöl für die Omega-3-Fettsäuren und vieles andere mehr. In Naturkostläden ließ ich einen großen Teil meines Verdienstes und stellte meine Ernährung wieder einmal um. Agavendicksaft statt Zucker, Kräutertee anstatt der zehnten Tasse Kaffee, Trockenfrüchte und Nüsse statt Kuchen. Einzig das Fleisch blieb mir stets ein treuer Gefährte.

Ein Schulmediziner, der auch Akupunktur und Homöopathie anbot, riet mir zur Blutgruppendiät. Ich kaufte das Buch, las es durch, und siehe da, in welche Abteilung gehörte ich mit meiner Blutgruppe? In die der Fleischfresser! Ich war in meinem Glauben bestätigt, hatte es ja immer gewusst. Guter Arzt, danke schön.

Einmal waren wir bei den Schwiegereltern im Süden des Landes zu Besuch, die sehr wenig Fleisch aßen. Wir wurden dort rundum verpflegt und bekocht, und das war alles lecker, nur fehlte eben das Fleisch. Zum Frühstück aß man Käse, mittags Gemüse und abends vielleicht mal Fisch. Nach drei Tagen ohne Fleisch konnte ich nicht mehr. Wie nebenbei ließ ich fallen: »Wir gehen ein bisschen spazieren«, schnappte mir mein Kind und sauste mit ihr den Berg hinunter, bis mir klar wurde, wohin meine Beine mich trugen: in die nächstliegende Fleischerei. Wie ein Süchtiger trat ich in der Schlange von einem Bein aufs andere. Meine Tochter bekam gleich »ein Rädle« auf die Hand. Ich musste warten, bis ich an der Reihe war. »Vier Wiener, bitte, 150 Gramm Leberkäse, von dem Kochschinken dahinten und, ach, geben Sie mir doch noch für sechs Personen von den kleinen Hähnchenflügeln.« Ich war überzeugt, wenn ich die Dinger mitbrachte, würden sie auch gern gegessen werden. Kaum hatte ich bezahlt, riss ich die Tüte auf und schlang zwei Wiener hinunter, ohne von dem Geschmack etwas mitzubekommen.

Es war mal wieder eindeutig bewiesen: Ich und Fleisch, das gehörte zusammen.

Ich wurde älter und stellte fest, dass es mir immer schwerer fiel, mein Wohlfühlgewicht zu halten. Ich war guten Mutes, glaubte daran, dass sich in der Vielzahl der vorhandenen Diäten schon was für mich finden würde. Ich suchte nach einer Methode, die auf lange Sicht etwas für mich sein konnte und mit der ich mich nicht abquälen musste.

Ich fand die Low-Carb-Diät. Ach, dachte ich, das ist das Richtige für so einen Fleischliebhaber wie mich. Ich war glücklich. Es funktionierte. Ich war schön dünn, alle bewunderten mich, und doch wurde ich das Gefühl nicht los, dass irgendwas an der Sache nicht ganz stimmte. Abgesehen davon, dass mir Brot, Kartoffeln und Nudeln fehlten.

Seit ein paar Jahren schon waren Informationen über Tierhaltung durchgesickert, wie früher über die Machenschaften der Stasi. Immer nur Bröckchen, nichts beweisbar, auf jeden Fall appetitverderbend. Gemüse und Obst kaufte ich längst im Bioladen um die Ecke, aber Fleisch war mir dort immer zu teuer gewesen. Ich hatte es mehrmals in der Hand gehabt und wieder zurückgelegt. Notgedrungen kaufte ich weniger Fleisch, weil das aus dem Supermarkt auch nicht mehr schmeckte. Unbewusst kippten wir Unmengen von Sahne und Crème fraîche darauf, damit wir es mochten.

Eines Tages, ich war allein zu Haus, wollte ich mir mal wieder was Schönes gönnen. Ich hatte eine Hühnerkeule gebraten, schön knusprig. Voller Freude setzte ich mich an den Tisch, nahm die Keule in die Hand – und erlebte etwas Ungewöhnliches. Sie brach, als ich sie anhob, am Knochen auseinander. Die Keule fiel auf den Teller zurück, und ich hatte nur noch den Knochenrest in der Hand. Ich besah ihn genauer, er war porös und fühlte sich an wie Ton. Ich war entsetzt. Dieses Tier konnte nicht gesund gewesen sein. Und das hatte mein Supermarkt mir verkauft! Ich ließ es in den Mülleimer gleiten.

Kurz gedachte ich des armen Hühnchens, welches zeit seines Lebens schon gelitten haben musste und nun nicht einmal gegessen wurde, und hoffte auf einen Einzelfall. Das nächste Mal aber, als ich an der Fleischtheke meines Supermarktes stand, wollte meine Hand nicht zugreifen. Ich hatte Hühnerschenkel auf den Einkaufszettel geschrieben und ging ohne nach Hause. Ich war ratlos. Ich wollte Fleisch essen, aber es gab keins, was im Verhältnis von Qualität und Preis für mich stimmte. Wir besprachen die Sache zu Hause am Familientisch und beschlossen, nur noch Fleisch zu essen, wenn es im Bioladen heruntergesetzt war. Ansonsten wollten wir ein wenig mit Fleischersatzprodukten herumexperimentieren.

Es fühlte sich an wie Verzicht. Mein Glaubenssatz war: *Jetzt muss ich mich einschränken.* Nachdem ich drei Tage lang beim Abendessen unzufrieden gewesen war, fragte mein Mann: »Was würde denn die Work dazu sagen?« Ich war überrascht, dass ich nicht selbst darauf gekommen war, und dankte ihm für den Anstoß.

»Auf die Schnelle?«, fragte ich. »Einverstanden. Drehen wir's mal rum.« *Wir müssen uns nicht einschränken.* Könnte das auch wahr sein? Wir fanden beide: Unser Spektrum könnte sich sogar erweitern. Auf jeden Fall klang das wesentlich unternehmungslustiger; ich sah uns Kochbücher wälzen, zusammen neue Rezepte ausprobieren, Spaß haben. Schon dafür hatte sich die Frage gelohnt.

Heute kann ich sagen: Die Umkehrung ist sogar viel wahrer als mein Glaubenssatz, der mich so lustlos hatte werden lassen. Vorher haben wir immer das Gleiche gekocht. Mittlerweile haben wir neue Gewürze ausprobiert, den Reichtum von einheimischem Gemüse und Kräutern entdeckt, trinken grüne Smoothies und kennen fast alle vegetarischen und veganen Restaurants in Berlin. Von Verzicht keine Spur.

Es ist mir noch nicht einmal wirklich schwergefallen, fleisch-los zu essen. Nachdem ich mir alle Fakten zu Tierhaltung und Fischfang bei Jonathan Safran Foer besorgt hatte, wollte ich kein Fleisch mehr essen. Als ich erst mal wusste, wie die Tiere behandelt werden und was dieser übermäßige Fleischkonsum mit unserer Umwelt macht, war ich von meinem Glaubenssatz geheilt, ohne eine Work darüber zu machen. Ich hatte mein Leben lang geglaubt, ich brauche Fleisch. Nun weiß ich: Ist gar nicht wahr. Einfach mal gar nicht.

PS: Fleisch MUSS so teuer sein, wie es im Bioladen ist. Ansons-ten ist es der letzte Dreck.
Für diesen Ausdruck werde ich mich nicht entschuldigen.

Besitzvorstellungen loslassen

Wie ist es mit dem stressigen Gedanken, wie ohne?

Mit nunmehr vierundvierzig Jahren finde ich mich zum ersten Mal in einer längeren Beziehung wieder. Einige Jahre schlummerte diese Sehnsucht schon in mir. Die Sehnsucht, einen Mann mal wirklich kennenzulernen, Hand in Hand durch Täler und Höhen zu wandern und auf eine gemeinsame Geschichte blicken zu können. War das ein Märchen, eine Sage aus fernen Landen, dass man von einem anderen Menschen geliebt werden konnte, mit allem, was man mitbrachte? Vom Kopf bis zu den Zehen?

In meinen vergangenen Beziehungen hatte immer irgendetwas nicht gestimmt. Besonders oft gingen die Vorstellungen von Treue auseinander, und auch die Sexmenge war immer ein Thema. Ich stellte mich daher darauf ein, dass ich eben nur Beziehungen führen würde, die zwei bis drei Jahre liefen, man dann noch ein Jahr etwas versuchte und schließlich auseinanderging. Mir blieb die Hoffnung, dass mir immer wieder begehrenswerte Männer über den Weg laufen würden. Was im Alter nach sechzig passieren sollte, klammerte ich aus, das war einfach unvorstellbar.
Ich kam zu dem Schluss, für eine lange Beziehung seien meine Ansprüche einfach zu hoch. Nicht machbar.
Ich wollte:
– alles, was ich war, auch zeigen und leben dürfen,

- frei sein und mich »trotzdem« geborgen fühlen,
- ehrlich sein dürfen,
- jeden Tag wieder neu spüren, ob mein Partner der Richtige ist,
- nicht verurteilen oder verurteilt werden,
- dass der Sex nicht einschläft, obwohl wir uns immer besser kennen,
- Verständnis und Liebe, auch wenn Meinungen und Lebenswege auseinandergehen,
- nicht zurückgewiesen werden.

Ich wollte auf nichts verzichten müssen, hatte aber auch Lust, viel zu geben. Ich wollte eine lebendige, aufregende, interessante Beziehung führen.

Nach zwei verliebten Jahren rutschten mein Mann und ich eines Abends in die erste Unterhaltung über Treue. Huch, dachte ich, das kenne ich. Dass nach zwei Jahren wieder Wünsche auftauchen. Ich war traurig. Nicht nur, dass ich offensichtlich nicht in der Lage war, meinem Mann alles zu geben, was er brauchte. Auch ich selbst hatte Wünsche. Es sah aus wie das immer gleiche Muster. Wir würden uns weh tun und auseinandergehen. Wie langweilig. Und das würde mir nun bis zum Ende meines Lebens beschieden sein. Gab es denn in der Menschheitsentwicklung keine Lösung dafür?

Wir lagen auf dem Teppich, der Abend sog das Licht weg und beschützte unsere Gedanken mit der Dämmerung. Wir redeten und schwiegen auch. Seine Worte fielen in mir herab, sanken auf den Grund, und ich verstand, dass er etwas wollte, was wir nicht hatten. Bis hierher noch nicht gehabt hatten. Er zog daraus den Schluss, dass es nun mal so sei, dass man nicht alles von einem Menschen bekommen könne. Ich wusste, dass er Recht hatte, und doch tat es weh. Auch ich wollte die Freiheit haben, mal einen anderen Mann zu kosten, wenn das Bedürfnis danach auftauchte. Konnte ich ihm das Gleiche zugestehen? Ich verschränkte meine Arme hinter dem Kopf und öffnete mich der Vorstellung, dass mein Mann ein Date hatte.

Ich lud die Bilder ein, die ich sonst lieber verscheuchte. Ich sah, wie er sich freute, unter die Dusche ging, sich etwas Schönes anzog und eine Frau traf. Wie er sie umgarnte, ihr nette Worte sagte, irgendwann seine Hand auf ihre Schenkel legte und sie sich küssten. Ich wollte mir aber nicht nur Kinderkram vorstellen, ich wollte sehen, wie es ist, wenn sie zur Sache kommen.

Sie steigt in sein Auto, auf den Sitz, wo ich sonst immer sitze, sie halten unterwegs. Er fällt über sie her, macht ihr die Bluse auf, keucht. Oh ja, da kam der erste Schmerz. Wie von selbst überlagerten sich die Bilder mit denen, wie ich in das Auto eines anderen Mannes steige und die Art und Weise sehr genieße, wie er mir die Bluse öffnet.

Mein Mann und diese Frau fahren nach Hause. Zu dem Zeitpunkt wohnten wir noch nicht zusammen. Hastig schließt er die Tür auf, schon im Flur fallen die ersten Kleidungsstücke auf den Boden, sie können es kaum erwarten, und in seinem Gesicht sehe ich Lust, Freude und Gier. Ich sehe den beiden zu, wie sie sich aufs Bett werfen, juchzen und alberne Dinge tun, die ich von mir aus nie tun würde. Ich folge dem Schmerz, der durch mein Herz zieht. Was ist es genau, was hier wehtut?

Dann komme ich nach Hause, ein Mann wirft die Tür hinter mir zu und drückt mich an die Wand. Ich stöhne vor Lust. Ich will mehr. Das tut nicht weh, kein bisschen. Erst wenn ich daran denke, die Spuren zu beseitigen, eine Geschichte erfinden zu müssen, wo ich an diesem Abend war, schleicht sich Bauchweh ein. Ich schalte die Bilder hin und her. Mein Mann mit der

Frau, die ich nicht kenne, ich und der Mann, der mich nach Hause bringt. Hin und her, hin und her. Und auch Freude, Lust und Schmerz wechseln hin und her. Meine Bereitschaft wächst, meinem Mann sein Abenteuer zu gönnen, wenn ich dafür auch eins haben darf.

Mein Mann unterbrach die Stille mit der Frage: »Kannst du denn sagen, was Treue für dich bedeutet?«

Ich sah ihn noch mit der fremden Frau und hatte so eine Ahnung. Ich tastete mich vor:

»Treue bedeutet für mich, dass du dir nicht alles von außerhalb holst, nur weil es leicht geht, und dann sagst: ›Man kann ja sowieso nicht alles von einem Menschen bekommen.‹ Ich möchte, dass unsere Erotik in diesem Glauben nicht vertrocknet und dass du erst versuchst, von mir zu bekommen, was du dir wünschst. Sprich mit mir, spiel mit mir, öffne dich. Vielleicht ist der Teil, den wir vom anderen nicht bekommen können, gar nicht so groß. Das erfahren wir aber nicht, wenn wir schnell ausweichen.«

Immer noch hatte ich das Bild vor Augen. Mein Mann mit der Frau im Bett, sie waren nackt, liebten sich und stöhnten. Schön war das nicht. Dennoch, wenn es tatsächlich etwas gab, was wir einander nicht geben konnten, war es in Ordnung, sich das von woanders zu holen.

Achtundneunzig Prozent aller Bücher, Theaterstücke und Opern zeigen, wie die menschliche Spezies üblicherweise mit diesem Problem umgeht. Mann oder Frau haben Wünsche, die der Partner nicht erfüllen will oder kann. Sie gehen aus der Beziehung heraus und holen sich dieses Etwas von woanders. Sie tun es – aber meist unter Schmerzen. Schon im Vorfeld sind sie von Gewissensbissen geplagt, das Geheimhalten fordert oft einen hohen logistischen Aufwand, und hinterher fordert dieser Ausflug wieder einen Tribut: Sie dürfen sich zu Hause nichts anmerken lassen und verstecken sich und ihre Gefühle. Das führt nur in äußerst seltenen Fällen dazu, dass sich an der häuslichen Beziehung etwas verbessert, eher ist das Gegenteil der Fall. Ich war zu der Überzeugung gekommen, dass, wenn mein Partner eine Affäre haben muss, wenn er das sowieso tut und ich nichts daran ändern kann – dass er es dann auch lieber genießen soll. Außerdem möchte ich, dass es ihm gut geht.

An diesem Abend erzählten wir uns von den Dingen, die wir uns wünschten, und kamen überein, uns kleine Abenteuer zu erlauben. Allerdings wollten wir gegenseitig nichts von den Ausflügen wissen. Wir wollten uns keine Bilder in den Kopf holen, die uns dann nur quälen würden. Wir dachten: *Mit* den Gedanken werden wir uns unnötig ängstigen und *ohne* die Gedanken nicht. Die Abmachung schien perfekt, und sie war es auch für ein paar Jahre.

Immer wieder mal meldete mein Mann sich ab, fuhr mit einem Freund übers Wochenende weg oder mit Freunden in den Urlaub. Wenn ich dann abends zu Hause saß und die Gedanken zu ihm wanderten, hielt ich es für möglich, dass er gerade in den Armen einer anderen Frau lag. Ich spürte in mich hinein und war überrascht, dass diese Vorstellung keine Panik auslöste. Ich konnte mich nicht darüber freuen, aber Panik? Nein. Ich war beunruhigt. Liebte ich ihn denn wirklich, wenn ich keine heftige Eifersucht spürte? Mussten solcherlei Gedanken nicht an einem zerren und schlaflose Nächte bereiten? Wenn ich mich das fragte, hatte ich plötzlich keine Ahnung mehr, was Liebe überhaupt sein sollte. Der Begriff verschwamm und mit ihm alle Vorstellungen, die normalerweise dazugehörten. Ich versuchte es einfacher. Mit Fragen, die konkreter waren. Bin ich gern in seiner Nähe? Ja, das konnte ich sofort beantworten. Höre ich gern seine Stimme und was er mir sagt? Ja. Sein Lachen? Ja. Mag ich ihn anfassen? Immer! Hab ich es gern, wie er mich anfasst? Ja, fast immer, meistens. Ein warmes Gefühl zog durch meinen Körper, und es war mir egal, ob man das Liebe nennt. Ich wusste: Ich möchte mit ihm zusammen sein. Und da war noch eine Frage: Wäre ich traurig, wenn er nicht mehr da wäre? Ich schluckte. Oh ja, das wäre ich. Ich wollte, dass es ihm gut ging, und war dankbar für unsere Abmachung. Bitte keine Details. Wenn er von Reisen nach Hause kam, sah ich ihn nicht genau an, weil ich nicht provozieren wollte, dass er doch etwas erzählte, sich verplapperte oder dachte, ich würde entgegen unserer Vereinbarung wissen wollen, was er getrieben hatte. Ich wollte ihm alles gönnen und hatte doch Angst vor der Wahrheit, vor Bildern, die sich in meinem Kopf breitmachen würden, und davor, dass sie die Kraft haben könnten, alles zu zerstören. Es war, als müsste ich nur ab und zu ein Auge zudrücken oder zwei. Als würde solcherart Schmerz halt zum Leben gehören und jeder, der sich auf die Liebe einließ, müsste da durch auf seine Weise.

Ich selbst genoss meine Freiheit, fand es großartig, dass es kein Drama war, wenn ich mal auf jemand anders Lust hatte. Und natürlich bekam ich nicht immer, was ich wollte. Sich mal was Kleines zu gönnen war kein Kinderspiel. Auch da wollte ich gewollt werden, wie ich war. Auch da wollte ich ehrlich sein und hatte auch all die anderen Ansprüche nicht abgelegt. Oft fuhr ich erleichtert wieder in den Hafen der Ehe ein, ruhte mich aus und genoss die stille See.

Bis ich einen Mann traf, der mein Herz berührte. Der ehrlich war. Der keine Spielchen wollte. An dem alle Ansprüche abprallten. Der Anfang war leicht, dann kamen die Fragen. Was machen wir damit? Wohin mit der Sehnsucht? Wir wohnten nicht in der gleichen Stadt. Das war gut, und das war schlecht. Wir räumten in unseren Kalendern Termine von hinten nach vorn, bis wir Zeit gefunden hatten, uns zu sehen. Ich erinnerte mich an die Abmachung, die ich mit meinem Mann getroffen hatte. Anfangs spürte ich nur leichte Bauchschmerzen beim Lügen. So war es vereinbart, und daran hielt ich mich. Der Mann, ich nenne ihn mal Felix, wuchs mir ans Herz. Er bedeutete mir etwas, und ich wollte ihn nicht mehr missen. Das gab ein ziemliches Durcheinander in meinem Kopf. Ich wollte mit meinem Mann zusammen sein und mit Felix auch. Wo sollte da eine Lösung herkommen? Was immer hier geschehen würde, es würde wehtun. Ich fand mich unmöglich und hatte unbarmherzige Urteile über mich parat.

Auch Felix war nicht frei. Schnell fand er Gründe, warum er sich in seiner Beziehung nicht mehr wohlgefühlt hatte. Er wollte ab jetzt nicht mehr besessen werden, wollte frei sein, selbst entscheiden. Es wehte ein heftiger Sturm durch seine Beziehung. An einem Tag sah es danach aus, dass sie zerbrechen würde. Am nächsten war wieder alles anders. Wie sollte ich mich bei solchen Schwankungen auskennen, positionieren, Entscheidungen treffen?

Frei sein klang gut. Wollte ich auch. Aber was bedeutete das? Wie konnte das gehen?

Es sah aus, als wäre diese Aufgabe unlösbar und müsste mit harten Schnitten enden. Mit längeren Trauerzeiten und der Einsicht, dass es ohne Schmerz nicht ging. So waberten wir durch einige Wochen.

Immer wieder kamen E-Mail-Berichte von seiner Front. Ich war gierig danach zu hören, dass seine Beziehung nicht hielt, dass da keine Liebe mehr war und dass er nichts anderes wollte als zu mir. Solche Neuigkeiten katapultierten mich für kurze

Zeit in den Himmel, gaben mir das Gefühl, einzigartig zu sein. Jedoch schrieb er so etwas selten. Und wenn, relativierte es sich gleich wieder in seiner nächsten Mail.

Hin und wieder gab es allerdings Momente, in denen ich mich wohlfühlte, ohne dass Felix mir etwas gesagt oder geschrieben hatte, das ich hören wollte. Ich hatte einen guten Film gesehen, mit einem Freund gesprochen oder ein Gläschen getrunken. Ich hatte mal nicht darüber nachgedacht, wie wir diese verfahrene Kiste aus dem Schlamm ziehen könnten. Wenn ich mich wohlfühlte, konnte ich gut beobachten, welche Gedanken es waren, die mir die Bauchschmerzen zurückbrachten. Ich begann, damit zu experimentieren, und konnte auch Gedanken ausmachen, die die Schmerzen wieder lockerten. Als würde ich eine Tabelle anlegen. Links war die Abteilung *Schmerz*, rechts die Abteilung *schönes Leben*.
Diese Gedanken gehörten nach links:
Ich muss eine Lösung finden. Ich muss mich für einen der Männer entscheiden. Felix muss sich entscheiden. Ich will, dass er jetzt hier bei mir ist. Meine Anziehungskraft soll stärker sein als die seiner Frau. Er soll mir zehn Nachrichten am Tag schreiben, mindestens! Diese Nachrichten sollten von Sehnsucht und Verlangen bersten. Er sollte für mich alles stehen und liegen lassen, und zwar sofort!

Mit diesen Gedanken war ich ein Stressbündel.
Ohne diese Gedanken war Frieden.

Fakt war: Ich fand im Moment keine Lösung, ich konnte mich nicht entscheiden, es lag nicht in meiner Macht, wie stark meine Anziehungskraft auf ihn oder andere wirkte, und bei Licht betrachtet wollte ich auch nicht, dass er alles stehen und liegen ließ.

Wenn ich ohne einen dieser Gedanken war, konnte ich wieder spüren, wie sehr ich ihn eigentlich mochte. Ob er nun etwas tat, das mir gefiel, oder nicht. Unabhängig von all meinen stressigen Wünschen konnte mein Herz sich öffnen, ich konnte ihn betrachten, ihn freilassen und lieben. Jedoch hielt das Freiheitsgefühl nie lange an. Ich konnte gut damit leben, dass er mal einen Tag nicht schrieb, dafür war die Vorstellung unerträglich, dass er keine neuen Termine vorschlug, an denen wir uns sehen konnten. Ein andermal war es leicht, ihm zu gestatten, dass er weiterhin mit seiner Frau schlief, aber wenn er noch eine andere begehrt hätte – das hätte ich nicht ertragen können. In all dem Wirrwarr wurde mir deutlich: Die Vorstellungskraft meines Gehirns ist unendlich. Wenn ich Grenzen setze, fällt mir immer noch etwas ein, das ich nicht will. Mit all diesen eingrenzenden Gedanken hört der Stress einfach nicht auf.

Es ist aussichtslos, die Wirklichkeit steuern oder kontrollieren zu wollen. Wenn ich das möchte, wird mein Leben anstrengend sein, lieblos und fordernd. Ich war also bei der entscheidenden Frage angelangt:

Wie will ich leben?

Ein bisschen Loslassen brachte keine wirkliche Verbesserung meiner Lebensqualität. Kaum konnte ich an einer Ecke loslassen, hielt ich an einer anderen wieder fest.

Auf der rechten Seite der Tabelle stand mittlerweile:

Ihn lieben ohne Bedingungen. Ich hatte es auf der rechten Seite eingetragen, weil es sich immer gut angefühlt hatte, wenn ich nicht auf die Erfüllung meiner Wünsche gehofft hatte. Wünsche hatte ich wohl. Und ehrlich sein wollte ich auch.

Ich probierte es aus. Ich war ehrlich, schrieb ihm, dass ich ihn wollte, dass es manchmal wehtat und manchmal nicht und dass ich wissen wollte, wann wir uns wiedersehen. Beim Abschicken stellte ich mir vor, wie ich aufrecht stehen blieb, nicht bat und bettelte, ihn nicht überreden oder rumkriegen wollte. Ich hatte meine Wünsche klar formuliert, er würde sie lesen, und nun ließ ich ihn frei. Er durfte darauf reagieren, wie er wollte. Er durfte heute antworten oder nächste Woche. Mein Herz blieb offen für das, was er war; ohne meine Ansprüche an ihn. Offen für die Person, die ich mochte, egal was er nun tat. Das fühlte sich gut an. Da war ich frei. Das war eindeutig liebevoll.

Mit diesem Gefühl der weiten, freien Liebe holte ich mir nun wieder alle Bilder herbei, die mich vorher gestresst hatten. Ich wollte es wirklich wissen, wollte wissen, ob es eine Lösung gab, eine Alternative zum Schmerz. Ich stellte mir vor, dass er mit seiner Frau schlief, am nächsten Tag eine andere traf und sie im Hausflur vernaschte. Dass er auch dieser Frau sagte, dass er sie wiedersehen wolle, und dass ich nur eine von vielen interessanten Möglichkeiten war, die ihm offenstanden. Ich konnte mir die Bilder in Ruhe ansehen und ihn weiter lieben. Es war so schön, nichts von ihm zu verlangen, keine Bedingungen zu stellen, ihn einfach vollkommen frei zu lassen. Kein Schmerz. Wenn er mich sehen wollte, würde er es schon sagen. Das war der natürliche Lauf der Dinge. Kein Rumgemurkse. Wir würden beim nächsten Treffen spüren, ob wir einander noch zugetan waren. Wenn unsere Herzen offen blieben, konnte alles ganz natürlich gehen.

In der Abteilung links stand auch noch: Vorausdenken, Bedürfnis nach Sicherheit.

Auf der rechten Seite stand: von Moment zu Moment segeln.

Wenn ich vorausdachte, Gedanken wie: *Schau doch mal in deinen Kalender, wie soll das denn gehen, das müssen wir planen. Wenn er an diesem Wochenende nicht kommt, dann sehe ich ihn einen Monat nicht, und dann wird er mir so fehlen* usw., dann hatte ich wieder Stress.

Wenn ich von Moment zu Moment segelte, gab es nur JETZT und vielleicht noch GLEICH. Ich hatte Vertrauen, dass sich alles auf natürliche Weise regeln würde, dass wir uns entweder sehen würden oder ich ihn liebend in meinem Herzen trüge.

Ich stellte fest, dass es noch andere Dinge gab, die ich gerne tat, außer ihn zu sehen. All das konnte ich tun, bis wir wieder beisammen waren. Mein Blick wurde weit, das Leben war schön.

Eine Weile probte ich immer wieder, mir Dinge vorzustellen, die ich gefürchtet hatte. Dass mein Mann, wenn er von uns wüsste, weggehen würde, dass meine Familie mich für meine Untreue verurteilte, ja, dass ich im Ansehen der halben Welt und auch in Ihrem, liebe Leserin, lieber Leser, sinken würde. Wenn ich diese Gedanken glaube, habe ich keine Ruhe.

Wenn ich sie nicht glaube, folge ich meiner inneren Stimme, und das fühlt sich richtig an. Ich kann genauso gut davon ausgehen, dass Sie, liebe Leserin, lieber Leser, dankbar sind, dass ich so ehrlich über dieses Thema spreche. Oder dass meine Familie mich verstehen wird.

Ich stellte fest, dass sich alle furchtsamen Gedanken erledigen, wenn ich es schaffe, von Moment zu Moment zu surfen und keine Bedingungen zu stellen. Wenn ich meine Bedürfnisse äußere und die anderen Menschen dann freilasse, fügt sich alles wie von Zauberhand.

Eines Tages setzte ich mich zu meinem Mann und erzählte ihm von Felix. Ich wollte wie immer ehrlich sein und sehen, ob unsere Verabredung noch galt. Aber eigentlich wollte ich ihm von meinem neuen Gefühl zur Liebe berichten.

Ich hatte mein Herz ja nicht nur für Felix geöffnet, sondern auch für meinen Mann und für das Leben überhaupt. Für alles, was geschehen würde. Ich sprach davon, dass es eine Lösung gab, zumindest für mich. Ich wollte meinen stressbeladenen Gedanken auf der linken Seite der Tabelle nicht mehr folgen. Ich sagte, er bräuchte ab jetzt nichts mehr verstecken. Ich hatte keine Angst mehr vor den Bildern, den Gedanken, die kommen könnten, wenn ich wusste, dass er auch andere begehrte außer mir.

Mein Mann entschied sich zu dem Zeitpunkt dafür, es weiterhin nicht wissen zu wollen. So lebten wir eine Weile, bis er feststellte, dass uns diese Heimlichtuerei trennte und wir etwas Wesentliches vom anderen nicht mitbekamen. Heute erzählen wir uns vieles, sicher nicht alles. Manchmal zieht es im Herzen, und manchmal tut es sogar weh. Und doch bleibt meine Wahl so bestehen. Der Schmerz schreckt mich nicht ab. Wichtiger ist mir, meinen Mann tiefer zu verstehen und ihn zu lieben, wie er ist.

Felix geht es wieder gut mit seiner Frau. Als ich ihn das letzte Mal sah, sah er fix und fertig aus, zerrissen zwischen den Frauenwelten. Ich habe ihm eine Pause vorgeschlagen, damit er sich von dem Stress erholen könnte. Diese Pause dauert bis heute.

Ich möchte ehrlichen Herzens, dass derjenige, den ich liebe, frei ist. Ich möchte, dass wir frei sind. Wenn er bei mir sein möchte, ist das wunderbar. Wenn nicht, hat er was Besseres für sich gefunden. Und das gönne ich ihm, weil ich ihn liebe. Und meine Liebe muss nicht aufhören, nur weil er gerade eine andere küsst oder mich verlassen hat. So bin ich frei. Das ist Loslassen total.

Wenn Sie Lust haben, beobachten Sie Ihre Gefühle und Gedanken eine Weile und legen sich eine Liste an.

Links: Schmerz
Rechts: das schöne Leben

Und dann entscheiden Sie, welchen Gedanken Sie folgen wollen.

Ich weiß schon Bescheid

Bewertungen

ei meiner nächsten Steuererklärung werde ich viel nach-zahlen müssen. Wie lange schiebe ich die Büroarbeit wohl auf, wenn ich diesen Gedanken glaube?

Wenn ich meinem Freund die Wahrheit sage, wird er sich von mir abwenden. Wie fühlt es sich an, mit meinem Freund Zeit zu verbringen, wenn ich diese Angst in mir trage?

Der nächste Sommer wird bestimmt wieder so verregnet wie dieser. Wie komme ich durch den Winter, wenn ich diese An-nahme für wahr halte?

Wie oft hab ich schon gedacht, ich wüsste, was geschehen wird. Wie oft habe ich mich in Gedanken abgestresst und mich mit Sachen beschäftigt, die nur in meinem Kopf existier-ten. Irgendetwas in der Zukunft, von dem ich annahm, dass es schwierig wird, belastend, zeitraubend, einfach furchtbar. Und häufig fühlen sich gerade die stressigen Vermutungen so an, als würden sie mit Sicherheit eintreten.

Wenn ich JETZT für möglich halte, dass in der Zukunft etwas Schreckliches geschieht, oder mir sogar sicher bin, dass es ge-schieht, dann belaste ich damit den einzigen, wirklich existie-

161

renden Moment: das Jetzt. Jetzt fühle ich mich unwohl. Jetzt kreisen die Gedanken um etwas, mit dem ich nicht umgehen kann, da es noch nicht real vorhanden ist. Und da ich jetzt nicht damit umgehen kann, wird meine Angst noch größer.

Die Pubertät der eigenen Kinder ist so ein beliebtes Thema. Ich kenne Eltern, die sehr rechtzeitig damit angefangen haben, sich vor dieser Zeitspanne zu gruseln. Als das Kind gerade geboren wurde, zum ersten Geburtstag, als das Kind in den Kindergarten kam, zur Einschulung, zum ersten runden Geburtstag. Quasi immer dann, wenn mal wieder der Ernst des Lebens anfing.

Dieses vorzeitige Sich-Gruseln wappnet niemanden vor den Schwierigkeiten, die eventuell auftreten könnten. Es bereitet auch nicht auf eine sinnvolle Herangehensweise vor. Das Einzige, was es tut, ist, dass man sich jedes Mal ein bisschen mehr gruselt.

Ich habe zum jetzigen Zeitpunkt noch keine Ahnung, auf welche Weise die Pubertät meiner Tochter sich äußern wird. Wenn ich aber glaube, dass wir in naher Zukunft schwerwiegende Probleme bekommen werden, kann ich jetzt nicht locker sein. Dann betrachte ich sie jetzt schon wie ein Monster. Wird sie Türen schmeißen? Keine Ahnung. Aber ich sehe es vor mir. Wird sie die Kommunikation verweigern? Wird sie Argumente haben, denen ich nicht standhalten kann? Ich weiß es nicht, aber wenn ich es befürchte, habe ich diese Bilder vor meinen Augen. Wird sie sich von falschen Freunden zum Konsum von Drogen verleiten lassen? Aua. Der tut richtig weh. Falsche Freunde UND Drogen.

Ich weiß nicht, was sie tun wird. Ergo kann ich auch noch nicht wissen, was ich tun werde.

Was ist es also, was ich jetzt tun kann?

Zum jetzigen Zeitpunkt kann ich nur mit dem umgehen, was jetzt auch wirklich da ist. Die Pubertät ist noch nicht da, wohl aber eine Befürchtung. Ein Gedanke. Nämlich der, dass es schwierig wird. Und den kann ich überprüfen. *Kann ich mir denn wirklich sicher sein, dass es schwierig wird?* Nein. Wer weiß. Aber wenn ich diesen Gedanken glaube, ist es jetzt schon schwierig. Auch ohne Pubertät. Wenn ich ihn nicht glaube, kann ich wieder hier sein, bei meiner Tochter. Mit dem, was jetzt gerade anliegt. Ich kann alles, was geschehen wird, in Ruhe herankommen lassen und dann sehen, was zu tun ist. Das erleichtert mich. Wenn ich's recht bedenke, geht es auch gar nicht anders. Nur mein sorgenvoller Geist wollte Vorsorge treffen und konnte nicht. Daher der Stress.

Abgesehen von den wenigen Hellsehern unter uns kann niemand wissen, was geschehen wird. Nicht morgen, nicht nächste Woche oder gar im nächsten Jahr. Manchmal hat jemand eine gute Intuition gehabt oder mit seiner Vermutung richtiggelegen. Und doch – sicher sein konnte sich niemand. Wenn das Befürchtete nachher nicht eintritt, ist das zwar schön, aber den Stress mit der Befürchtung hat man gehabt. Das müsste nicht sein. So eine Befürchtung fühlt sich zwar real an, ist aber nichts weiter als ein Gedanke. Ein Gedanke, den man noch nicht überprüft hat.

Alles, was in der Zukunft liegt, ist noch nicht da. Alles, was jetzt nicht da ist, wird vielleicht in der Zukunft da sein, vielleicht aber auch nicht. Das heißt, von allem, was in der Zukunft liegt, kann ich mir nur Vorstellungen machen. Vorstellungen über das Wetter im nächsten Sommer, die noch nicht gemachte Steuererklärung oder darüber, wie mein Freund reagieren wird, wenn ich ihm die Wahrheit sage. Die Pubertät meiner Tochter liegt auch in der Zukunft. Wenn überhaupt. Auch wenn ich morgen eine »schwierige« Prüfung habe, ist das die Zukunft. Und dass sie schwierig wird, ist auch nur eine Vermutung. Die Prüfung liegt auch noch in der Zukunft, wenn sie in einer Stunde beginnt oder ich schon vor der Tür stehe. Hat die Prüfung schon angefangen, wenn ich den Raum betrete? Wenn ich all die Zeit vor der Prüfung nicht glaube, dass mir eine schwierige Prüfung bevorsteht, dann lerne ich ohne Stress, betrete zum Zeitpunkt X einen Raum, beantworte so gut ich kann ein paar Fragen und verlasse den Raum wieder. Mehr ist es nicht. Kein Stress, keine Sorgen, kein Jammern.

Stellen Sie sich einmal vor, Sie würden nicht mehr glauben, dass in Ihrer Zukunft etwas problematisch sein wird, leidvoll oder anstrengend. Selbst wenn Dinge geschehen, die allgemein mit diesen Eigenschaften in Verbindung gebracht werden. Trennung, Krankheit, Verlust oder Tod. Können Sie absolut sicher wissen, dass diese Vorkommnisse für Sie Probleme sein werden? Trennung kann eine Erleichterung sein, Krankheit eine Bereicherung, der Verlust kann mich etwas Wichtiges lehren, und der Tod könnte willkommen sein. Kann ich also absolut sicher wissen, dass in der Zukunft etwas Schwieriges geschehen wird? Meine Antwort ist nein. Wie lebt es sich, wenn in der Zukunft nichts Schwieriges mehr passiert? Für diesen speziellen Fall möchte ich ausnahmsweise mal ein paar Superlative verwenden. Genial lebt sich das nämlich, oberspitzenmäßig, supertruperwunderbar.

Sie sagen, das wäre unrealistisch? Man müsse auf dem Boden der Tatsachen bleiben? Auch die schwierigen Dinge sehen und akzeptieren lernen?

Wenn Sie zum Beispiel heute eine Diagnose bekommen und sie als schwierig empfinden, dann ist das jetzt gerade so, wie es ist. Bis Sie sehen können, warum diese Krankheit gut ist für Sie, werden Sie sie als schwierig empfinden. Bis Sie verstehen, dass auch eine Diagnose nur eine Momentaufnahme samt einer Auslegung des Arztes ist und keine unumstößliche Tatsache. Ein zweiter Arzt sagt vielleicht schon wieder etwas anderes. Wenn Sie heute tatsächlich eine Krankheit haben sollten, dann ist sie da, und Sie können konkret handeln. Ihre Befürchtungen über das, was es bedeutet, diese Krankheit zu haben, liegen aber immer noch in der Zukunft.

Sie sagen, alles positiv zu sehen sei Gehirnwäsche? Und ist alles negativ sehen nicht Gehirnverschmutzung? Ausnahmslos alle unsere Bewertungen sind von uns selbst zu den Fakten dazugetan.

Ein Fakt wäre: Meine Tochter hat die Tür zugeknallt. Ist das gut oder schlecht? Ich kann zu diesem Fakt einiges an Bewertungen treffen. Schlecht für die Tür vielleicht, schlecht für den Lärmpegel, schlecht für mein Gemüt, wenn ich glaube, dass sie das nicht tun sollte. Gut für ihren Gefühlshaushalt, denn ihr Ärger durfte sich zeigen. Gut für mich, denn ich sehe deutlich, wie es ihr geht. Ist es nun gut oder schlecht?

All diese Zuordnungen sind Möglichkeiten. Ich hab die Wahl. Ich persönlich wähle mir lieber das Nützliche, denn dann kann ich ruhig bleiben, sehen, dass meine Tochter wütend war, und mein Herz bleibt offen. Wenn ich mir die negative Bewertung herauspicke, werde ich sicher auch wütend, und den weiteren Verlauf kann sich jeder denken.

Ein anderer Fakt wäre: Ich bekomme eine Diagnose. Ist das gut oder schlecht? Kann ich wirklich wissen, dass diese Diagnose stimmt? Kann ich wissen, dass all das Schlimme eintritt, was ich aufgrund der Diagnose befürchte? Dass es wehtun wird, dass ich keine Lösung finde, dass ich daran sterben werde? Wenn ich meinen Vermutungen glaube, tut es jetzt weh und nicht in der Zukunft. Denn die Zukunft ist noch nicht da, und wir können nicht wissen, was sie uns bringt – es sei denn, Sie haben tatsächlich hellseherische Fähigkeiten.

Aber in jedem Fall gilt: Ich muss mir JETZT nicht mein Leben beschweren mit belastenden Gedanken über die Zukunft. Ich muss nicht annehmen, dass irgendetwas schwierig und problematisch sein wird. Genauso gut kann ich erst einmal davon ausgehen, dass keine größeren Probleme auftauchen werden. Wenn ich das tue, lebt es sich frei, wie neugeboren. Ich finde leichter Lösungen, habe die besseren Ideen, viel weniger Stress, und insgesamt geht es mir einfach besser. Und damit hat meine Zukunft – wenn sie erst mal zur Gegenwart geworden ist – viel höhere Chancen, wirklich genial und super zu sein.

So, wie wir uns die Zukunft mit unseren Gedanken erschaffen, erschaffen wir uns auch die Vergangenheit. Immer wenn Sie an Ihre Vergangenheit denken oder darüber sprechen, ist sie vorbei. Nicht mehr da. Weg.

Aber alle meine belastenden Gedanken über die Vergangenheit stressen mich jetzt, in dem einzigen Moment, der wirklich existiert.

Stellen Sie sich vor, Sie würden nicht mehr glauben, dass Sie in Ihrer Vergangenheit Fehler gemacht haben, falsche Entscheidungen getroffen haben oder dass irgendetwas hätte anders sein müssen. Bitte nehmen Sie sich einen Moment Zeit dafür. Wie wäre das? Sie wären nicht schuldig, kein Loser, kein/e schlechte/r Tochter, Mutter oder Vater gewesen. Wie würde sich Ihr Leben dann anfühlen? Sie hätten keinen anderen Beruf ergreifen müssen, haben nicht den falschen Partner geheiratet und hätten nicht mehr aufs Geld achten müssen.

All das sind nur Bewertungen. Es sind Gedanken, die Sie glauben. Sonst nichts. Keine Fakten, keine unumstößlichen Wahrheiten. All diese stressigen Gedanken können Sie hinterfragen und sich vom Leiden befreien. Sie können ein Leben leben, in dem bis jetzt alles seinen Sinn hatte und in dem in der Zukunft nichts Schlimmes geschehen wird. Wie wäre das? Für mich ist dieses Leben das allergenialste. Kann man Superlative noch steigern? Superoberhammerspitzenmäßig, geht das? Na, so jedenfalls fühlt es sich an.

Gevatter Tod

Glaubenssätze finden

*N*och vor zehn Jahren konnte es passieren, dass ich in der Nacht schweißüberströmt aus dem Schlaf hochschreckte. Ich zitterte, mein Herz raste, und ich konnte deutlich spüren: Ich hatte Angst. Eine unklare Angst, die mir zuflüsterte: *Mein Leben wird irgendwann vorbei sein,* und *nichts in der Welt kann daran etwas ändern.* Einen unschlagbaren Beweis hatte ich auch parat, denn noch niemals hatte irgendjemand etwas daran ändern können. Auch die klügsten, schönsten, reichsten und erleuchtetsten Menschen in unserer Geschichte hatten irgendwann sterben müssen.

Die Idee der Reinkarnation half mir nicht. Denn was nützte es mir jetzt, als Ina Rudolph, wenn ich als irgendetwas anderes auf die Welt kam und mich nicht würde erinnern können, dass ich einmal Ina Rudolph gewesen war?

Das Leben nach dem Tod war eine schöne Idee, jedoch bekam es mein Geist einfach nicht hin, daran zu glauben. Ich verband schlimme Geschichten mit der Institution Kirche, weshalb ich ihren Lehren nicht vertrauen konnte.

So wachte ich nachts immer wieder auf, hatte Angst und hoffte auf den Morgen; dass mit dem anbrechenden Tageslicht und den üblichen Verrichtungen meine Ängste verschwinden würden.

Bis ich lernte, meine Gedanken zu hinterfragen. Von da an

wusste ich: Vor dem Tod selbst kann man keine Angst haben, man kann nur vor dem Angst haben, was man über den Tod glaubt. Wie nachts in einem dunklen Wald. Ich hatte keine Angst vor dem Wald, sondern vor dem, was ich mir darin vorstellte. Ich sah Ungeheuer, Riesenspinnen, und da, das Knacken, was konnte das gewesen sein? In einem dunklen Wald hielt ich es plötzlich für möglich, dass es Hexen gibt und böse Zwerge – und das nur, weil meine Augen nicht so viel sahen wie am Tag. Schlagartig wurde mir klar, dass ich auch tagsüber nicht alles sah. Dass mir immer, egal wo und wann, etwas entging.

Ich musste nicht warten, bis es Nacht wurde. Nun, wo ich wusste, dass es nicht der Tod sein konnte, vor dem ich Angst hatte, konnte ich herausfinden, was mich eigentlich ängstigte. Ich fragte mich:

Was ist schlimm daran, dass das Leben vorbeigeht?

Wenn auch Sie von dieser Angst geplagt werden, lade ich Sie ein, eine Liste anzulegen. Nehmen Sie sich Zeit, und geben Sie Ihrem Unterbewusstsein die Chance, sich dazuzuschalten. Gerade nachts ist das Unterbewusstsein aktiv.
Ich notierte:
- *Ich könnte sterben, ohne meine Bestimmung gefunden zu haben.*
- *Ich habe noch nichts Vernünftiges vollbracht.*

Im Angesicht des Todes wurde alles so klein und nichtig. Nichts war mehr wichtig. Daher notierte ich:
- *Wenn ich sterben muss, ist auch das Leben nicht mehr wichtig.*
- *Ich bin nicht wichtig. Ob es mich gibt oder nicht, spielt keine Rolle.*

Mehr fiel mir nicht ein. Aber ich spürte, dass es mir etwas bedeutete, für irgendetwas auf der Welt nütze zu sein. Auch brachte die Frage, was wichtig ist und was nicht, ein System in mein Leben, eine Ordnung, ohne die ich fürchtete, verloren zu sein. Damit hatte ich schon einige Glaubenssätze gefunden. Mit folgender Frage konnte ich noch tiefer in mein Glaubenssystem hineinschauen:

Was befürchte ich? Welche schlimme Sache wird eintreten, wenn nichts mehr wichtig ist?
Ich notierte:
- *Ich werde verloren sein. Ohne ein System habe ich keinen Halt im Leben. Und ohne Halt werde ich als versoffener Penner enden. Dann werde ich nicht mal mehr das Geld haben, um in die Schweiz zu fahren und mir würdevoll das Leben zu nehmen.*
- *Mein Leben ist sinnlos.*
Das tut weh.
- *Um diesen Schmerz nicht spüren zu müssen, werde ich anfangen zu saufen und dann s. o.*

Für die Überprüfung brauchte ich kurze Sätze, die meinen Stress zum Ausdruck bringen. Ich brachte die Liste meiner Glaubenssätze folgendermaßen auf den Punkt:

- *Ich muss meine Bestimmung finden.*
- *Ich muss etwas Vernünftiges machen.*
- *Wenn ich sterben muss, ist nichts mehr wichtig.*
- *Ich bin verloren.*
- *Mein Leben ist sinnlos.*
- *Ich brauche einen Halt im Leben.*
- *Mein Leben muss würdevoll zu Ende gehen.*

Als ich mir meine Liste ansah, stellte ich fest: All das hatte mit dem Tod gar nichts zu tun, all das waren Belange des Lebens. Könnte, wenn ich Angst vor dem Tod habe, die Umkehrung eher wahr sein? *Ich habe Angst vor dem Leben?*

Die Sätze von meiner Liste habe ich mit den vier Fragen überprüft, sie ins Gegenteil gekehrt und Beispiele gefunden.

Ich stellte fest: Ohne meine Gedanken über den Tod mache ich mir keine Gedanken über den Teil, den ich nicht ändern kann. Ich mache mir Gedanken über das Leben. Über das, was im Hier und Jetzt vor sich geht und worüber es sich lohnt, sich Gedanken zu machen.

Wer kann schon wirklich sagen, wie es ist zu sterben? Wenn das letzte Licht verglüht, der Atem ausgeht? Wer kann sagen, wie es ist, die Reise anzutreten, von der kein Wanderer je wiederkehrt? »Gevatter« ist ein altes Wort für Taufpate und bedeutet auch: »an Vaters statt.« Er ist ein Lehrmeister. Eine Umkehrung zu meinem ursprünglichen Glauben: *Der Tod ist schrecklich* könnte sein: *Der Tod kann mich etwas lehren.*

Was ist es, das der Tod mich lehren kann? Immer wenn mich die Nachricht erreicht, dass jemand gestorben ist, den ich kenne, halte ich kurz inne. Ich denke an diese Person und daran, was uns verband oder weiterhin verbinden wird. Und dann stellt sich ein Gefühl von Dankbarkeit ein. Nicht nur dafür, dass ich diese Person kannte und wie unsere Leben miteinander verbunden waren, sondern auch dafür, dass ich am Leben bin. Der andere ist gegangen, und ich bin noch da. Dieses Gefühl durchflutet mich warm und weich und hält etwa zwei Tage an. Durch den Tod des anderen bin ich wieder mehr am Leben. Das ist eine Umkehrung, die mir das Leben anbietet. Ich atme intensiver, streiche meinem Kind bewusster übers Haar und sehe alles mit gelassenen Augen. Mir wird bewusst, wie kostbar das Leben ist. Wenn ich in so einem Moment an den Tod denke, bin ich neugierig, wie es sein wird. Und bin mir im Klaren darüber, dass es in jeder Sekunde so weit sein kann und er vor mir steht, der Gevatter Tod. Ein Dachziegel kann mich erschlagen, ein Eiszapfen meinen Körper durchbohren, ein Auto mich überfahren, das Flugzeug abstürzen, in dem ich sitze, eine Krankheit mich hinwegraffen, eine Speise mich vergiften.

Und deswegen möchte ich ein schönes Leben haben. Und zwar JETZT! Ich will jetzt lieben, jetzt Freude an der Arbeit haben, jetzt angstfrei in die Welt blicken, jetzt das schöne Leben mit anderen teilen.

PS: Heute kommt es vor, dass ich die Vorstellung vom Tod sogar als Erlösung empfinde. Auch das könnte eine Umkehrung sein. Immer wenn ich beim Gedanken an den Tod Erleichterung verspüre, ist das für mich ein Zeichen, dass ich es mir gerade zu schwer mache. Wenn ich das Leben genießen würde, würde ich mich nicht nach Erlösung sehnen. Wenn dieser Fall eintritt, nehme ich mir fünf Minuten, setze mich in Ruhe irgendwo hin und frage mich, welcher Bereich meines Lebens sich gerade schwer anfühlt.

Sie sagen, man kann sich nicht immer in Ruhe irgendwo hinsetzen? Ich behaupte: doch. Fast immer. Ein möglicher Rückzugsort ist die Toilette. Toiletten sind zwar nicht immer schön, aber man kann die Tür abschließen und sich guten Gewissens fünf Minuten Zeit nehmen. Es gibt Restauranttoiletten, Bahnhofstoiletten, alle Kaufhäuser haben eine Toilette, alle meine Freunde besitzen eine, und manchmal stehen in Städten auch welche auf der Straße rum.

PPS: Ich habe mich gefragt, ob ich ein Spezialkonto anlegen sollte, auf das ich mir ausreichend Geld lege, damit ich auf jeden Fall noch in die Schweiz fahren kann, um mein Leben dort würdevoll zu beenden. Nur für den Fall, dass ich als Penner enden sollte. Dann wäre der Horror davor schon mal nicht mehr so groß. Aber ob ich mich als versoffener Penner dann noch daran erinnern kann? Und vielleicht muss man, wenn es so weit ist, ja gar nicht mehr in die Schweiz fahren? Und da ich das alles zum jetzigen Zeitpunkt nicht wissen kann, habe ich diese Frage erst mal vertagt.

PPPS: Eine Freundin, die meine Texte gern gegenliest, meinte, sie fände es ja schön, dass die Geschichten in diesem Buch nicht so bierernst wären, aber in der Geschichte über den Tod so herumzualbern wäre etwas unpassend. Der Tod sei doch schließlich eine ernste Angelegenheit.

Ich guckte ein bisschen schief und fragte: Ist das wahr?

Wahrnehmen, ohne zu bewerten

Wie unsere Bewertungen sich in der Realität auswirken

Jeder kennt diese klugen Sprüche, es gibt sie auf Postkarten, in Kalendern, auf T-Shirts oder bei Facebook.

Einer, der für mich entscheidend war, wird dem indischen Philosophen Jiddu Krishnamurti zugeschrieben und lautet: »Die höchste Form der menschlichen Intelligenz besteht darin wahrzunehmen, ohne zu bewerten.«

Schon vor zwanzig Jahren ist mir aufgefallen, dass ich mir von Dingen, die ich erlebt habe, eher mein Gefühl und meine Gedanken *über* das Ereignis merke, als das Ereignis selbst. Wenn ich später gefragt wurde, hatte ich nur das behalten, was auch in meine Bewertung gepasst hatte.

Bei einem Kaffee mit einer damaligen Freundin kam das Gespräch auf ihren Exfreund, dem sie noch eine Träne nachweinte. Ich wollte sie trösten und bemerkte, dass er bei unserer letzten Begegnung unangenehm aufgefallen sei. Auf einer Geburtstagsfeier hatte er mich wiederholt nach einem Flaschenöffner gefragt und dabei eine Bierflasche in der Hand gehalten. Beim dritten Mal hatte ich einen Kommentar zu seinem Alkoholkonsum parat, und ab diesem Moment hielt ich an dem Gedanken fest, dass er eine Pichelnase ist. In dieses Bild passte sehr gut, dass er es später war, dem die Glasschale mit der Bowle herunterfiel. Auch dass er als Erster anfing, auf der Party zu singen, bestärkte mich in meinem Glauben.

Wie erstaunt war ich, als ich von meiner Freundin erfuhr, dass ihr Ex überhaupt keinen Alkohol trinkt und noch nie getrunken hat. Dass er die Bierflaschen nicht für sich selbst aufgemacht hatte, war mir entgangen. Die Bowle war nicht ihm heruntergefallen, sondern seiner neuen Freundin. Um sie nicht in Verlegenheit zu bringen, hatte er den Unfall auf seine Kappe genommen. Gesungen hatte er einfach aus Freude.

Somit hatte sich alles anders zugetragen, als ich es »wahrgenommen« hatte, und ich hatte es nicht sehen können, weil ich so schnell mit meiner Bewertung gewesen war.

Wenn ich mir die Szene heute betrachte, war es keine freundliche Bewertung. In Wahrheit bin ich die Pichelnase. Ich kann in anderen Menschen nur das sehen, was auch in mir selbst vorhanden ist. Es sind ja meine Gedanken, sie kommen aus mir. Ich bin diejenige, die gerne Alkohol trinkt. Und ich möchte auf gar keinen Fall, dass mir im angeheiterten Zustand ein Missgeschick passiert. Ich will auch nicht, dass andere über mich denken, ich sei eine Pichelnase und brauche den Alkohol, um etwas zu kompensieren. Ich habe den Konflikt in mir und projiziere ihn auf andere. Durch meine Bewertung wurde meine Wahrnehmung unfrei und besetzt. Ich hatte zu meiner Freundin gesagt, ihr Ex wäre unangenehm aufgefallen, und nun war ich selbst unangenehm aufgefallen; durch ungenaue Beobachtung und mein vorschnelles Urteil. Ich habe mich ziemlich geschämt.

Dies ist ein harmloses Beispiel, niemand außer meiner Freundin hat meine Worte gehört. Es hätte mich härter treffen können.

Wie hart es kommen kann, durfte ich heute Morgen beobachten. Ich bin mit meiner Tochter auf dem Weg in die Schule, sie sitzt auf dem Roller hintendrauf, die Straße ist frei. Hinter uns

Autos. Fünfzig Meter vor uns betritt ein Mann die Fahrbahn und bleibt stehen. Ich fahre langsamer und bleibe auch stehen. Kaum stehe ich, hupt es hinter mir. Ein langgezogenes Hupen. Die Gegenspur ist befahren. Ich rolle vorsichtig an den Mann heran, er kuckt nicht, weder links noch rechts. Er schaut nach unten. Ich bewerte nicht. Mein Kopf ist frei. Es fühlt sich direkt und klar an. Dort steht jemand auf der Straße, den will ich nicht umfahren. Also halte ich. Ich rufe: »Huhu!« Hinter mir lehnt sich ein Mann aus seinem Autofenster und brüllt: »Das darf doch nicht wahr sein!« und »Eh, du Penner, das hier ist 'ne Straße!« Der Mann vor mir bewegt sich nicht, hinter mir höre ich Reifen quietschen. Der Huper will uns überholen, fährt einfach los, die Autos auf der Gegenspur bremsen. Er kurvt um uns herum, durch die enge Lücke, die ihm die Gegenspur lässt, beugt sich noch zum Beifahrerfenster und schreit: »Du hast doch 'n Ding zu laufen, Mann!« Dann gibt er Vollgas. Der Mann vor mir geht zwei Schritte, tritt auf den Bürgersteig und verschwindet hinter den Autos. Vor uns knallt es. Mächtig. Ich schaue nach vorn. An der nächsten Kreuzung ist der Huper mit einem Auto, das von rechts kam, zusammengerasselt. Er hat das Auto nicht gesehen und ihm die Vorfahrt genommen. Der Huper springt aus seinem Auto, hält sich seinen hochroten Kopf und brüllt: »Wo ist der Arsch?«, stürmt auf uns zu, hin zu dem Platz, wo eben noch der Mann stehen geblieben war. Ich frage: »Sind Sie verletzt?« Ich bewerte nicht. Mein Kopf bleibt klar. Ich habe einen Unfall gesehen. Meine Priorität liegt bei den möglichen Folgen. Ich beobachte den Huper, der auf und ab rennt. Schwer verletzt sieht er nicht aus. Ich umfahre den Huper, hin zu dem Auto, das er gerammt hat. Dort stehen schon zwei Leute und helfen der blutenden Fahrerin. »Ist sie verletzt?« Einer nickt. »Krankenwagen kommt.« Ich sage: »Viel Glück!« Die Uhr an der Kreuzung zeigt zehn

Minuten vor acht. Zeit, meine Tochter zur Schule zu fahren. Sie hält sich bei mir fest und fragt: »Mama, was war das?« Ich rufe nach hinten: »Ein Unfall, nicht schlimm.« Aber mich selbst frage ich: Ja, was war das? Was muss der Autofahrer geglaubt haben, was ihn zuerst in so eine Rage gebracht hat und dann zu dem Unfall? Wie hat er die Situation »Jemand steht auf der Straße« bewertet? Ich bin mir bewusst, dass ich natürlich nicht genau wissen kann, was der Huper gedacht hat. Und doch kann ich nah herankommen, wenn ich mir den Inhalt seiner Äußerungen ansehe. »Das darf doch nicht wahr sein« lässt darauf schließen, dass er den Mann dafür verurteilt, dass er dort auf der Straße steht. Ja, vielleicht glaubt er sogar, dass der Mann absichtlich den Verkehr stören will oder dass es ihm vollkommen egal ist, ob er mit seinem Tun andere Mitbürger stört.

Was hätte er wohl gesagt oder getan, wenn seine Bewertung der Situation stattdessen gewesen wäre: Da hat jemand ein Problem. Vielleicht gesundheitlich. Vielleicht ein Herzinfarkt? Dann hätte er sicherlich anders reagiert.

»Eh, du Penner, das hier ist 'ne Straße!«

Jemand, der auf der Straße stehen bleibt, ist es nicht wert, dass man freundlich zu ihm ist. Das ist eine Bewertung. Er wird, weil er stehen geblieben ist, in eine der untersten menschlichen Kategorien einsortiert. Zu den Pennern. Und so jemand Wertloses versperrt nun jemandem, der wertvoller ist, den Weg. Nur wer die Situation so oder so ähnlich bewertet, verhält sich auch so wie der Huper. Hätte in dem Auto jemand gesessen, der davon ausging, dass der Mann mit seinem Stehenbleiben ein Tier beschützt, was sonst überfahren worden wäre, wäre die Reaktion bestimmt anders ausgefallen.

»Du hast doch 'n Ding zu laufen, Mann«, klingt in meinen Ohren auch nicht freundlich. Es klingt nach Ärger. Und Ärger ist immer das Resultat von stressigen Gedanken. Die einzige Erklärung, die dem Huper einfällt, ist, dass der Mann ein Ding zu laufen haben muss, sonst würde er nicht auf der Straße stehen bleiben. Seine Sicht ist verengt, sein Gemüt verärgert, und er ist sogar der Meinung, dass er jetzt das Recht hat, den Gegenverkehr zum Bremsen zu zwingen, damit er, der Wertvolle, schnell weiterfahren kann. Er sieht nicht, dass die Frau in dem Auto, das er angefahren hat, verletzt ist, er holt den Krankenwagen nicht.

Was könnte »Wo ist der Arsch?« bedeuten?

Munter drauflosgeraten könnte es bedeuten, dass er nun der Meinung ist, der Mann, der auf der Straße stand, sei schuld. Schuld an seiner Wut und schuld an dem Unfall.

Ohne Bewertung steht nur ein Mann auf der Straße. Ohne Bewertung wissen mein Herz und mein Körper, was sie zu tun haben; ich kann spüren, wo die Prioritäten liegen.

Wenn Ihnen diese Beispiele zu harmlos sind, um zu zeigen, welches Unheil schnelle, unfreundliche Bewertungen anrichten, können Sie die Zeitung aufschlagen.

Wie wär's mit dieser Meldung:

»Ein Mann stach seine Frau mit zehn Messerstichen nieder, weil er glaubte, sie hätte ein Verhältnis. Nach ihrem Tod fand er heraus, dass es dieses Verhältnis nur an einem einzigen Ort gegeben hatte: in seinem Kopf. An einem Tag X hatte sich dieser Gedanke in seinem Verstand eingenistet, und von da an hatte er überall Beweise gesehen. Wie seine Frau wegsah, wenn er sie prüfen wollte; wie sie auf ihre Schönheit achtgab, obwohl er aus dem Haus ging, und wie sie ihr Handy wegsteckte, gerade als er zur Tür hereinkam. Beweise über Beweise für die Richtigkeit seines Glaubens.«

Oder diese hier:

»Immer wieder werden Babys tot in Mülltonnen gefunden. Was glauben Mütter, die ihre Hände oder das Kissen auf das Neugeborene pressen, bis es still ist? Wie bewerten sie ihre Situation? Sie geben zu Protokoll, es alleine nicht schaffen zu können, das Geld nicht zu haben oder mit dem Kind von ihrem Partner, den Eltern oder der Umwelt abgelehnt zu werden.«

Das alles sind Bewertungen. Befürchtungen über eine Zukunft, die noch nicht existiert.

Kriege werden geführt, weil es Menschen gibt, die glauben, dass es werte und unwerte Menschen gibt; weil Menschen glauben, dass sie Unrecht, das ihnen angetan wurde, mit Rache ausgleichen können. Oder dass Rache den Täter belehren kann, seine Tat nicht zu wiederholen. Oder aus dem Glauben heraus, dass ihr Leben besser wird, wenn sie ein erfolgreicher Eroberer sind, wenn sie bejubelt werden und sie beweisen konnten, dass sie was auf dem Kasten haben.

Krieg beginnt in uns. In unseren ängstlichen, rechthaberischen, sorgenvollen, vorschnellen Bewertungen. Wenn ein Autofahrer glaubt, ein Recht auf freie Durchfahrt zu haben. Oder aus einer Vorstellung von Treue. Oder aus einer Vermutung, etwas nicht schaffen zu können. Oder wenn ich vom Exfreund meiner Freundin behaupte, er sei unangenehm aufgefallen. (Dabei habe ich nur nicht mitbekommen, wie die Situation wirklich war.)

Falls Sie irgendwann von dem Gedanken geplagt werden sollten, dass Sie auf dieser Welt nichts ändern können oder ein zu kleines Licht sind, um zu einer Besserung beizutragen, hätte ich einen Vorschlag: Schauen Sie doch mal, ob mein Modell Ihnen zusagt.

Ich habe damit begonnen, mein eigenes Leid, meinen eigenen Krieg zu beenden. Den mit mir selbst und den mit anderen.

Ich kann von hier aus nur wenig dazu beitragen, dass die Kriege im Kongo, in Israel, in Afghanistan, in Syrien, im Jemen und in Algerien beendet werden. Aber ich kann jetzt gleich und jeden Tag neu darauf achten, dass in mir kein Krieg beginnt. Auch große Kriege fangen klein an.

Mit mir und dem, was mir begegnet, im Frieden zu sein ist nicht einfach, aber machbar. Als Lebensaufgabe reicht's.

Zum Frieden zwischen zwei Menschen braucht es nur einen, der friedlich ist

Wie kann ich mich auf stressige Situationen freuen?

*D*iese Aussage ist mir in den letzten Jahren immer wieder begegnet. Verschiedene Weisheitslehrer hatten es mit unterschiedlichen Worten ausgedrückt. Stets hatte ich genickt, gespürt, dass dieser Satz wahr sein könnte, und ihn wieder vergessen. Eines Tages hatte ich ihn erneut vor der Nase. Vielleicht war es das berühmte siebte, achte oder neunte Mal, dass man mit einer Sache Kontakt gehabt haben musste, damit man ihr »plötzlich« Beachtung schenkt. Mich interessierte die Ausschließlichkeit dieses Satzes. Traf er wirklich auf das ganze Leben zu? Immer? Ich wollte ein Experiment starten und sehen, ob ich mit anderen Menschen tatsächlich keine Schwierigkeiten bekam, wenn ich selbst friedlich war.

Ich nahm mir vor, in einer brenzligen Situation nicht mehr auf fünfzigtausend Dinge zu achten; nicht mehr auf den richtigen Ton, der bekanntlich die Musik macht, nicht mehr darauf, meine Worte richtig zu wählen, in Ich-Botschaften zu sprechen, achtsam und mitfühlend zu sein. Stattdessen wollte ich nur auf eine einzige Sache achten: auf den Frieden in mir. Ich war mir sicher, dass, wenn ich mich immer nur in meiner Angelegenheit bewegen würde, der Ton von ganz allein stimmte, ich automatisch mitfühlend wäre und die richtigen Worte fände.

Kaum hatte ich mir dieses Experiment vorgenommen, krib-belte es in meinem Körper – ein Kribbeln, das mich freudig auf die nächste Herausforderung warten ließ. Für mein Experiment brauchte ich eine Situation, die nicht hundertprozentig friedlich war. Ich hielt Ausschau nach ihr. Normalerweise freue ich mich nicht auf stressige Situationen. Stressige Ereignisse sind okay und gehören zum Leben, aber darauf freuen? Vor einigen habe ich sogar ein wenig Angst. Aber nun, da ich dieses Experiment wagen wollte, freute ich mich tatsächlich darauf. Ich war bereit, was immer da kommen mochte. Wie anders sich das Leben gleich anfühlte!

Dieses Kribbeln nahm ich am Abend mit in den Elternbeirat der Schule. Ob sich hier wohl eine Gelegenheit bieten würde? Wir diskutierten über die anstehenden Klassenfahrten, finanzielle Beiträge, und ich verlor ein paar eindeutige Worte zum Kantinenessen. Das Essen wird in der Schule meiner Tochter selbst gekocht und ist vollständig bio. Ein außenstehender Beobachter könnte nun meinen, das wäre ein großes Glück, und grundsätzlich ist es das auch. Der einzige und leider entscheidende Nachteil ist: Es schmeckt nicht. Es schmeckt in einem Grade nicht, dass ich selbst es eklig finde und meine Tochter es nicht anrührt. Bezahlen müssen wir es aber trotzdem. Dass ich das gerne ändern würde, hatte ich mit großem inneren Frieden und ruhigem Ton angemerkt. Ich hatte den letzten Satz noch nicht beendet, da sprang ein Vater aus der Runde auf, schnappte nach Luft und brachte verärgert Gegenargumente an. Ich sah ihn gestikulieren, er zeigte mehrmals auf mich und nannte meinen Namen. Da war sie, meine erste Herausforderung. Ich hörte ihm zu und hatte nur eine einzige Vorgabe: bei meinem eigenen friedlichen Gefühl zu bleiben. Es war ganz einfach. Mein Herz klopfte zwar, aber mein Atem floss ruhig ein und aus, die Bauchdecke war locker, und mein Gesicht nahm keinen ablehnenden Ausdruck an.

Dabei fiel mir auf, wie es mir in anderen Situationen ergangen war, wenn jemand aufgebracht auf mich reagiert hatte. Oft hatte ich gedacht, der andere wolle einen Streit anfangen, habe etwas an mir auszusetzen oder wolle unbedingt seine Meinung durchdrücken. Deswegen rede er lauter und emotionaler. Wenn ich das gedacht hatte, war ich »natürlich« auch verärgert gewesen. Mit diesem Ärger hatte ich mich dann entweder ebenfalls aufgeregt, was dann erst richtig zu Unfrieden geführt hatte, oder ich war demonstrativ ruhig geblieben, allerdings nur zum Schein.

Nach dem Ende einer solchen Sitzung hatte ich dann in Grüppchen, die sich vorm Schultor bildeten, nach Anerkennung und Zuspruch gesucht. Man sollte mir bestätigen, dass der Beitrag des anderen und besonders seine Art und Weise unter aller Kanone gewesen waren. Ich wollte Recht behalten, und dafür war ich auch bereit gewesen, das Lager zu spalten. Was geschah aber nun, wenn ich diese Bestätigung nicht in ausreichendem Maße bekommen hatte? Wohin war ich mit meinem Ärger dann gegangen? Wer hat ihn als Nächstes abgekriegt? Oder brauchte ich noch zwei große Bier, bis er »heruntergespült« war? Auf jeden Fall reagierte ich in direkter Abhängigkeit vom anderen. Als hätte er mich an einer kurzen Leine.

Diesmal nun saß ich mit offenem Herzen in der Runde. Mein Frieden war nicht nur vorgetäuscht, ich brauchte mich nicht schützen, brauchte keine Bestätigung. Ich glaubte nicht, dass der verärgerte Vater es auf mich abgesehen hatte, und fühlte mich ergo auch nicht angegriffen. Ich konnte in dem Grüppchen vorm Schultor über inhaltliche Fragen reden und vor allem viel besser zuhören. Zu Hause trank ich ein Bier aus Genuss und nicht, weil ich es brauchte, und war offen für den nächsten Stress, der auftauchen würde. In mir oder außerhalb von mir.

Am nächsten Morgen setzte ich mich an den gedeckten Frühstückstisch. Ich war müde und mir noch nicht bewusst, dass ich ein Experiment laufen hatte. Erst vorgestern war ich von einer Lesereise zurückgekehrt, hatte bisher nur notdürftig ausgepackt und es noch nicht geschafft, alle Post durchzusehen. Wenn ich von einer Reise wiederkomme, habe ich meist den Kopf voller neuer Ideen, Rechnungen müssen geschrieben werden, Fahrtkosten ausgerechnet, ich bringe mein Kind wieder zur Schule, und der Rest des Alltags geht auch weiter.

Am Abend vorher hatte mein Mann ein Abendessen gezaubert, auch den Tisch gedeckt und wieder abgeräumt. Ich war ja schließlich beim Elternabend gewesen. Heute Morgen nun fragte er mich, während er sich Sojamilch über seine Cornflakes goss: »Könntest du auch mal wieder einkaufen gehen?«

Ich sah auf. »Auch mal wieder?«, fragte ich zurück.

»Genau«, sagte er und schob sich den Löffel in den Mund.

Ich überlegte kurz und dachte, dass ich selbstverständlich mal wieder einkaufen gehen konnte. Aber ich hatte da auch so einen kleinen Vorwurf herausgehört. Beinahe hätte ich etwas gesagt wie: »Erinnerst du dich, Schatz, dass ich zwei Wochen lang gar nicht zu Hause war? Und wenn ich nicht zu Hause bin, kann ich auch nicht einkaufen gehen. Falls du das mit ›mal wieder‹ gemeint haben solltest. Jetzt bin ich wieder da und gehe natürlich auch wieder einkaufen. Was hättest du denn gern?«

Als Publikum einer Sitcom hätte ich diesen Dialog witzig gefunden. Aber als echtes Liebespaar in der Realität und ohne Zuschauer wäre diese Antwort nicht lustig gewesen. Auch nicht friedlich. Als sie sich in meinen Kopf schob, dämmerte mir, dass diese Art Wortwechsel das Potenzial in sich trug, ein Streit zu werden. Erst meint man es ganz unschuldig, dann versteht der andere nicht gleich, man muss sein Anliegen wiederholen, fühlt sich unverstanden, und irgendwo dazwischen schleichen sich verärgerte Gedanken ein. Der andere sollte selber wissen, dass er dran ist mit Einkaufen, er sollte nicht blöd nachfragen, sollte Verständnis haben und so weiter.

Mein Mann aß schweigend seine Cornflakes und sah ab und zu mit einem auffordernden Blick zu mir herüber. Denn irgendwie war ich ja dran. Ich musste noch etwas dazu sagen. Ich sagte: »Einen kleinen Moment, bitte.« Jetzt guckte mein Mann eher neugierig.

Den kleinen Moment brauchte ich wirklich. Mir war mein Experiment wieder eingefallen, und ich hatte spüren können, dass mich die Wörtchen »auch mal wieder« etwas gereizt hatten. Ich hätte darüber hinweggehen können und sagen: Klar gehe ich einkaufen, was brauchst du denn? Aber da ich nun schon Anstoß an den drei kleinen Wörtchen genommen hatte, wäre ein Darüber-Hinweggehen mir selbst gegenüber nicht friedlich gewesen.

Mein Mann war unterdessen fertig mit dem Frühstück, und ich wollte ihm endlich etwas antworten. Ich sah ihn an und sagte: »Ich gehe sogar gern mal wieder einkaufen. Mich hat eben nur irritiert, dass du ›auch mal wieder‹ gesagt hast. War ich denn so lange nicht einkaufen?«

Nun musste mein Mann überlegen. Meine Antwort war ehrlich gewesen, und friedlich hatte sie sich auch angefühlt. Wieder hatte ich dieses Kribbeln im Körper, diese Neugier, ob das Experiment gelingen würde. »Na ja«, sagte er, »es kommt mir so vor. Bevor du gefahren bist, warst du im Abreisestress, jetzt bist du im Ankommstress. Ich halte dir gern den Rücken frei, finde aber auch, dass du das nicht unnötig ausdehnen solltest.«

Mir fiel wieder ein, dass er Abendessen gemacht hatte, hingeräumt, weggeräumt und eingekauft. »Ich glaube, du hast Recht.« Das sagte ich nicht nur um des lieben Friedens willen, sondern weil ich das wirklich fand. Es entspann sich ein freundliches Gespräch, an dessen Ende wir festlegten, dass ich vor und nach einer Reise jeweils einen Tag Narrenfreiheit hatte. An diesen Tagen würde er sich um alles kümmern. Danach wäre ich aber wieder ein vollwertiges Mitglied der Familie. Dafür war ich ihm dankbar, beide lieben wir klare Absprachen und waren froh, dieses Gespräch geführt zu haben. Und wie war's gelaufen? Friedlich.

Am Nachmittag rief mich Max an. Eigentlich war Max ein guter Freund, aber in letzter Zeit hatte ich mich nicht darum gedrängelt, ihn zu treffen. Um ehrlich zu sein, hatte ich es sogar vermieden. Ich hatte ihn als freundlichen, aufmerksamen Menschen kennengelernt, und es schien mir, als hätte er sich verändert. Ständig hatte er etwas auszusetzen, war nie zufrieden und schob gern mir den schwarzen Peter zu. Es war mir schwergefallen, besonnen und respektvoll zu bleiben, ja, wir waren sogar ein paar Mal aneinandergeraten. Mehrmals hatte ich ihn gefragt, ob er Sorgen hätte und ob ich ihm helfen könne. Er hatte mich darauf nur verständnislos angesehen und nicht gewusst, was ich meine. Ich, als gute Freundin, ließ nicht ab, ihm meine Hilfe anzubieten. Dabei hatte es Momente gegeben, in denen ich dieses Angebot bereute.

Nun war er am Apparat. Er passte perfekt in mein Experiment, und meine Freude, ihn zu hören, war tatsächlich ungetrübt. Anstatt daran zu denken, was ich für ihn tun könnte, dachte ich daran, etwas für mich zu tun. Für mein Wohlbefinden, für meinen Frieden. Max klang fröhlich. Max hatte ein Anliegen. Er wollte eine Radtour machen, hatte auf der Karte die Umgebung Berlins studiert, und seine Wahl war auf die Stadt Brandenburg gefallen. Dort floss die Havel, es gab eine schöne Innenstadt mit Dom und Mühle, und auch außen herum hatte es auf der Karte schön grün ausgesehen. Von mir wollte Max nun wissen, wo man dort einen Sonntag lang gut herumradeln könne. Schließlich war ich in Brandenburg geboren worden.

»Ich habe keine Ahnung«, sagte ich wahrheitsgemäß.

»Wie jetzt?«, fiel er mir ins Wort.

»Ja, ich weiß nicht, wo man da gut Fahrrad fahren kann«, versuchte ich es noch mal mit anderen Worten.

Max schwieg, und ich überlegte, ob ich ihm anbieten sollte, für ihn im Internet nachzusehen. Aber eigentlich konnte er das gut selbst erledigen, wenn nicht sogar besser. Die Pause wurde unnatürlich lang, und ich hörte ihn Luft zwischen den Zähnen einziehen.

»Das hab ich mir gedacht«, sagte Max.

»Was denn?«, fragte ich neugierig. Es kommt ja in den besten Familien vor, dass man denkt, der andere wird es nicht wissen, und man ruft ihn trotzdem deswegen an. Ich wollte mich nur vergewissern.

»Dass du dich mal wieder weigerst, mir eine Auskunft zu geben.« Max ließ das so stehen. Mir wurde klar, dass dies der Moment war, an dem die Weiche gestellt wurde. Ich hätte mich jetzt über diese Ungeheuerlichkeit ärgern und dem Ärger auch Ausdruck verleihen können. Diese Variante hatten wir in letzter Zeit des Öfteren gehabt. Oder ich konnte auf meinen Frieden achten. Ich fragte mich, ob er Recht haben könnte. Weigerte ich mich manchmal, ihm eine Auskunft zu geben? Mein Herz war offen und friedlich und suchte nach Beispielen. Ich fand keine.

»Jetzt weißte nicht, was du sagen sollst, ne?«, bohrte er nach.

Ich sagte: »Das stimmt.«

Wir schwiegen eine Weile.

»Und nu?«

»Tja«, sagte ich. »Ich kann's dir nicht sagen, weil ich's nicht weiß. Wenn ich's wüsste, hätte ich kein Problem, es dir auch zu sagen. Ich bin dort nie Fahrrad gefahren. Ich kenne den Weg zu meiner Oma, die dort noch wohnt, und den zu meinen beiden Onkels. Ich kenne die zwei Hauptstraßen, und das war's.«

»Echt?«, fragte er nach einer längeren Pause.

»Echt.«

Am Abend rief er noch mal an. »Eh, sorry, ich wusste ja nicht, dass du's wirklich nicht weißt.«

Diesmal konnte ich es so stehen lassen. So fühlte es sich am friedlichsten an.

Ich hatte keine Grundsatzdiskussion angefangen, ich hatte mich nicht berufen gefühlt, ihn zu belehren, ich hatte ihn nicht verbessert oder angegriffen. Ich hatte in Gedanken nicht von ihm verlangt, dass er, als mein Freund, reflektierter sein müsste. Dann wäre es mit dem Frieden vorbei gewesen.

Auf diese Weise glitt ich durch meine Tage. Wie in einer Wellnessoase. Vom Dampfbad in den Pool, dann in die Sauna, zur Massage, ein kleines Schläfchen und dann an die Bar. Bei dem kleinsten unguten Gefühl oder einem Unfrieden von außen nahm ich mir Zeit, in mich hineinzuhorchen und nur auf eine einzige Sache zu achten: auf meinen eigenen Frieden.

Wenn Callcenter anriefen, was mich sonst immer geärgert hatte, legte ich ausgesprochen friedlich auf, bevor ich das erste Wort gesprochen hatte. Ich brauchte ihnen nicht zu erklaren, warum ich an keiner Studie oder Umfrage teilnehmen wollte. Ich sparte mir und ihnen Zeit und Nerven, die wir für die Dinge verwenden konnten, mit denen wir uns wirklich beschäftigen wollten oder mussten.

Auch auf dem Gang zum Supermarkt hatte es bis jetzt immer eine kleine Hürde für mich gegeben. Üblicherweise stand dort nämlich ein Mann am Eingang, der alle Kunden mit dem sonnigsten Lächeln, das das Viertel zu bieten hatte, begrüßte. Als würde er sich wirklich freuen, einen zu sehen. Dabei hielt er seine Hand auf. Wenn man wieder herauskam, sprang er hinzu, um einem beim Wagenwegfahren zu helfen. Allerdings waren diese Abläufe vom Supermarkt selbst so unkompliziert und praktisch eingerichtet, dass es dafür keiner Hilfe bedurfte. Jedes Mal, wenn ich ihn dort stehen sah, hatte ich mich ein wenig geärgert. Wenn ich ihn gegrüßt hatte, wollte er mich gleich in ein Gespräch verwickeln, grüßte ich ihn nicht, rief er mir hinterher, man könne wenigstens grüßen, das sei nicht zu viel verlangt. Ich hatte ihm des Öfteren zu verstehen gegeben, dass ich seine Hilfe nicht benötigte und dass er, wenn er helfen wolle, etwas helfen könnte, was wirklich hilft. Es half alles nichts. Er stand sommers wie winters mit der gleichen Strategie vor dem Supermarkt.

In der Zeit meines Experiments ging ich auf den Supermarkt zu, sah ihn schon von weitem dort stehen und achtete auf nichts als mein gutes, friedliches Gefühl. Ich brauchte kein Konzept, wie ich mich gleich verhalten würde; ich musste nichts richtig machen. Ich ließ es einfach herankommen, und was immer er tat, was immer ich tat – ich ärgerte mich nicht.

Die Überschwemmung unseres Wohnviertels mit Touristen war auch immer Anlass für einen Hauch von Unmut gewesen.

Sie verstopften die Straßen, lärmten bis spät in die Nacht und schmissen ihre leeren Bierflaschen auf den Asphalt.

Nun stieg ich friedlich vom Fahrrad ab, weil kein Durchkommen war, lief zwischen ihnen hindurch, und es fühlte sich einfach besser an. Mir wurde klar, dass MIR die Stadt ja auch nicht gehörte. Wie albern war es doch, auf irgendwelche Vorrechte zu pochen, nur weil ich schon ein bisschen länger hier wohnte. Ich war innerhalb von Berlin schon acht Mal umgezogen und vor Kurzem sogar einfach ein paar Meter die Straße rauf. Musste man sich bei jedem Umzug neue Rechte erwerben? Nun, da es in mir friedlich war, betrachtete ich die einzelnen Menschen auf der Straße nicht mehr als Störenfriede. Ich unterstellte nicht jedem Einzelnen, dass er potenziell derjenige war, der um vier Uhr nachts schmutzige Lieder sang und dem es schnurzpiepswurst war, dass in dieser Stadt Menschen wohnten, die früh aufstanden und zur Arbeit gingen. Ich musste sie nicht mehr mit bösen Blicken oder mit Nichtachtung strafen. Das war eine Erleichterung.

So ging ich zwei Monate durchs Leben, und es war ausgesprochen friedlich. Ich fürchtete mich nicht mehr vor stressigen Situationen – im Gegenteil. Ich freute mich auf sie, wann immer sie auftauchten.

Ich wusste jetzt, dass ich das kann, und das war ein schönes Gefühl. Im häuslichen Alltag hatte ich allerdings ein starkes Bedürfnis verspürt: Ich wollte den Frieden nicht alleine machen. Ich hatte nicht Lust, immer alles allein zu regeln. Es beschlich mich die Ahnung, dass meinem Mann und Mitbewohner dieses Experiment gut in den Kram gepasst hatte, und ich wollte, dass auch er seinen Beitrag zum Frieden leistete. Manchmal tut es gut, die Hände wegzunehmen und andere machen zu lassen. Auch steht mir hin und wieder der Sinn nach Eskalation. Das muss es in meinem Leben schon auch noch geben.

Aber ich habe die Übung gemacht und weiß: Es funktioniert. Seitdem kann ich, wann immer Bedarf besteht, darauf zurückkommen.

Ist Frieden langweilig?

Mein Leben ohne stressige Gedanken

*W*enn ich in meinen Vorträgen davon spreche, wie man zu echtem Frieden gelangt, wie das Loslassen funktionieren kann und wie Ruhe und Klarheit ins Leben einziehen, dann stößt das am Anfang allgemein auf Interesse. Die Sehnsucht danach scheint groß zu sein. Am Ende des Vortrags, wenn die Gäste eine Ahnung bekommen haben, dass Frieden möglich ist, höre ich ab und zu den Einwand: »Aber nur noch friedlich sein, ist das nicht langweilig?«

In Berlin sehe ich des Öfteren ein Plakat hängen, das für Meditation wirbt. Ich würfele diese Idee, das Meditieren zu lernen, schon einige Jahre in mir hin und her, ich wäre also eigentlich die Zielgruppe für dieses Plakat. Der darauf abgebildete Meditierende hat jedoch die Augen halb geschlossen und macht auf mich einen weggedrifteten Eindruck, als würde er unter Drogen stehen. Das ist genau, was ich NICHT will. Meditieren ja, aber nicht als Droge. Ich bin mir im Klaren darüber, dass ich nicht weiß, wie die Veranstalter dieser Kurse Meditation unterrichten. Ich weiß, dass es nur meine Gedanken über das Plakat sind, und meine Gedanken zeigen mir deutlich, was ich möchte und was nicht.

Auch die Teilnehmer meines Vortrags haben Bilder vor Augen. Ein langweiliges Leben will keiner. Da würden sie lieber ihren Stress behalten. Sie wollen nicht wie »ruhig gestellt« durch ihr Leben gehen, wollen nicht immer im gleichen Rhythmus leben, möchten nicht, dass ihr Leben keine Abwechslung bietet und vorhersehbar wird.

Das kann ich gut verstehen, ich könnte das Leben so auch nicht genießen. Für mich hat »friedlich sein« viele Facetten. Es kann unglaublich fröhlich sein, kraftvoll, überraschend, und es bringt mich mehr ins Fühlen. Mein Kopf ist frei, nicht mehr damit beschäftigt, unlösbare Probleme lösen zu wollen.

Mein Vater zum Beispiel ist ein warmherziger, großzügiger Mensch. Er lädt die Familie oft zum Essen ein, freut sich über eine gesellige Runde, freut sich, den anderen eine Freude zu machen. Das führt dazu, dass ich mich auch freue. Ich komme also meist schon ausgelassen und bester Laune zu diesen Treffen hin. Und wenn ich frei und unbekümmert bin, bin ich oftmals auch laut. Ich lache aus voller Kehle, erzähle Geschichten lebensnah und haue auf den Tisch. Mein Vater streckt dann die Hand aus, um mir ein Zeichen zu geben, dass wir nicht allein im Lokal sind.

Es gab eine Zeit, da hat es dieses kleine Zeichen geschafft, meine Laune auf null runterzufahren. Ich habe es als Maßregelung bewertet, als Einengung, als Machtspiel. Ich saß dann bei diesem Essen, in meinem Bauch grummelte der Ärger, und ich war alles andere als frei. Meine Gedanken drehten sich darum, ob und wie ich ihm mal sagen könnte, wie unangenehm seine Zurechtweisung für mich ist. Ich sammelte alle Arten von stressigen Gedanken um diese kleine Geste und hielt sie fest. War das ein schönes Gefühl? Nein. Hatte es Kraft? Nein. Ich musste erst die Toilette aufsuchen, ein paar Mal tief ein- und ausatmen und mich, zurück am Tisch, mit anderen Familienmitgliedern unterhalten, mich also ablenken. Dann war es am Ende doch immer wieder ein schöner Abend.

Als ich die Work besser kannte und ich nicht mehr so viele stressige Gedanken über meinen Vater glaubte, sah ich diese

Geste anders. Sie tauchte wieder auf, wie immer überraschend, als ich eines Abends gerade in Fahrt gekommen war. Mitten in einer lustigen Geschichte. Da ich keine Gedanken mehr an Maßregelung und Machtspielchen hatte, konnte ich sehen, dass es meinem Vater unangenehm war, dass ich so aufdrehte. Und auch wenn er uns nicht alle eingeladen hätte, lag es mir plötzlich am Herzen, dass auch er sich wohlfühlte. Ich nahm seine Hand und sagte, ohne groß darüber nachzudenken: »Du magst es nicht, wenn ich so laut werde, stimmt's?« Er nickte, und ich fuhr fort, meine lustige Geschichte zu erzählen. Nur leiser. Kein Ärger verdarb diesen Abend, und ich musste mich nicht fünf Minuten auf der Toilette sortieren. Es hatte kein Kampf stattgefunden, und ich fühlte mich großartig. Ich war weiterhin aufgedreht und hatte trotzdem auch das Bedürfnis meines Vaters beachtet.

Auch in Beziehungen macht Langeweile nicht wirklich Spaß. Manche Menschen habe sogar große Angst davor, dass sich in ihrer Beziehung Langeweile einstellen könnte. Damit das auf keinen Fall passiert, sind sie gut ausgerüstet; sie wissen, wie sie ihren Partner mit kleinen oder größeren Tricks daran erinnern, dass er werben und kämpfen muss. Er wird auf Trab gehalten, fallen gelassen und wieder aufgebaut. Ab und zu ist eine Szene fällig, um den Partner am nächsten Tag wieder umgarnen zu können. Anstrengende Spielchen. Ich kann mich erinnern, dass ich am Beginn meines Liebeslebens auch geglaubt habe, dass es ohne nicht geht. Ich habe versucht, intelligent zu wirken, sexy zu sein, den anderen heißzumachen und ihn dann drei Tage warten zu lassen. Immer auf der Suche nach neuen Strategien, die am Ende doch nicht das brachten, was ich ersehnte. Was langweilig wurde, waren die Spielchen – und sie haben mein Herz nicht gewärmt.

War ich im Frieden? Nein.

War's langweilig? Ja.

Bis ich gefunden habe, was ich wirklich will. Ich möchte Menschen sehen, wie sie sind. Mit allen Schatten und Schwierigkeiten. Jemanden in Gänze zu erfassen lässt mich vor Freude erbeben. Mich nicht zu verstellen, das wärmt mein Herz und ist nicht immer einfach. Keine Bedingungen für Liebe zu stellen, das ist aufregend. Mein Herz öffnen, etwas entstehen lassen – das ist wunderschön.

Alles ist schöner im Frieden. Ich kann ausgelassener tanzen, wenn mich nichts belastet. Mit meiner Tochter spielen bringt mehr Spaß, wenn ich nicht nebenbei noch Probleme wälzen muss. Ich tauche freudiger in das Buch ein, das ich gerade lese, wenn ich in Gedanken nicht noch etwas klären muss. Essen, lieben, arbeiten – alles ist schöner im Frieden. Und keine Spur langweilig.

Vertrauen in der Liebe

Genau sein

$\mathcal{G}$erade, als ich den letzten Absatz der Geschichte über Vertrauen schrieb, rief eine Freundin an. Ich konnte gerade noch fragen: »Wie geht's?«, da weinte sie schon.

»Ach Scheiße«, schniefte sie nach einer Weile.

»Erzähl mal«, sagte ich.

Sie berichtete, ein paar Mails ihres Freundes gelesen zu haben, und wie es aussah, hatte er nebenher mit anderen Frauen Verhältnisse gehabt. Er war immer wieder zu ihr zurückgekommen und hatte nichts gesagt.

»Und was ist es genau, was dir daran so wehtut?«, fragte ich, als sie sich die Nase geputzt hatte.

»Ich vertraue ihm nicht mehr. Das Vertrauen ist weg.«

Ich fühlte mit meiner Freundin, mein Herz ging auf, und ich erinnerte mich an eine Geschichte, die ich selbst erlebt hatte. Damals wusste ich noch nicht, dass mein Leid immer meinem eigenen Denken entspringt, und glaubte daran, dass bestimmte Umstände eben Leid verursachen. Ich glaubte, dass meine Wünsche dazu da wären, erfüllt zu werden. Meinem Partner fiel ein großer Teil dieser Aufgabe zu, der Rest teilte sich unter Freunden und der Familie auf.

Ich war damals mit einem Mann liiert, der als Schauspieler am Theater arbeitete. Dieses Theater stand nicht in der Stadt, in der ich wohnte. Wir kamen uns besuchen, wann immer es ging, und ich vertraute darauf, dass »wann immer es ging« hieß: wann immer er nicht arbeiten musste. Wenn wir zusammen waren, sah ich unzählige Beweise dafür, dass ich die einzige Frau in seinem Leben war. Der Glanz in seinen Augen, der Klang seiner Stimme, die Worte, die er benutzte, wie er darin aufging, mich zu berühren, und die Pläne, die er mit mir hatte.

Eines Tages war am Theater Premiere. Ich wollte dabei sein, das schien mir selbstverständlich. Mein Schatz hatte Premiere, das war ein Ereignis, und ich, seine Liebste, war dabei. Um ihn zu unterstützen, ihn aufzufangen und um hinterher zu feiern.

Schon als wir am Telefon darüber sprachen, schien es mir, als wäre ihm das nicht recht. Ich fragte nach den Gründen, jedoch gab es keinen, den ich wirklich akzeptieren konnte. Natürlich war er aufgeregt, das war normal. Natürlich konnte alles Mögliche schiefgehen, doch brauchte er sich vor mir ja nicht zu schämen. Es blieb ein Rätsel. Als ich ihn das nächste Mal im Theater besuchte, fragte ich in der Kantine einen Dramaturgen, den ich noch von früher kannte. Der war so überrascht von meiner Frage, dass er sich in ihr verhedderte und irgendwann meinen verständnislosen Blick sah. »Ja, Mann«, stöhnte er, ärgerlich, dass ihm keine Lüge eingefallen war, »musst du halt mal die Augen aufmachen.« Mehr war er nicht bereit zu sagen und meinte sogar, schon das wäre zu viel gewesen. Auch mein Freund wurde ärgerlich, als ich ihn befragte. Er versuchte es mit: was das denn jetzt solle, er würde mich doch lieben, und ob das jetzt fair wäre, vor seiner wichtigen Premiere so ein Fass aufzumachen. Und überhaupt, was der Dramaturg für ein Idiot sei.

Bis zur Premiere waren es noch zwei Wochen, und ich hatte nur eine Frage gestellt. Ich fühlte mich unschuldig. Stattdessen drängte sich mir der Verdacht auf, dass da ein Fass existierte, welches nicht aufgemacht werden sollte. Gern wäre ich die verständnisvolle, unterstützende Ina gewesen, die ihrem Freund bis zur Premiere das Leben sorgenfrei hielt. Nun war es aber so, dass der Deckel des Fasses schon gelüftet worden war. Jetzt war es mein Freund, der mich belauerte, prüfend ansah und komische Fragen stellte. Mehrmals am Tag wollte er wissen, mit wem ich gesprochen hätte und worüber, und legte dabei die unbekümmertste Miene auf, die er zur Verfügung hatte. Plötzlich war alles verfahren. Ich war traurig. Zurück in Berlin stürzten sich Fragen auf mich wie Stechmücken im Sommer. Hatte ich etwas falsch gemacht? War ich unfair? Dachte ich nur an mich? War das total daneben, immer Klarheit haben zu wollen? Und sollte ich nicht fähig sein, einfach zu vertrauen?

Was mich betrifft, ich kann nicht schlafen, wenn Hunderte von Mücken in meinem Zimmer herumsurren. Sie? Also wollte ich das geklärt haben, Premiere hin oder her. Ich erspare Ihnen die weiteren Versuche meines Freundes, sich herauszuwinden. Ans Licht kam die Liebschaft mit einer anderen Frau, die er zur Premiere eingeladen hatte. Sie arbeitete bei einer Theaterzeitung, das war ihm wichtig, und deshalb bekam sie den Vorzug. Der Dramaturg rief auch noch mal bei mir an und meinte, es täte ihm so leid. Er habe mit meinem Freund Ärger bekommen. Ob ich jetzt auch mit ihm böse sei? Ich versicherte, ich wäre schon im Bilde, doch im weiteren Gespräch erwähnte er eine Frau mit einem ganz anderen Beruf. Ich fragte nach, und er war entsetzt. Ich hätte doch gesagt, ich wisse alles, und nun stimme das gar nicht und er sei wieder der Sündenbock. Das sei ja ein schöner Schlamassel. Ich gab ihm mein Wort, er habe alles richtig gemacht, legte auf und fiel in ein tiefes Loch, ein ganz tiefes Loch. Es hatte also mehrere Frauen neben mir gegeben, und wer weiß, was sich in dieser

Geschichte noch alles verbarg. In dem Loch war es finster, bitterkalt, und das Leben hatte jeglichen Sinn verloren. Er hatte mein Vertrauen mit Füßen getreten, mich mit Füßen getreten. In diesem Loch steckte ich fest und konnte nicht aufhören zu weinen. Ich vertraute ihm nicht mehr. Nach ein paar Tagen, die ich so dahinvegetiert hatte, fiel ein Streifen Licht ins Dunkel meines Loches. Ich erkannte deutlich, was da so hundsgemein wehtat: Ich fühlte mich jetzt so gewöhnlich. Mit dem Glauben, für ihn die Einzige zu sein, war ich die Prinzessin gewesen, die Auserwählte. Ich hatte von goldenen Tellerchen gegessen, war auf Schimmeln geritten und hatte seine reine Liebe empfangen, weil ich eben etwas Besonderes war.

Eine Offenbarung später reihte ich mich zwischen anderen Frauen ein, die auch auf ihre Weise interessant waren und die er nicht minder begehrenswert fand. Ich war entthront. Ich musste zugeben, er hatte mir nie geschworen, dass ich die Einzige sei, wir hatten niemals beschlossen, miteinander durch dick und dünn zu gehen, aber ich war davon ausgegangen.

Wenn ich heute auf die Momente in meinem Leben zurückblicke, in denen ich mir gewünscht habe, dass mein Freund nur mich lieben soll, dann stelle ich fest, dass es eigentlich immer um etwas anderes ging. Er sollte mir mit seiner Treue ein Gefühl von Sicherheit geben und vor aller Welt klarstellen, dass ich etwas Besonderes bin. Unter dem Deckmantel der Liebe hatte ich Treue gefordert und musste nun feststellen, dass es mit Liebe nichts zu tun hatte. *Ist es wahr, dass er treu sein sollte?* Nein, aus meinem liebenden Herzen heraus ist das nicht wahr. Ich möchte, dass es dem Menschen, den ich liebe, gut geht. Wenn Treue nicht auch sein eigener Wunsch ist, dann will ich nicht, dass er treu ist. Was würde das wohl für eine Quälerei sein? Wenn ich an diesem Gedanken festhalte, und mein Freund will nicht treu sein, kann das nur Murks ergeben. Auf keinen Fall ein schönes Leben.

Ohne den Gedanken bin ich frei. Ich muss ja nicht mit jemandem zusammen sein, der nicht treu sein will. Wenn Treue ein hoher Wert von mir ist, suche ich mir einen Partner, für den Treue auch wichtig ist. Zuerst aber möchte ich mir selbst treu sein.

Ohne den Gedanken, dass mein Freund treu sein soll, kann ich ihn unbelastet kennenlernen. Das ist schön. Ich schaue mir an, wer er ist, und liebe das, oder eben nicht. Aber ich sage ihm nicht, wie er sein soll. Das ist bis jetzt noch immer in die Hose gegangen. Ich vertraue darauf, dass ich den richtigen Partner finde, wenn ich genau hinsehen und spüren kann, wer der andere ist, und mich nicht von Wunschdenken leiten lasse. Oder die wichtigen Themen im Gespräch vermeide, weil ich nicht enttäuscht werden möchte.

Ohne diesen Gedanken soll niemand mehr anders sein, als er ist. Das Gezeter hört auf. Man müsste doch…, es gehört sich, dass…, man kann schließlich erwarten…, es wäre besser, wenn… All das verpufft. Das Leben kommt zur Ruhe. Ich muss nichts mehr tun, niemanden ermahnen, belehren, erziehen. Wie schön. Ich kann endlich wahrnehmen, wie mein Partner wirklich ist, und Liebe kann entstehen.

In meinem Loch hatte ich schon erfahren, dass es mir um Treue gar nicht ging. Ich hatte den Druck, etwas Besonderes sein zu müssen, und mein Freund sollte mir das bestätigen.

Heute würde ich fragen: *Brauche ich es wirklich, einzigartig zu sein? Ist es wahr, dass mir jemand anders dieses Gefühl geben muss?* Wie wackelig ist meine Besonderheit, wenn sie immer von jemand anderem abhängt? Von seiner Laune, seinem momentanen Selbstbewusstsein, seiner Fähigkeit, mir zu geben, was ich ersehne. Was muss ich dann alles tun, um ihn bei Laune zu halten, damit er mir jeden Tag zurückmeldet, wie besonders ich bin? Das ist, wie meine Mutter sagen würde, dreimal mit der Kirche ums Dorf. Umständlich.

Etwas Besonderes sein zu wollen schmerzt. Ich kann niemals nur so da sein, muss immer etwas darstellen.

Glaube ich diesen Gedanken nicht, atme ich auf. Jetzt kann ich einfach leben, meinen Interessen nachgehen und herausfinden, wer ich bin. Ich vertraue darauf, dass alles, was ich brauche, um glücklich zu sein, in mir selbst schlummert. Ich muss nicht in eine bestimmte Form passen, keinem Bild entsprechen und darf meinen Impulsen vertrauen. Das führt dazu, dass ich mich selber liebe und ich niemand anderen mehr dafür missbrauchen muss.

Man kann immer neu anfangen

*Es gibt keine Vergangenheit und keine Zukunft,
nur das Jetzt*

Zum Geburtstag hatte ich mir einen neuen Laptop gewünscht. Mein alter nahm sich eine halbe Stunde Zeit, um hochzufahren, Bilder und Webseiten öffneten sich recht gemächlich, und der Akku war schon so am Ende, dass sich der Laptop nicht mehr herumtragen ließ. Auch hatte er seine, na, sagen wir mal, Eigenheiten. An einem Tag sendete er meinen Newsletter und am nächsten wieder nicht. Ich wollte einen Newsletter verschicken, wenn es einen aktuellen Anlass gab, und nicht dann, wenn mein Computer sich dazu bereiterklärte. Manchmal war er tagelang nicht bereit. Es gab auch Zeiten, da fand er das Netz nicht, obwohl der Router drei Meter weiter stand.

Ich verbrachte eine Menge Zeit vor dem Computer, indem ich auf ihn wartete. Es lag also nahe, sich einen neuen zu wünschen.

Mehr Speicherkapazität, höhere Geschwindigkeit, leistungsstarker Akku. Und ein großer Bildschirm zum Filmegucken. Es klang alles herrlich.

Die Familie legte zusammen und kaufte das neue, schicke Gerät. Ich packte es aus, und wow, das war ein großer Bildschirm. Ich stellte ihn auf meinen Schreibtisch und fuhr ihn hoch. In vergleichsweise rasender Geschwindigkeit war er arbeitsbereit. Ein Internetzugang war auch schnell eingerichtet, aber dann kam Sand ins Getriebe. Der Mailordner war nicht übertragbar. Ich bestellte mir einen Internetbastler. Diese Leute, die sich mit solchen Sachen auskennen, dachte ich, die regeln das ruckzuck. Aber selbst er bastelte eine Weile hin und her, löschte das Mailprogramm noch einmal vollständig und spielte ein neues auf. Die Mails bekamen wir trotzdem nicht transportiert. Oder nennt man das synchronisiert? Ebenso meine vielen Adressen. Der Computerprofi verließ meine Laptops und mich mit dem Versprechen, sich noch einmal schlauzumachen. Oh, dachte ich, ein schwerwiegenderes Problem. Eine Weile arbeitete ich mit zwei Laptops auf dem Tisch. Das sah chefig aus, nahm aber Platz und Zeit weg.

Der Profi hatte nach ein paar Tagen immer noch keine Lösung für mein Problem, also fragte ich einen anderen. Der kam vorbei und konnte auch nur mit den Schultern zucken. Geld wollte er natürlich trotzdem. Ich begann, nach und nach die Adressen einzeln zu übertragen. Gute Gelegenheit, sie mal ein bisschen zu sortieren. Allerdings dauerte es ziemlich lange. Zeitweilig schickte ich, der Einfachheit halber, meine Mails wieder vom alten Computer und musste dann feststellen, dass ich mit dieser Methode überhaupt gar nichts vereinfachte. Ich war ständig dabei, etwas zu suchen, hatte eine zusätzliche Zettelwirtschaft ins Leben gerufen, und anstatt meine eigentliche

Arbeit zu erledigen, war ich die meiste Zeit damit beschäftigt, überhaupt erstmal arbeitsfähig zu werden.

So richtig von Herzen freute ich mich nicht über meinen neuen Computer.

Irgendwann aber war es so weit. Ich hatte alle vorhandenen Adressen einzeln vom einen zum anderen Computer hinübergetragen und würde nun endlich unproblematisch Newsletter versenden können. Unterdessen hatte ich aufgrund der technischen Probleme einen aktuellen Anlass ohne Newsletter verstreichen lassen. Mit frischem Mut setzte ich mich vor mein neues Gerät und schrieb einen Text. Ich fügte ein Bild ein, wies auf die nächsten Veranstaltungen hin und dachte auch daran, die Adressen ins bcc zu setzen. Einen prüfenden Blick schickte ich noch drüber und klickte dann auf SENDEN. Die Nachricht war weg … und was ploppte auf? Ein Fenster mit der Mitteilung: »Die Nachricht kann nicht gesendet werden. Fehler 000z6300k893180000ny3« oder so ähnlich. Neeeiiiin!, schrie ich und donnerte mit der Faust auf den Tisch. Neeeiiiin!!!

Ich sprang auf und lief drei Runden durchs Zimmer. Es reichte jetzt! Der Computer sollte mir helfen und nicht zusätzliche Probleme bereiten.

Ich griff zum Telefon und wählte die Nummer von Computerbastler Nummer eins. Als er abnahm, quetschte ich heraus: »Ich entschuldige mich schon mal, falls ich irgendwie komisch klingen sollte, aber ich drehe gleich durch. Ich kann wieder keinen Newsletter verschicken.« Er hatte Verständnis, fragte, was der Computer denn geantwortet habe, als ich die Nachricht versendet hatte, und meinte dann, das wäre ganz einfach. Das konnte ich nicht glauben, hoffte aber trotzdem, dass es stimmte. Ich müsse nur mal in ein spezielles Untermenü gehen, dort zwei Häkchen entfernen, und dann würde es schon gehen. Freundlicherweise blieb er am Telefon, während ich das

Untermenü suchte und die Häkchen entfernte. Dann sollte ich die Nachricht aufs Neue verschicken. Mein Zeigefinger wurde ganz steif, als ich ihm befahl, aufs Knöpfchen zu drücken, solche Angst hatte ich vor einer erneuten Fehlermeldung. Ich bereitete mich vor, dem Schlimmsten ins Auge zu sehen, und presste den Finger auf SENDEN. Die Nachricht verschwand. Sonst nichts. Eine Weile war es still.

Er fragte: »Na?«

Mit schwacher Stimme hauchte ich: »Jetzt geht's … wahrscheinlich.« Ich sah vorsichtshalber noch mal im Ordner »gesendet« nach und wartete ein bisschen, ob nicht doch noch irgendein Fenster aufging, aber alles blieb ruhig. Ich sagte: »danke schön«, er: »gern geschehen«, und dann war ich wieder mit meinem Laptop allein. Ich hätte heulen können und ihn aus dem Fenster werfen, wenn das eine echte Alternative gewesen wäre. Die Nachricht war versendet, es hatte funktioniert. Und doch saß ich auf meinem Schreibtischstuhl, als hätte mir jemand das Blut herausgesaugt. Ich hatte keine Kraft mehr. So viel Zeit hatte ich verplempert, so viel schöne Zeit. So saß ich eine Weile und gab mich meiner Schwäche hin. Ich hörte die Sätze, die durch meinen Kopf tobten. *Ich komme zu nichts. Ich bin von der Technik abhängig.* Oder, noch besser: *Man hat mich abhängig gemacht. Ohne sie kann ich nicht arbeiten, aber mit ihr ist es auch eine Katastrophe.*

Ich starrte in die Luft und zog in Erwägung, mich zu fragen, ob dies alles wahr sei, doch dann fiel mir etwas anderes auf. Vielleicht hatte ich Zeit verplempert, vielleicht auch nicht. Aber was in jedem Fall für mich stimmte: Es war vorbei. Welcher von meinen Gedanken auch immer wahr war – der Vorgang lag in der Vergangenheit und war unwiederbringlich vorbei. Und mit ihm die dazugehörigen Gefühle. Ich war erleichtert. Das bedeutete, ich konnte jetzt neu anfangen. Ich konnte die Tafel meines Lebens immer wieder abwischen und neu beschreiben. Ich konnte meinem Tag und meiner Laune wieder eine neue Richtung geben. Ich konnte sehen: Ich will keine Zeit verplempern. Also fange ich hier neu an und halte nicht an den Gedanken und Gefühlen von eben fest; ich halte nicht an dem Ärger fest, denn das ist auch Zeitverschwendung. Wie fühlt sich dieses Festhalten an? Als würde ich festkleben, unfrei und ausgeliefert. Wenn ich mit Leib und Seele verstehe, dass alles, was eben noch war, jetzt nicht mehr ist, bin ich frei. Es gibt immer nur diesen einen Moment, in dem ich mich gerade befinde. Das Festhaltenwollen ändert nichts daran. Was eben noch war, ist in jedem Fall vorbei. Das ungewollte Zeitverplempern ist längst vorbei, und ich sitze immer noch da und schüttle den Kopf darüber. Ich fahre also fort, Zeit zu verplempern. Ich verlängere mein Leiden mit meinem Festhalten.

Bei Ereignissen, die schon länger zurückliegen, ist es, als würde ich die immer gleiche Suppe wieder und wieder aufwärmen. Total zerkocht. Keine Vitamine mehr drin, keine Nährstoffe, schmeckt nicht, bäh. Sobald ich mir diese Suppe wieder in den Teller fülle, kommt auch die Trostlosigkeit des zurückliegenden Ereignisses wieder auf den Tisch. Den Ärger über die Unlösbarkeit dieses Problems gibt es dann zum Nachtisch.

Oder ich weiß: Es ist vorbei. Ich kippe die Suppe ins Klo. Wenn es vorbei ist und es nur JETZT gibt, kann ich mich fragen: Was brauche ich JETZT? Was würde mir jetzt guttun, in dieser Sekunde? Nur jetzt kann ich etwas ändern, nur jetzt kann ich etwas tun.

Vor zwei Wochen habe ich in meinem neuen Computer mal wieder eine Kontaktadresse gesucht und nicht gefunden. Der alte Computer musste hervorgeholt werden. Der Arme musste hochfahren, und ich musste warten, warten und noch mal warten. Ich hockte davor, und die Erinnerungen an das einstige Drama wurden lebendig. In meiner Erinnerung war aber auch ein Teil versteckt, dem einfiel, dass es eine Lösung gegeben hatte. Und da tauchte sie auch schon auf: Ich wartete hier, das war richtig. Aber gleich war es vorbei, und zwar vollständig. Bis es vorbei war, fragte ich mich: Was könnte mir jetzt guttun? Ich spürte in mich hinein und fand ein Bedürfnis nach Bewegung. Ich reckte einen Arm nach oben und dann den anderen. Ich beugte mich zur rechten Seite und dann zur linken. Das tat gut. Und als ich das nächste Mal auf den Computer sah, war er längst so weit. Die Umkehrung traf zu. Er wartete auf mich. Hatte ich mit meiner Gymnastik etwa Zeit verplempert? Und wenn schon, es war ja vorbei. Vorbei.

Perfekt sein zu wollen bewirkt
das Gegenteil

Wie ist mein Leben mit stressbeladenen Gedanken?

Von Hause aus bin ich Perfektionistin. Meine Eltern werden sicher erstaunt sein, wenn sie diesen Satz lesen, denn als Kind war ich das noch nicht. Ganze Wochenenden verbrachte ich lesend und dösend auf meinem Bett. In der Schule lernte ich eher, wie man sich erfolgreich durchlaviert, als dass mich chemische Formeln oder der Aufbau der sozialistischen Gesellschaft interessiert hätten. Nach zwei Jahren Gitarrenunterricht hatte ich keine Lust mehr auf regelmäßiges Üben und stellte das Instrument in die Ecke. Eine Weile war ich Mitglied in einem Fotozirkel und ging für ein Jahr in einen Tischtennisclub. Mit vierzehn spielte ich in einem Jugendtheater und wurde mit sechzehn schon an der Schauspielschule in Berlin aufgenommen. Auch hier wurde ich noch keine Perfektionistin. Meine Eltern kritisierten, man könne nicht immer nach dem Lustprinzip leben. Ich hatte gar nicht den Eindruck, dass ich das tat. Früh aufstehen, in die Schule gehen, es den Lehrern und Eltern recht machen, um einundzwanzig Uhr zu Hause sein müssen – ich fand nicht, dass ich nach dem Lustprinzip lebte. Das hätte ganz anders ausgesehen. Dann fiel die Mauer, und ich war auf Reisen. In der Fremde verspürte ich plötzlich das Bedürfnis, das, was ich machte, besonders gut zu machen. Es erschien mir wie ein Halt, den ich mir selber geben konnte, ein Ziel im Durcheinander des Umbruchs. Wenn ich schon als Model mein Geld verdiente, wollte ich auch ganz oben mitspielen. Mit diesem Gedanken wurde ich hart. Ich hungerte und ging jeden zweiten Tag ins Fitnessstudio. Dieser Stress machte mein Leben allerdings nicht reicher und mich nicht ausdrucksstärker. Körperlich war ich so perfekt, wie ich nur konnte, aber mein Leben und meine Ausstrahlung litten.

In Paris ging ich aufs Konservatorium. Schon im Schauspielstudium hatte das Singen mich gereizt, und als Pionier hatte ich in einem Chor gesungen. Im ersten Jahr wollte ich es gleich richtig gut machen und übte, bis ich einen kleinen Knoten auf den Stimmbändern hatte. Stimmruhe war angesagt, und ich fiel eine Weile aus. In meinem Gesangsstudium wiederholte sich dieses Muster. Wollte ich es zu gut machen, vernachlässigte ich die Spaßkomponente. Ich vergaß, warum ich eigentlich singen wollte. Das bewirkte, dass ich oft angespannt und nicht mehr mit dem verbunden war, was mir Freude machte. Dennoch hielt ich es für möglich, dass dies ein gangbarer Weg sein könnte. Ich hatte ja schon früh gehört, dass man nicht nur nach dem Lustprinzip leben könne. Als ich diesen Glaubenssatz später hinterfragt habe, stellte sich heraus, dass für mich zwei Arten von Lustprinzipien existieren. In dem einen Fall fühle ich nur oberflächlich, was ich möchte, und gehe immer dem nach, was mir im Moment gerade in den Kopf kommt. In dem anderen Fall spüre ich tiefer, spüre ich meine wirklichen Bedürfnisse. Beim Singen wäre mein wirkliches Bedürfnis gewesen, Freude zu empfinden und zum Publikum zu übertragen. Sobald ich aber glaubte, perfekt sein zu müssen, war die Freude verloren. Wenn die Freude verloren ging, ging auch der natürliche Antrieb verloren, und ich musste vieles, was sich sonst auf natürlichem Wege ergeben hätte, absichtlich herstellen – den Atem, die Phrasierung und den Ausdruck. Das war anstrengend, unlocker und führte in weitere Anspannung. Am Ende führte es dazu, dass ich mich mit den Bedingungen nicht wohlfühlte und keine Sängerin wurde.

Immer wenn ich es in meiner Beziehung besonders perfekt machen wollte, bewirkte ich das Gegenteil. Ich gab mir schrecklich Mühe, Wertschätzung zu zeigen, versuchte, immer offen und herzlich zu sein, überlegte gründlich und nahm mich zurück. Alle spontanen Impulse würgte ich damit erfolgreich ab. Nach einer Weile fühlte ich mich unlebendig. Mit dem Gedanken, perfekt sein zu müssen, hatte ich mich und die Beziehung in eine bestimmte Richtung gelenkt und im Namen einer guten Sache Kontrolle ausgeübt.

Mut zur Lebendigkeit fühlt sich besser an. Ich möchte herzlich sein, wenn ich wirklich herzlich bin, wenn ich es ehrlich spüren kann. Wenn ich mir vornehme, herzlich zu sein, ist das nett gemeint, aber dieser Versuch ist oft anstrengend, und wenn er mich Anstrengung kostet, bin ich nicht wirklich herzlich. Wie gelange ich nun zu ehrlicher Herzlichkeit?

Mein Perfektionswille war nur die Krücke, die ich herangezogen habe, weil ich es gut machen wollte. Aber es geht noch besser. Besser als perfekt? Genau. Ich kann mich fragen, warum ich eigentlich keine Herzlichkeit empfinde, warum ich nicht auf natürliche, selbstverständliche Art und Weise herzlich bin. Ich möchte es ja gerne sein, daran liegt es nicht. Was hindert mich daran, jetzt und hier liebevoll und gütig zu sein? Die Antworten, die sich zeigen, decken mein Glaubenssystem auf. Irgendwo stecken Glaubenssätze, die verhindern, dass ich herzlich sein kann. Meine Klassiker in der Beziehungsfrage sind:

- *Ich kann nicht mit einem Mann zusammenwohnen.*
- *Er schränkt mich ein.*
- *Ich muss Mr Right finden (es gibt ihn irgendwo da draußen).*
- *Ich brauche mehr Abwechslung.*

Solche Glaubenssätze kann ich hinterfragen. Wenn ich sie nicht mehr glaube, lassen sie mich los, und dann ist der Weg frei zu echter Herzlichkeit, für die ich nichts mehr tun muss. Sie wird selbstverständlich fließen und mich keine Anstrengung kosten.

Perfektion ist nur eine Vorstellung meines Verstandes, und ich bin mir nicht sicher, ob sie überhaupt existiert. Eine Situation kann vielleicht für eine Weile perfekt aussehen, aber kaum ändert sich etwas im Gesamtgefüge, ist die Perfektion wieder gefährdet. Was möchte ich denn durch Perfektion erreichen? Möchte ich besser sein als andere? Mich also über andere stellen? Dort oben weht ein kalter Wind, will ich dort wirklich stehen? Will ich jemanden beeindrucken? Mit einem perfekten Aussehen, meiner perfekten Kochkunst, perfekten Leistungen. Oder soll mir keiner an den Karren fahren können? Meist handelt es sich dann um ein Täuschungsmanöver, und am Ende von Täuschung steht Ent-täuschung. Die hat man also vorprogrammiert. Zu dem kommt noch, dass ich, während ich jemanden beeindrucken will, einen echten Kontakt unmöglich mache. Ich will ein spezielles Bild von mir abgeben; der andere soll bestimmte Seiten von mir sehen und andere nicht. Abgesehen davon, dass das oft nicht funktioniert, bin ich *mit* diesem Gedanken auch unfreundlich, und ich lebe immer in der Furcht, die Täuschung könnte auffliegen. Ist das etwa perfekt?

Auch heute kreuzt der Wille zur Perfektion noch hin und wieder meinen Weg. Ich stelle fest, dass ich immer etwas festhalten will, wenn es in mir nach Perfektion ruft. Oftmals möchte ich, dass jemand, der einen guten Eindruck von mir hatte, ihn auch behält. Ich will diesen guten Eindruck festhalten.

Auch wenn ich etwas richtig Perfektes schreiben möchte, wird es nicht gelingen. Ich warte auf die perfekte Stimmung, das perfekte Wetter, den perfekten Moment, die perfekte Idee. Mit diesen Gedanken fange ich also gar nicht erst an. Ich will die Umstände festlegen und festhalten. Das riecht nach Schreibblockade.

Auch als ich meine ersten Vorträge über The Work hielt, wollte ich es besonders gut machen. Ich wollte jedes Detail transportieren können, das mir an dieser Arbeit wichtig ist, wollte nichts vergessen, wollte alles in 90 Minuten unterbringen, wollte optimal auf jeden Teilnehmer eingehen, und vor allem wollte ich, dass alle in meinem Vortrag die Kraft der vier Fragen spüren konnten.

Nach einem Abend mit solchen Gedanken war ich urlaubsreif. Ich spürte, das konnte nicht so bleiben. Ich fragte mich: Wessen Angelegenheit ist es, ob die anderen diese Kraft spüren können? Gesetzt den Fall, ich halte einen anschaulichen Vortrag, ist es nicht wirklich meine Angelegenheit. Menschen brauchen unterschiedlich lange, um zu verstehen. Oft haben Teilnehmer schon andere Methoden kennengelernt und verheddern sich im Wirrwarr der Möglichkeiten. Manchmal sieht es so aus, als würden unterschiedliche Methoden sich widersprechen. Oder jemand ist blockiert an dem Abend des Vortrags und kann sowieso nichts aufnehmen, was auch immer ich erzähle.

Heute nehme ich meine Vorträge als Übung zum Nichtperfektsein. Das ist eine gelebte Umkehrung, und die macht Laune. Ich gebe mir selbst die Erlaubnis, weil ich das so möchte. Ich muss nicht alles in der richtigen Reihenfolge sagen, ich muss es nicht schaffen, dass alle alles verstehen und fühlen können. Ich darf einfach von mir und meiner Arbeit berichten, den Teilnehmern zeigen, was ich liebe, und ich bedränge sie nicht mit meinem Wunsch, dass sie verstehen sollen. Sie verstehen, oder sie verstehen nicht, erzwingen kann ich es sowieso nicht. Ich selbst möchte auch eine gute Zeit haben während meines Vortrags. Ich möchte in meiner echten Kraft sein und offen für das, was geschieht. Wenn ich das echte Leben wähle, will ich nicht jedes Wort parat haben. Dann dürfen Pausen entstehen, darf ich vom Plan abweichen, muss ich nicht auf jede Frage eine befriedigende Antwort haben. Es darf dann auch vorkommen, dass jemand in einer kurzen Work keine Lösung für sich findet. Die Work ist ja keine Tablette, die man einwirft und die verlässlich nach der Zeit X die Schmerzen beseitigt, unabhängig davon, ob man sich dafür öffnet oder nicht. Wenn all das sein darf, kann ich erkennen, wie perfekt das scheinbar Unperfekte ist. Es atmet, bietet Raum, ist stressfrei. Und nicht zu vergessen: Es bringt Freude.

The Work ist eine Meditation II

The Work wirkt nachhaltig

*M*editation kennt man in vielen Kulturen und Religionen. Ziel ist es, Körper und Geist ins Hier und Jetzt zu bringen und ganz im Moment aufzugehen. Der Geist soll sich beruhigen, sich sammeln. Dafür müssen wir nicht zwingend mit verschränkten Beinen auf der Erde sitzen, Buddhisten werden oder Yoga machen, auch im christlichen Abendland gibt es diese Tradition. *Meditatio* nennt man die gegenstandsfreie Anschauung, *oratio* das Gebet und *contemplatio* die geistige Versenkung.

Schon lange, bevor ich die Work kannte, hat es mir eingeleuchtet, dass Meditieren guttut und sinnvoll ist. Ich wollte es lernen und anwenden. Jeden Tag ein paar Minuten, das erschien mir ideal. Zuerst ging ich ins buddhistische Meditationszentrum zwei Straßen weiter. Wir saßen auf Matten auf dem Boden, manche auf Kissen, und einige Teilnehmer legten sich sogar hin. Wozu das führte, hörte man, als es im Raum still wurde. Sobald sie lagen, waren sie auch schon eingeschlafen und schnarchten jetzt in unterschiedlichen Tonlagen. Auch das wurde von dem Meister, der vor uns auf einem Podest saß, freundlich belächelt. Zehn Minuten lauschte ich den »Belehrungen« und fragte mich, wieso man für diese weisen Worte einen nach meinem Empfinden so negativ besetzten Begriff gewählt hatte. Wer ließ sich denn gern belehren? Mir tat der Rücken weh. Mich hinzulegen erschien mir unpassend, zu den Schnarchern wollte ich nicht gehören. Endlich kam der Meditationsteil. Die Anleitung bestand darin, dass der Meister uns einlud, nun leer zu werden. Wir sollten nichts tun und nichts denken. Ich setzte mich noch ein letztes Mal in eine andere Stellung, und dann wurde es noch stiller im Raum. In der Ruhe und im Nichtstun bemerkte ich das Gedankenwirrwarr in meinem Kopf erst recht. Meine Güte, was da los war! Ich konnte fünf Gedankenstränge gleichzeitig verfolgen und auch noch bemerken, dass ich gerade fünf Gedankenstränge gleichzeitig verfolgte. Mir tat der Rücken weh. Wie tat man denn nichts? Irgendetwas tat ich doch immer. Ich sah in die Luft und zu den anderen Meditierenden, bis mir einfiel, dass auch das nicht NICHTS war. Ich kreiste in Gedanken weiter um diese Idee, weit davon entfernt, nichts zu tun. Ich sehnte mich nach einer konkreteren Aufgabe, nach irgendetwas, das nicht NICHTS war. Mein Rücken tat mir so weh, dass ich mit dem Gedanken spielte, die Meditation abzubrechen. In der Pause ließ ich mich in einen Sessel mit Rückenlehne fallen und tauschte mich mit anderen Meditierenden aus. Dass der Rücken am Anfang wehtat, war normal, das würde sich irgendwann geben. Dass die Gedanken am Anfang rasten, war auch normal. Ich sollte einfach weitermachen. Man gab mir einen Prospekt und lud mich ein wiederzukommen. Ich konnte das alles gut verstehen und wusste dennoch: Für diese Art der Meditation war ich nicht gemacht, dafür würde ich keine Geduld aufbringen können. Ich bewunderte alle, die es konnten, verbeugte mich in Richtung Osten und ging.

Die Idee, dass Meditieren mir helfen könnte, zur Ruhe zu kommen, lebte jedoch in mir fort. Eine Freundin zeigte mir das buddhistische Beten. Sie hatte sich einen wunderschönen

Altar zu Hause gebaut, es roch gut, und das, was sie in einer fremden Sprache vor sich hin murmelte, klang auch schön. Ich konnte mir allerdings nicht vorstellen, durch das Sprechen von Gebeten zur Ruhe zu kommen. Ich glaube nicht. Weder auf Deutsch noch in irgendeiner anderen Sprache. Als sie mich am Ende in ihre Gebete einschloss, liefen mir Tränen über die Wangen. Es rührte mich. Und gleichzeitig war ich traurig, weil ich wusste, dass auch diese Methode nicht meine werden würde. Ich war auch traurig, dass ich nicht einfach irgendeine Methode nehmen konnte. Wieso musste ich nun wieder etwas ganz Spezielles finden? Und würde ich es finden?

Ich versuchte es mit verschiedenen Yogarichtungen. Bei einigen beschlich mich das Gefühl, ich solle vor allem lernen, Schmerzen gelassen hinzunehmen. Das war in jedem Fall eine gute Übung, das konnte man immer gebrauchen. Aber Geist und Körper so zur Ruhe zu bringen, dass es für den Alltag taugte, habe ich auch beim Yoga nicht gelernt. Das OM kam mir nur schwer über die Lippen, und bis ich all diese Stellungen mit den indischen Namen auswendig wusste, würde wohl einige Zeit vergehen. Solange ich noch immer zum Lehrer schielen musste, ob ich die Übung auch richtig machte, war ich noch nicht im eigentlichen Yoga angekommen. (Vor ein paar Wochen erst habe ich eine Yogastunde bekommen, die sich einfach nur »leichtes Yoga« nannte. Der Lehrer sagte alles auf Deutsch, mit einfachen Worten. Die Übungen waren gleich beim ersten Mal zu verstehen, und ich habe mich hinterher wirklich gut gefühlt. Einige davon habe ich in mein Sportprogramm aufgenommen. Danke, Chris!)

Ich fragte ein bisschen im Freundeskreis herum und hörte immer wieder das Gleiche. Freunde erzählten, das Meditieren selbst sei schön, wenn man es könne. Wenn sie aber zwei Stunden später in eine stressige Situation gerieten, dann sei es mit der Gelassenheit nicht weit her. Alle wünschten sich, dass die Wirkung der Morgenmeditation über den Tag anhalten möge.

Diesen Wunsch nach einer nachhaltigen Technik höre ich auch in meinen Vorträgen. Dann heißt es, man könne doch nicht immer eine Work machen, wenn Stress auftaucht, und außerdem würde man mit der Überprüfung ja auch immer erst im Nachhinein arbeiten können, wenn man das Problem schon gehabt habe.

Ich habe die Erfahrung gemacht, dass The Work nachhaltig wirkt. Mit jeder neuen Überprüfung glaube ich meinen stressigen Gedanken ein Stück weniger. Und nicht nur dem einen, den ich gerade bearbeite, ich glaube insgesamt nicht mehr so an den Wahrheitsgehalt meiner stressvollen Gedanken. Zu oft habe ich erfahren, dass die Realität freundlicher war als meine Gedanken über sie. Für mich ist die Work eine Meditation, weil ich schon währenddessen meine Aufmerksamkeit klar ausrichte. Ich bin voll und ganz bei einer Sache. Sie ist für mich eine Meditation, weil ich still werden möchte. Nur in dieser Stille kann ich die vergessenen Antworten hören. Wenn meine stressigen Gedanken mich loslassen, tritt Frieden ein, und es ist, als hätte jemand einen Entschleuniger angestellt. Die Gedanken rasen nicht mehr als dunkle Gewitterwolken durch meinen Kopf, sie drängeln und schubsen nicht mehr, sie drohen nicht mehr mit Blitz und Donner. Als Quellwölkchen stehen sie nun friedlich am Himmel und lassen mich einfach tun, was gerade zu tun ist. Ich kann mich wieder dem widmen, was vor mir liegt, und sei es der Abwasch.

Ich kann die Temperatur des Wassers fühlen; wie das Wasser sich um meine Hände herumlegt, der Schaum des Spülmittels mich kitzelt und wie es riecht. Der Schwamm liegt gut in meiner Hand, und ich liebe es zu sehen, wie mein Topf sauber wird. Klares Wasser perlt am Ende in ihn hinein und spült noch die letzten Schaumreste fort. Langsam sehe ich sie im Ausguss verschwinden. Ich bin vollständig im Hier und Jetzt. Meine Gedanken sind nirgendwo anders als bei dem, was ich vor mir habe. Von der Workmeditation bin ich direkt in die Abwaschmeditation hinübergeglitten.

Ohne mein stressiges Gedankengedrängel kann ich alles, was ich tue, genießen. Meine Sinne sind offen, Körper und Geist im Einklang. Ich erkenne all die Kleinigkeiten und den Reichtum, der in ihnen steckt. Das Leben ist nicht eingeteilt in Meditation auf der einen Seite und Alltag auf der anderen. Von der Abwaschmeditation kann ich zur Telefonmeditation übergehen, von da in die Schreibmeditation, in die Kindabholmeditation und dann in die Einkaufsmeditation. Von dort gelange ich direkt zur Meditation des Abendbrotmachens und der Kindinsbettbringmeditation. Ich gebe mich vielleicht noch einer ausgiebigen Lese- oder Fernsehmeditation hin, bis mich der Abend automatisch in eine Schlafmeditation führt.

Ich habe keine Probleme, wenn ich keine mache

In jeder Situation steckt etwas Gutes

Wie oft am Tag sagen Sie: »ach nein!«, »wie blöd!«, »das darf doch nicht wahr sein!« oder stöhnen einfach, wenn etwas Unerwartetes geschieht, das Ihnen nicht gefällt? Wenn Sie in einen Stau geraten, jemand zu spät kommt, das Essen anbrennt, technische Geräte nicht funktionieren, Sie etwas vergessen haben oder irgendetwas nicht so klappt, wie Sie es sich vorgestellt haben.

Wenn Sie so etwas ausrufen, steht dahinter ein stressiger Glaubenssatz. Sie glauben, dass Ihnen die Situation, so wie sie ist, einen Nachteil bringt. Ihr Gehirn zeigt Ihnen Bilder, auf denen Sie, wenn auch vielleicht nur bruchstückhaft, den Nachteil vor sich sehen, der Ihnen nun blüht. Das hat Schlechte-Laune-Potential.

Angenommen, Sie würden jeden stressigen Gedanken, der auftaucht, immer sofort hinterfragen. Dann könnten Sie sehen, dass in jeder Situation, die Sie für blöd und unpassend gehalten haben, etwas Gutes für Sie steckt.

Wenn ich heute auf Vergangenes zurückblicke, kann ich immer etwas finden, das in der damals schwierigen Situation für mich heute gut ist.

Warum nehmen wir nicht die Abkürzung? Warum suchen wir nicht sofort nach dem Guten, das in jeder Situation steckt?

Vor einigen Monaten gab ich ein Seminar zum Thema »glückliche Beziehungen« in Berlin. Wie immer war ich eine Stunde vorher da, kochte Kaffee und Tee, lüftete, machte Musik an und bereitete alles vor. Gegen neun Uhr dreißig trudeln samstags normalerweise die ersten Teilnehmer ein. Auf meiner Uhr war es halb zehn, und noch war keiner da. Ich sah meine Unterlagen noch einmal durch und trank selbst eine Tasse Tee. Noch immer keiner da. Ich sah auf die Uhr: neun Uhr fünfundvierzig. Ich begann mich zu fragen, ob meine Uhr nicht die richtige Zeit anzeigte, ich nicht im richtigen Wochenende war oder auf welche Weise ich sonst nicht deckungsgleich mit den Teilnehmern meines Kurses liegen könnte. Um drei Minuten nach zehn klingelte es endlich. Eine Teilnehmerin stürzte herein. Ich wollte schon erleichtert aufatmen, da rief sie außer Atem: »Hier bist du ja!« Wie Sie sich denken können, verstand ich nur Bahnhof. Ich hatte mich ja nicht versteckt. »Ich wusste, dass es nicht sein kann!«, schnaufte sie und erklärte: »Unten an der Eingangstür des Seminarzentrums hängt ein Zettel, auf dem steht, dass deine Veranstaltung ausfällt.«

Ich sagte zwar nicht: »Das darf doch nicht wahr sein« oder »wie blöd«, aber überrascht war ich schon. Ich sauste die vier Treppen hinunter und tatsächlich, da klebte es schwarz auf weiß. Mein Kurs fiel aus, weil ich krank war. Ich machte den Zettel ab und sauste wieder nach oben. Während ich die Stufen nahm, fiel mir ein, dass ich heute Morgen mein Handy zu Hause vergessen hatte. Auf meinem Roller war es mir während der Fahrt klar geworden, aber ich war nicht umgekehrt. In letzter Zeit hatten Nachrichten über Abhängigkeit von Handys und Smartphones mein Gehirn geflutet. Und ausgerechnet heute Morgen hatte ich gedacht: Na, du wirst wohl *einmal* ohne dein Handy auskommen.

Zurück im Seminarraum bat ich die Teilnehmerin, die dem Zettel keinen Glauben geschenkt hatte, hier die Stellung zu halten, und brauste nach Hause. Dort lag mein Handy mit den Nummern der Teilnehmer. Mein Körper fühlte sich elektrisiert an. Ich war ohne stressige Gedanken, stattdessen voller Neugier, wie dieses Abenteuer wohl ausgehen würde. Es waren Menschen aus ganz Deutschland angereist, um mein Seminar zu besuchen, und irgendwo waren sie noch hier in der Stadt. Natürlich raste auch die Frage durch meinen Kopf, wer diesen Zettel dort angebracht hatte, und vor allem: Warum? Da ich dies gerade wirklich nicht beantworten konnte, beschränkte ich mich darauf, so schnell wie möglich nach Hause zu gelangen. Dort angekommen hatte ich schon Wünsche für gute Besserung auf meinem Telefon. Ich telefonierte, mailte, appte und hatte nach einer Stunde alle beisammen. Wir verabredeten uns für einen Kursbeginn um zwölf Uhr, und als ich wieder im Seminarraum ankam, herrschte ausgelassene Stimmung. Niemand war böse oder ärgerlich. Man spielte Detektiv, suchte den Täter und das Motiv. Ich spürte eine warmherzige Anteilnahme, und vor allem waren alle froh, dass das Seminar nun stattfand. Wir hängten die fehlenden Stunden hinten ran und hatten durch diesen Zwischenfall das Gefühl, noch stärker verbunden zu sein als bei einem normalen Seminar. Noch Wochen später bekam ich Mails mit der Frage, ob der Schuft gefunden worden sei, der den Zettel angebracht hatte. Die Teilnehmer hatten Befürchtungen, dass da jemand herumgeisterte, der mir etwas Böses wollte. Ich selbst hatte nicht eine Sekunde lang ernsthaft geglaubt, dass irgendjemand mich aufhalten könnte, Seminare zu geben. Es sei denn, niemand möchte mehr wissen, wie man in Frieden lebt, sich selbst lieben kann oder wie man zu einem wirklich schönen Leben findet.

Da ich nicht geglaubt habe, dass mir dieser Zettel einen Nachteil bringen würde, hatte ich meine gute Laune behalten, mein Kopf war klar geblieben, und ich hatte alles so organisieren können, dass das Seminar stattfand und für alle ein gutes Seminar wurde.

Wie wäre es wohl gelaufen, wenn ich an den Nachteil geglaubt hätte? Ich wäre mit Sicherheit wütend gewesen, hätte mich in Theorien verstrickt, wer derjenige gewesen sein könnte und was wohl der Grund für sein Handeln war. Vielleicht hätte ich vor dem großen Unbekannten Angst bekommen und an jeder Ecke einen »Überfall« erwartet. Vielleicht hätte ich mich dazu hinreißen lassen, das halbe Seminar zu verdiskutieren, anstatt den Teilnehmern meine Lieblingsmethode beizubringen. Da wir mit dem Diskutieren auch nicht weitergekommen wären, wäre ich sicher unzufrieden nach Hause gegangen.

Wenn ich glaube, da ist ein Problem, dann habe ich ein Problem. Wenn nicht, hab ich keins.

Ich habe mir angewöhnt, immer gleich nach dem Guten zu suchen. Und ich kann mir sicher sein, dass es dieses Gute gibt. Bis jetzt bin ich immer fündig geworden. In dem seltenen Fall, dass ich nicht sofort etwas finde, gehe ich trotzdem davon aus, dass dieser Vorteil existiert. Ich kann ihn dann nur gerade nicht sehen. Auf diese Weise falle ich nicht in den Problemmodus, und meine Laune und meine Kraft bleiben erhalten. Mein Herz bleibt offen, mein Verstand klar. Und dies ist immer der beste Zustand, um auf mögliche Hindernisse zu reagieren.

Allerspätestens, wenn ich mich rufen höre: »Das darf doch nicht wahr sein! Wie blöd! Ach nein!«, erinnere ich mich daran: Ich habe keine Probleme, wenn ich keine mache.

Antrainierte Freundlichkeit

Eine Work zu dem Glaubenssatz:
Die Welt sollte so nicht sein

*I*ch bin auf Lesereise in einer großen Stadt, habe im Hotel eingecheckt – eine riesige Hotelanlage mit zwölf Etagen – und betrete mein Zimmer. Ich bin in Zimmer 753 auf der 7. Etage untergebracht. Schwer fällt die Tür hinter mir ins Schloss. Ich stelle den Koffer ab, gehe ans Fenster und genieße die Aussicht über die Stadt. Mir fällt ein, dass ich vergessen habe, nach dem Internetzugang zu fragen, und so greife ich zum Telefon und wähle die Nummer der Rezeption. Es nimmt jemand ab. Gerade möchte ich Guten Tag sagen und meine Frage loswerden, da kommt mir die Rezeptionistin zuvor: »Einen wunderschönen guten Tag, Frau Rudolph, wie kann ich Ihnen behilflich sein?«

Ich bin verblüfft. Sie weiß meinen Namen. Und sie klingt, als läge sie mit Cocktail und Lottogewinn am Strand und hätte die Laune ihres Lebens. Hatte sie nicht eben noch Anmeldungen sortiert, Koffer nach hinten gestellt, Formulare ausgefüllt und einen Techniker gerufen?

»Frau Rudolph?«

»Ja«, stammle ich, »ich, äh, wollte eigentlich nur wissen, wie ich ins Internet komme.«

Ihrer Antwort schickt sie ein helles Gelächter voraus: »Das ist ganz einfach, Frau Rudolph ...« Dann beantwortet sie meine Frage. Leider bringe ich es nicht fertig zuzuhören, so sehr bin ich im Bann ihrer Stimme. Sie hört sich an wie ein Anrufbeantworter, der sich Mühe gibt, weich, warm und fröhlich zu klingen. Sie hat es drauf, ihre Satzmelodie am Ende so hochschnellen zu lassen, als würde sie mir mit ihrer Stimme zuzwinkern. Als würde sie mit jedem Wort sagen wollen: Es ist kinderleicht. Freuen Sie sich. Wir machen alles für Sie. Freuen Sie sich. Freuen Sie sich.

»Frau Rudolph, kann ich sonst noch etwas für Sie tun?« Ich bin verwirrt, müsste fragen: Bitte, wie noch mal?, und traue mich nicht. »Nein danke«, sage ich und will auflegen. Sie haucht: »Einen wunderschönen Tag noch für Sie.« Ich lege auf und falle aufs Bett. Davon muss ich mich erst mal erholen. Muss man in so einem großen Hotel denn vorgeben, den Gast zu kennen? Oder alle Namen zu wissen? Warum reicht ein normalfreundlicher Umgang nicht, und wieso muss ich einen wunderschönen Tag haben? Ich fühle mich unwohl. Das kann nicht ihre Absicht gewesen sein.

Dieser bemüht freundliche Ton ist mir in letzter Zeit so häufig in Supermärkten, Kinos und öffentlichen Einrichtungen begegnet, dass es mir vorkommt wie eine Epidemie. Ich sehe die Schulung vor mir, durch die diese Mitarbeiter gegangen sind. Eine Woche lang saßen sie in klimatisierten Konferenzräumen und haben vom Flipchart gelernt, wie man mit Kunden umgeht. Sie haben Kundenansprache, Kundenpflege, kundenorientierte Nutzenargumentation gelernt und Stimmtraining für Verkäufer bekommen. Über allem steht: Der Kunde ist König. Kein einziges Wort kommt mehr spontan, alles auswendig gelernt. Und ich bin der Kunde.

Mir ist eiskalt. Wollen wir so leben? Wollen wir so eine Welt aufbauen? Alles steril, dafür superkorrekt. Was haben wir davon? Können Unternehmen nicht Geld für Schulungen ausgeben, in denen ihre Mitarbeiter lernen, wie sie glücklich werden? Wenn sie glücklich sind, machen sie ihre Arbeit sowieso gern und sind von Herzen freundlich. Sie brauchen sich nicht verstellen, ihre Stimme nicht künstlich modulieren, nicht so tun, als ob. Viel weniger Stress, weniger Krankheiten, weniger Ausfälle für den Arbeitgeber.

Ich springe vom Bett auf. Das ist eine gute Idee. Ich zupfe meinen Kalender aus dem Koffer und notiere mir das als Seminarangebot für Unternehmen. Und doch – ein fader Geschmack bleibt. Ich möchte nicht immer so ausgeliefert sein, wenn mir dieses Muster begegnet. Ich möchte mich nicht ärgern. Ich suche nach dem Glaubenssatz, der hinter diesem Ärger stehen könnte. Als Erstes fällt mir ein:

Die Welt sollte so nicht sein.

Sofort kann ich spüren, wie es sich anfühlt, wenn ich das glaube. Verzweifelt. Ich kann ja nicht mit allen Menschen, die mich wie einen Kunden behandeln, diskutieren und sie zum Besseren bekehren. Das schaffe ich niemals.

Überheblichkeit kann ich in dem Gedanken auch finden. Wieso glaube ich, den Menschen sagen zu müssen, was sie tun sollten? Haben sie mich nach meiner Meinung gefragt? Woher weiß ich, dass mein Weg der bessere ist?

Ich lasse mich wieder aufs Bett fallen und starre an die Decke. *Und wenn ich diesen Gedanken nicht glauben würde?* Ich atme tief durch und spüre, wie schwer es mir fällt, mich darauf einzulassen. So fest glaube ich daran, dass die Welt besser wäre ohne antrainierte Freundlichkeit. Ich bleibe einfach liegen und warte, was auftaucht. Als Erstes taucht die Gewissheit auf, dass ich ohne diesen Gedanken in meiner Angelegenheit bleiben könnte; ich könnte auf mich schauen.

Das fühlt sich immer besser an, als anderen zu sagen, was sie tun sollen, damit ich mich wohlfühle. So gleite ich direkt in meine erste Umkehrung und spüre deutlich:

Meine *Welt sollte so nicht sein.*

Das stimmt. Ich möchte ehrlich sein. Ich möchte mir keinen Schutzschild aus Freundlichkeit vorhalten. Ich will diese Kühle nicht ausstrahlen.

In dem Moment, wo ich »Schutzschild« und »Kühle« denke, bemerke ich auch, dass dies meine Interpretationen sind. Ich weiß gar nicht, warum die Rezeptionistin so spricht und ob das für sie ein Schutzschild ist. Die Schulungen waren eine Phantasie in meinem Kopf, ich war noch nie auf so einer Schulung. Ich halte es nur für sehr wahrscheinlich, dass es sie gibt. Für so wahrscheinlich, dass ich allen, die so sprechen, unterstelle, dass sie es nicht freiwillig tun. Jetzt bin ich neugierig. Gern würde ich die Rezeptionistin anrufen und danach fragen. Aber geht das? Puh, in welche Worte soll ich das kleiden? Das sieht nach einer kniffligen Aufgabe aus. »Guten Tag, ich möchte Sie gern etwas fragen, ich weiß aber nicht, wie ich es formulieren soll, ohne Sie zu beleidigen. Können Sie mir bitte versprechen, nicht beleidigt zu sein?« Ich muss lachen. So geht's nicht.

Da kann ich mal sehen, wie schwierig es ist, wenn man freundlich sein will. Und das will ich.

Ich bin mächtig abgeschweift und hole mich zurück zu meiner Umkehrung. *Meine Welt sollte so nicht sein.* Kann ich dafür Beispiele finden? Wo und wann bin ich freundlich, obwohl ich das gar nicht so empfinde? Gibt es solche Momente in meinem Leben? Meine erste Antwort ist Nein. Ich halte mich für dermaßen ehrlich und integer, dass ich glaube, niemals etwas vorzugeben, was ich nicht bin. Da bin ich gespannt, genauer hinzuschauen, und rase in Gedanken durch mein Leben. Die Rezeptionistin ist hier bei der Arbeit. Es hat also auch für mich Sinn, in Arbeitszusammenhängen nachzuforschen. Und ich muss gar nicht lange suchen. Sieh mal an. Gestern erst, auf meiner Lesung, hatte ich am Tisch vor mir ein Publikum, das hätte ich gern zum Mond geschickt. Sie unterhielten sich, während ich las, knisterten mit Tüten und blätterten in Büchern. In einem Meter Abstand zu mir. Das fand ich frech. Und was habe ich gemacht? Ich war kurz davor, sie zu bitten, sich anderswo zu unterhalten, ganz kurz davor. Hab ich aber nicht. Ich habe woandershin geschaut und mir vorgenommen, in der Pause mit ihnen zu sprechen. Hab ich dann aber auch nicht. Warum? Weil ich so Glaubenssätze herumtrage wie: Ich muss mit so etwas zurechtkommen können, oder: Wenn es die anderen nicht stört, darf es mich auch nicht stören. Außerdem habe ich nicht immer Lust, mich anzulegen. An manchen Abenden müsste ich, wenn ich ehrlich wäre, alle paar Minuten jemanden bitten, nicht zu knistern, nicht zu reden, nicht zu telefonieren oder mich während der Lesung nicht mit seinem Smartphone zu fotografieren. Das will ich nicht. Ich ziehe es vor, mich locker zu machen.

Ich sehe, ich habe meine Gründe, warum ich nicht immer und an jeder Stelle ehrlich bin. Und so ist es für andere vermutlich auch, sie haben ebenfalls ihre Gründe. Jetzt, da ich das verstehe, kann ich die Rezeptionistin sein lassen, wie sie ist. Ich verspüre nicht mehr das Bedürfnis, ihr zu sagen, dass sie anders sein soll. An diese Stelle ist Respekt getreten, Respekt vor ihren Gründen. Und ich brauche diese Gründe nicht einmal zu kennen. Wenn mir das nächste Mal so ein Ton in die Quere kommt, hab ich also mehrere Möglichkeiten. Ich kann schauen, ob dies eine passende Gelegenheit ist, um denjenigen zu fragen, warum er so spricht. Ob er das irgendwo gelernt hat. Das frage ich aber wirklich nur, wenn ich in der Situation das Gefühl habe, dass es passt. Weiterhin kann ich überprüfen, ob ich mich selbst wieder für so unantastbar halte, dass ich mir herausnehme, den anderen zu kritisieren – und sei es nur in Gedanken. Wenn ja, kann ich nach einem weiteren Beispiel suchen, wo ich selbst nicht authentisch war. Das kann helfen. Außerdem könnte so eine Situation eine Erinnerung daran sein, wie gut ich es habe. Ich muss nicht am Tag hundertmal dieselben Sätze sagen. Ich muss nicht den ganzen Tag lächeln. Ich möchte auch freundlich sein – aber ich muss nicht. Es tut gut, das noch mal so klar vor Augen zu haben.

Ich sehe auf die Uhr. Gleich ist es Zeit, sich für den nächsten Auftritt zurechtzumachen. Vorher muss ich noch im Internet nachsehen, wo ich eigentlich hinmuss. Kann ich noch eine zweite Umkehrung finden? Ja klar.

Die Welt sollte so sein.

Warum könnte es sein, dass genau diese Stimme, genau dieser Tonfall für mich richtig war, so wie er war?

Ich bin dafür dankbar, weil ich erkennen konnte, dass ich dabei war, mich zu verirren. Dass ich drauf und dran war, andere zu belehren und ihnen gute Ratschläge zu geben. Außerdem hätte ich mein Wohlergehen beinahe wieder von dem Verhalten anderer Leute abhängig gemacht.

Zum Glück habe ich die vier Fragen und kann sie mir immer stellen, meine vergessenen Antworten finden und wieder frei sein. Die Welt sollte so sein, weil jeder selbst entscheiden soll, wie er spricht. Ich jedenfalls möchte nicht diejenige sein, die es anderen vorschreibt. Ich bin froh, dass mir das wieder klar ist.

Ich gehe zum Telefon und hebe den Hörer ab.

»Einen wunderschönen guten Tag, Frau Rudolph. Wie kann ich Ihnen behilflich sein?«

»Verzeihen Sie bitte, könnten Sie mir noch mal sagen, wie ich ins Internet komme?«

Die Rezeptionistin schickt ihrer Antwort ein helles Gelächter voraus. »Das ist ganz einfach, Frau Rudolph…« Dann beantwortet sie meine Frage. Ich schreibe mit. Ohne den Gedanken, dass sie anders sein müsste, kann ich nämlich auch hinhören. Und dann ins Internet. »Frau Rudolph, kann ich sonst noch etwas für Sie tun?« »Nein danke«, sage ich und warte auf den Satz mit dem wunderschönen Tag. Sie haucht: »Einen wunderschönen Tag noch für Sie.« Voilà. Nun aber los. Ich werfe meinen Computer an, suche die passenden Kleidungsstücke heraus und verziehe mich mit dem Make-up-Täschchen ins Bad. Ich freue mich auf meine nächste Lesung. Auch wenn es vorkommt, dass Leute knistern, reden, telefonieren und fotografieren. Ich muss nicht immer total ehrlich sein. Ich darf so ehrlich sein, wie es mir im jeweiligen Moment gerade passt. Am wichtigsten ist mir, mit mir selber ehrlich zu sein. Keine einfache Sache. Aber ich freue mich darauf, in diesen Schattierungen zu surfen, sie zu spüren und auszuloten.

In was kann man vertrauen?

Wie findet man die Umkehrungen?

Vertrauen ist wichtig. Beim Coaching stelle ich immer wieder fest, wenn jemand vertrauen kann, fühlt er sich eingebettet in das Geschehen der Welt, und alles ist gut. Wie kann man Vertrauen denn verlieren? Und wie gewinnt man es? Und vor allem: In was genau vertrauen wir?

Im letzten Jahr habe ich mir mit einer Freundin einen Kurzurlaub gegönnt. Wir fuhren nach Rügen. Sonne, Salzgeruch und ein herber Wind begleiteten uns auf unserem ersten Spaziergang, und am nächsten Tag schliefen wir so lange, dass wir das Frühstück verpassten. Wir warfen uns ins Auto, neugierig, wo wir zum Frühstück landen würden. Uns schwebte ein kleines gemütliches Café vor oder ein uriger Dorfbäcker. Wir fuhren und fuhren. Kneipen hatten noch nicht auf, Cafés wochentags zu. Uns knurrte der Magen. Nach zwei Stunden Suchen waren wir so weit: Uns war Romantik egal. Wir hatten Hunger und Kaffeedurst und waren beide der Meinung, dass es jetzt nichts brachte, auf idealen Verhältnissen zu bestehen. Wir parkten an einem Supermarkt und hofften auf einen integrierten Bäcker mit Kaffeeausschank. Wir wurden nicht enttäuscht. Es gab sogar eine Sitzecke mit drei Tischen und Stühlen drum herum. Leider waren sie alle besetzt. Nun, da unser Ziel zum Greifen nah war, lohnte es sich wieder, ein Ideal anzustreben.

Wir standen herum und hofften darauf, dass ein Tisch frei wurde. Bis es so weit war, konnten wir das Angebot studieren und uns entscheiden, was wir nehmen würden. Dann, ja dann wäre alles ziemlich perfekt. Ich stand an der Theke, schielte immer mal wieder zu den Tischen hinüber, dann wieder zu den Croissants und den belegten Brötchen. Plötzlich stand jemand auf. Als müsste ich eine Beute erlegen, war ich mit drei Riesenschritten beim Tisch und war glücklich. Ich hatte es geschafft. Nun stand unserer Feriengemütlichkeit nichts mehr im Weg. Ich winkte meiner Freundin und strahlte. Aber womit sollte ich den Tisch reservieren? In der einen Hand hielt ich den Autoschlüssel und in der anderen mein Portemonnaie.

Als wir unser Feriendomizil verließen, hatte ich nicht groß nachgedacht, wir waren schließlich im Urlaub. Ich hatte mein Portemonnaie gegriffen und den Autoschlüssel, und wir waren losgebraust. In der Geldbörse befanden sich 300 € (davon wollte ich die Unterkunft bezahlen) und sämtliche Karten und Ausweise.

Ich entschied mich für das Portemonnaie. Mein Zögern wischte ich beiseite, es waren ja nur drei Schritte bis zur Theke. Am Tisch rechts saßen zwei ältere Damen und links drei Bauarbeiter. Ich sah zu beiden Gruppen hinüber, hatte Blickkontakt, zeigte auf unser erobertes Tischchen und sagte mit einem Lächeln: »Besetzt.« In meiner Erinnerung hatten sie alle zustimmend genickt. Mit drei Schritten war ich zurück an der Theke, bestellte einen Kaffee, ein Croissant und ein Eibrötchen und sah zu unserem Tisch zurück. Das schwarze Häufchen, das mein Portemonnaie gewesen war, lag nicht mehr dort. Mir wurde heiß. Das konnte nicht sein. Ich stürzte zum Tisch, fasste auf die Stelle, auf der meine Habseligkeiten gelegen hatten, und rechts und links vom Tisch auf die Stühle und das Fensterbrett – mein Portemonnaie war weg. Ich sah zu den älteren Damen hinüber und wollte sie gerade fragen, ob sie etwas gesehen hätten, als mir die Sinnlosigkeit dieser Frage bewusst wurde. Ich blieb am Tisch stehen. Der Ärger machte mich stark, der Verlust schwach, und mein Kopf war leer. Das Einzige, was ich wusste, war: Ich war nicht bereit, kampflos aufzugeben. Ich atmete einmal durch und sagte laut und deutlich: »Vor dreißig Sekunden habe ich meine Geldbörse hier hingelegt. Es ist niemand rein oder raus gegangen, also ist sie hier noch.« Alle sahen mich an. Die alten Damen, die Bauarbeiter, die Verkäuferin an der Backtheke, meine Freundin, die Leute in der Schlange. »Würden Sie bitte alle Ihre Taschen ausleeren?« Ein wildes Gemurmel erhob sich, man war empört. »Ich kann auch die Polizei rufen«, sagte ich und glaubte noch immer, dass jemand mein Portemonnaie wieder auf den Tisch legen würde. Alle zeigten ihre Taschen vor, stülpten Anoraktaschen um, und eine ältere Dame meinte, ich könne sie gern auch abtasten. Wie zähflüssiger Schleim sickerte die Erkenntnis zu mir durch, dass ich keine Mittel hatte, um den Täter zu überführen. Der herbeigerufene Filialleiter meinte, er würde alle, die hier säßen, kennen und sich für sie verbürgen. Er könne auch nichts machen, außer die Polizei zu rufen.

Ich setzte mich an das Tischchen, das ich mir so teuer reserviert hatte. Die Polizei rufen wäre also der nächste Schritt. Ich fühlte einen Unwillen, die Polizei antreten zu lassen, vielleicht noch mit aufs Revier zu müssen und den halben Urlaubstag mit diesem Vorfall zu verbringen. Urlaub hatte ich machen wollen, Kaffee trinken, Brötchen essen und dann den Kopf auslüften. Der Filialleiter stand neben mir und wartete, wie ich mich entscheiden würde. Wenn wir die Polizei riefen, hieß das ja nicht unbedingt, dass ich meine Geldbörse wiederbekäme. Ich hob den Kopf zu ihm auf und sagte: »Lassen Sie mal.« Und:

»Sie wissen jetzt jedenfalls, dass hier jemand klaut.« Damit erhob ich mich und warf in die Runde: »Sie wissen ja, wer's war. Und Sie wissen, dass es Ihnen nicht gehört.« Kaum hatte ich das gesagt, tauchte die Umkehrung auf. Mir gehörte es jedenfalls auch nicht mehr. Ich hatte es liegen gelassen, jemand hatte es genommen, und nun gehörte es ihm. Zeit loszulassen.

Ich sah uns in bedrückter Stimmung den Rest des Urlaubs verbringen und mit hängenden Köpfen nach Hause fahren. Ich war mir sicher: Für das Loslassen würde ich ein paar Tage brauchen.

Ach ja? Würde ich ein paar Tage brauchen? *Ist es wahr, dass es einer gewissen Zeit bedarf, um sich von einem Verlust zu erholen?* Ich ließ diese Frage in mich einsinken. Im Gegenentwurf würde ich jetzt sofort loslassen und hätte noch einen schönen Urlaub. Wenn nicht, waren die Geldbörse weg UND der Urlaub versaut. Nun war ich neugierig: War es möglich, sofort loszulassen? Ich spürte ein Verlangen in mir aufsteigen, den Rest des Urlaubs noch zu genießen.

Meine Freundin setzte sich zu mir, schüttelte den Kopf und sagte: »Man kann niemandem mehr trauen.« Ich sah sie an. Es schien so offensichtlich, dass sie Recht hatte. Wenn ich diesem Gedanken Glauben schenkte, würde mich mit sofortiger Wirkung eine bodenlose Traurigkeit befallen, ein Abgrund zöge mich hinab. Das wollte ich nicht. Ich war ja gerade dabei zu erforschen, ob ich meinen Urlaub nicht einfach fortsetzen konnte. »Lass uns mal schauen«, sagte ich. *»Ist es wahr, dass man niemandem mehr trauen kann?«* Meine Freundin kennt und schätzt die Work und ergreift gern die Gelegenheit, ihre Gedanken zu überprüfen. Wir saßen an unserem Tischchen, ließen die Frage wirken, und sie sagte: »Nein. Es gibt Leute, denen ich vertrauen kann. Dir zum Beispiel.« Die erste Antwort, die in mir auftauchte, war: »Wenn ich Vertrauen auf diese Weise verstehe, dann war es zu keiner Zeit seit Erdenbestehen möglich, irgendjemandem zu vertrauen.« An einem öffentlichen Platz seine Geldbörse herumliegen zu lassen war sicherlich schon immer mit Risiko verbunden. Diese erste Frage der Work öffnete für mich eine weitere Frage. Ich sah zu meiner Freundin hinüber: »Was ist Vertrauen überhaupt? Wir sprechen so viel darüber und wünschen, dass man uns vertraut und dass auch wir vertrauen können.« Wir versanken wieder in unsere Überlegungen.

Ich kenne Menschen, die haben hohe Idealvorstellungen, wollen nur auf das Gute vertrauen, sehen die Realität nicht und werden somit immer wieder enttäuscht. Aus so einer ähnlichen Einstellung entspringt wohl auch der Gedanke: »Man kann niemandem mehr trauen.« Dahinter steht die Idealvorstellung, dass Menschen nicht stehlen sollten. Realität ist: Es wird gestohlen. Jeden Tag. Überall.

Wenn ich hingegen Vorstellungen habe, die näher an der Wirklichkeit sind, wenn ich sehe und liebe, wie die Welt wirklich ist, dann habe ich ein realistischeres Gespür dafür, wem oder in was ich vertrauen kann. Die Wahrscheinlichkeit ist hoch, dass jemand in der Fremde ein liegen gelassenes Portemonnaie einsteckt. Wenn meine Freundin es genommen hätte, wäre ich allerdings überrascht gewesen. Ich kann darauf vertrauen, dass es immer und überall Menschen gibt, die stehlen. Auf dieses Wissen kann ich vertrauen. Und ergo ist es besser, das Portemonnaie in der Fremde nicht liegen zu lassen. Meine Freundin war wohl auf einem ähnlichen Gedankenpfad gelandet, denn sie sagte:

»Ich kann zum Beispiel darauf vertrauen, dass, wenn ich auf meinen Freund Druck ausübe, er zurückweichen wird.« Wir lachten.

»Ist das nicht sogar ein physikalisches Gesetz?«, fragte ich.

Sie konterte: »Sind wir jetzt nicht schon bei der Umkehrung gelandet?«

»Na ja«, sagte ich, »streng genommen ist es keine Umkehrung.«

»Wieso?«, fragte meine Freundin.

»Dein stressiger Glaubenssatz hieß doch: *Man kann niemandem mehr trauen.* Oder?«

Sie nickte.

»Meist drehen wir den Ausgangssatz zuerst zu uns selber um, also:

ICH kann niemandem mehr trauen. Dann finde ich drei Beispiele dafür, weißt du ja.

Eine weitere Umkehrung wäre die ins genaue Gegenteil:

Man kann ALLEN mehr trauen.

Wenn du aus dem Satzgefüge etwas entfernst, ändert sich ja auch der Sinn. Aber da uns diese freiere Variante zuerst in den Sinn gekommen ist, lass uns ruhig noch ein paar Beispiele finden. *Man kann vertrauen.* Wo ist das wahr?« Ich schloss die Augen und gab mich dieser Frage hin. So eine schöne Frage.

Ich zum Beispiel vertraue darauf, dass in jedem Menschen alles vorhanden ist. Lüge und Wahrheit, Treue und Untreue, Fleiß und Faulheit. Ich verlange nicht, dass Menschen immer ehrlich sein sollen. Wenn ich das täte, könnte ich tatsächlich niemandem vertrauen. Natürlich ist es mir angenehm, wenn andere ehrlich zu mir sind. Dafür kann ich den Boden bereiten. Wenn ich ehrlichen Herzens nichts verurteile und ausschließe, können die Menschen in meiner Nähe sich entspannen. Sie finden keinen Grund mehr, etwas vor mir zu verstecken oder zu beschönigen. Am Ende aber liegt es nicht in meiner Hand, ob jemand ehrlich sein oder lieber lügen möchte. Die Gründe dafür liegen zu einem großen Teil in ihm selbst, In dem, was er über mich und die Welt denkt und was er befürchtet. Es ist nicht meine Angelegenheit, ob er die Wahrheit spricht.

Meine Freundin sagte nach einigem Schweigen: »Ich vertraue darauf, dass ich immer eine Lösung finde. Oder, wenn ich die Lösung nicht sehen kann, von irgendwoher eine auftaucht.«

Das konnte ich gut spüren. »Ist das nicht schon ein recht tiefes Vertrauen?«, fragte ich. »Wenn ich vertrauen kann, dass es immer eine Lösung gibt, kann ich mich dem Leben doch in die Arme werfen, oder?«

»Stimmt«, sagte sie, »das fühlt sich gut an.«

Jetzt war ich wieder an der Reihe. »Ich vertraue auf Offenheit, Aufmerksamkeit und Achtsamkeit. Ich vertraue darauf, dass dieses Verhalten mich besser nährt als allgemeines Misstrauen, Versteckspiele oder Verschlossenheit.«

»Ich hab auch noch was«, sagte meine Freundin, »ich vertraue darauf, dass es immer etwas Interessantes zu erleben gibt.«

Liebe Leserin, lieber Leser, falls Sie es noch nicht getan haben, wäre an dieser Stelle eine gute Gelegenheit, das Buch sinken zu lassen. Sie können sich fragen, in was Sie eigentlich vertrauen. Diese Frage ist so interessant, dass es sich lohnt, darüber nachzusinnen. Ich fragte einen Freund, der am Ende über sich herausfand, dass er eigentlich gar nicht vertraut. In nichts. Auch meine Beispiele konnte er für sich nicht finden. Er sagte: »Das ist doch kein Vertrauen.« Er misstraute sogar meinen Beispielen. Dass er ein von Misstrauen gelenkter Mensch ist, war ihm noch nie so klar gewesen.

Ich konnte noch eine echte Umkehrung finden.
ICH kann MIR mehr trauen.

Ich musste lachen. Hatte ich nicht gezögert, bevor ich mein Portemonnaie alleine ließ? Doch dann hatte ich dieser Dorfgemeinschaft mehr getraut als meinem eigenen Impuls, so sehr hatte ich diesen Tisch gewollt. Diesen Tisch und das gemütliche Urlaubsfrühstück. »Hast du Geld dabei?«, fragte ich meine Freundin. Sie hatte dreißig Euro. »Wollen wir mal frühstücken?«

Als ich aufstand, saßen am Tisch links eine Mutter mit Kind, und auch die Bauarbeiter waren verschwunden.

Ich bestellte neuen Kaffee und brachte Brötchen und Croissants zum Tisch. »Und«, sagte ich, wie um das Thema vor dem Frühstück zu beenden, »ich kann darauf vertrauen, dass ich mein Portemonnaie niemals dort abgelegt hätte, wenn ich gerade richtig klamm gewesen wäre.« Wir ließen es uns schmecken, tranken jeder drei Kaffee und gingen dann ans Meer. Lange saßen wir dort, lauschten den Wellen und dem Wind und hatten keine Gedanken mehr an Festhalten oder Loslassen.

Der Urlaub war nicht versaut. Es war nur die Geldbörse weg.

Ich muss eine lange Beziehung haben

Eine Work zu dem Glaubenssatz:
Ich muss das schaffen

*I*ch liebe den Anfang einer Beziehung, die Zeit des Beginnens. Es ist, als würde ich mitten im Jahr beschließen, mir freizunehmen und ins Unbekannte zu reisen. Gerade noch saß ich im Büro, jetzt renne ich und springe auf einen Zug auf. ER ist schon da und reicht mir die Hand. Wir fahren einfach los. Noch atemlos sehen wir uns in die Augen. Die Luft zittert vor Möglichkeiten. Jeder Blick, jedes Berühren unserer Lippen ist überraschend. Wohin wird er seine Hand legen? Ich weiß nichts von ihm. Mein Herz fühlt, meine Haut fühlt – ich fühle so viel, dass ich überquelle. Mein Herz kann abgeben und teilt aus mit großen Kellen. Leben ist immer nur von hier bis gleich, mehr nicht. Gar nichts muss ich, außer mich hingeben. So schön ist es am Anfang.

Natürlich kann das nicht so bleiben, das ist ja normal, sagen alle, und da gähne ich schon. Ja, ja. Normal ist aber nicht, was ich will. Normal kann mich mal.

Als ich meinen Mann kennenlernte, sind auch wir einfach losgefahren. Wir quollen über und gaben uns hin. Bis meine Haut wusste, wie seine Hände sich anfühlen, bis meine Lippen keine Überraschung mehr spürten, bis die Luft nicht mehr zitterte.

Dafür kommt etwas anderes, sagten alle. Die Liebe.

Ja fein, dachte ich, wann denn?

Meine Mutter setzte einen ernsten Gesichtsausdruck auf und sagte: »Na, hoffentlich wird's diesmal was.« Das hieß für mich: Alles, was bis jetzt war, zählte nicht, ist noch nichts gewesen. Eine Beziehung ist erst etwas wert, wenn sie lange andauert. Ab welcher Zeitspanne das gilt, hatte sie allerdings nicht gesagt.

In der ersten Krise nach zweieinhalb Jahren sagten alle: Man muss einfach durchhalten. Ich hielt durch. Eisern.

Nach vier Jahren war ich von Sehnsucht geplagt. Fernweh. Ich verspürte einen unbändigen Drang, mitten im Jahr freizunehmen und ins Unbekannte zu reisen. In blinder Verzweiflung sprang ich auf ein paar Bummelzüge auf, die nur bis in die nächste Kleinstadt fuhren. Dort hielten sie eine Weile und zuckelten dann fahrplanmäßig zurück. Die Luft hatte gar nicht gezittert, kein bisschen.

Na, ist doch gut so, sagten alle.

Wir blieben zusammen, hatten gute Wochen und dann wieder nicht so gute. Im Jahr fünf schrieb ich ein Urteile-über-deinen-Nächsten-Arbeitsblatt über die Liebe:

Ich bin sauer auf die Liebe, weil sie nicht da bleibt, wo ich sie hinhaben will. Ich will in meiner Beziehung all das Wertvolle und Produktive sehen können, zu jeder Zeit. Ich sollte in meinem Leben eine lange Beziehung gehabt haben. Ich muss das schaffen!

Ich schrieb noch mehr und spürte den Druck, der in diesen Sätzen lag. Ich sollte das mal schaffen! Das war es, was wehtat. Viel Arbeit, wenig Vergnügen. Das schrie nach einer Überprüfung. Ich machte es mir bequem und stellte mir die erste Frage.

Ist es wahr, dass ich es schaffen muss, eine lange Beziehung zu haben?

Ich blieb fünf Minuten mit dieser Frage sitzen, zehn, und es offenbarte sich mir, wie fest ich daran glaubte. Ich hielt es für wahr und das schon lange. Meine Antwort war Ja.

Kann ich mir absolut sicher sein, dass ich das schaffen muss? Einhundert Prozent? Kann ich sicher sein, dass es das Beste für meinen Weg ist, wenn ich das schaffe?

Hier konnte ich sehen, dass scheinbar ALLE der Meinung waren, ich sollte. Ich hingegen war nicht überzeugt. Meine Antwort war Nein.

Wie reagiere ich nun, wenn ich glaube, dass ich das schaffen muss?

Puh. Der Stress war sofort anwesend. Kurzer Atem, Druck auf der Brust. Wenn ich das glaube, verbringe ich mein Leben mit Suchen. Ich suche nach Lösungen, Mitteln und Techniken, wie ich es schaffen kann. Und ich glaube, ICH müsste es schaffen. Es läge an mir, in meiner Hand, in meiner Macht. Zu einhundert Prozent.

Ich musste mich zurücklehnen, so überwältigt war ich. Es war ganz und gar nicht verwunderlich, wenn sich meine Beziehung wie Schwerstarbeit anfühlte mit diesen Gedanken! Ich erlaubte mir, genauer hinzusehen. Was tat ich alles, um »es« zu schaffen? Ich kramte in meinem Leben und sah, dass ich Ärger herunterschluckte, dass ich einlenkte, beschwichtigte, Sex hatte oder Hilfe anbot, auch wenn mir gar nicht danach war. Wenn ich diesen Gedanken glaubte, hörte ich auf das, was alle sagen. Ich übertrat meine Grenzen, wo es nur ging. Und das, um etwas zu schaffen, was ich nicht mal unbedingt wollte.

Ich blieb eine Weile sitzen und ließ diese Erkenntnisse und

Bilder wirken. Auf diese Art und Weise hatte ich mir meine Beziehungssuppe also eingebrockt. Es war gut, das zu sehen.

Und wer wäre ich ohne diesen Gedanken? Wenn ich nicht glauben würde, dass ich das schaffen muss?

Als Erstes konnte ich spüren, wie zentnerweise Ballast von mir abfiel. Mein Gott, ich muss gar nicht! Ich muss nicht! Als ich mich von meiner ersten Freude erholt hatte, wurde mir klar: Wir sind zwei in dieser Beziehung, also können wir uns diese Aufgabe teilen. Damit kann ich die Hälfte der Verantwortung, die Hälfte der Last schon mal an den Herzbuben abgeben. Wenn ich dann noch einberechne, dass wir Menschlein ja nicht alles in der Hand haben (wer glaubt das? Hand hoch!), kann ich noch einen Teil abrechnen. Sagen wir, noch einmal die Hälfte.

Zuerst erschien mir das sehr großzügig gerechnet. Als mir nach einigem Überlegen klar wurde, wie viele Menschen, Möglichkeiten und Umstände Einfluss haben, erschien es mir wieder realistisch. Nach Ina Rudolph'scher Rechnung blieb also eine errechnete Last von fünfundzwanzig Prozent. Fünfundzwanzig statt einhundert! Nun sah es eher nach wenig Arbeit und viel Vergnügen aus. Übrig blieb: *Ich muss es nicht schaffen und knie nieder, wenn es geschieht.*

Da war sie schon, die erste Umkehrung. *Ich muss es nicht schaffen.*

Erstens, weil so viel Druck eher verhindert, dass sich zwischen uns etwas Schönes entwickelt. Zweitens, weil dieses Leistungsdenken mir selbst keine Freude schenkt. Und drittens muss ich es nicht schaffen, weil es gar nicht möglich ist, es alleine zu schaffen. Aussichtslos.

In Glaubenssätzen, die mit »muss« beginnen, kann man in

der Umkehrung dafür »darf«, »kann« oder »möchte« einsetzen.

Die Umkehrung *Ich kann es schaffen* wirft die Frage auf: Was ist es denn, was ich schaffen *kann*, schaffen *möchte*?

Ich habe mich oft gefragt, was, außer dem Reiz des Neuen, den Zauber der Anfangszeit einer Beziehung ausmacht. Woraus besteht dieses Verliebtsein?
Drei Hauptbestandteile habe ich gefunden.

Teil eins ist das Unbelastete, die Schwerelosigkeit, die daher rührt, dass wir am Anfang noch keine Verantwortung übernehmen müssen. Zu Beginn käme uns das seltsam vor. Nach einer Weile aber, sagen alle, gehört Verantwortung dazu, und wir laden uns ordentlich was auf. Oftmals gar nicht in der Wirklichkeit, mit realen Handlungen, sondern eher im Kopf mit Gedanken wie: Ich müsste, ich sollte, es wäre besser, wenn ...

Die Leichtigkeit zu erhalten oder immer wieder herzustellen ist eine Sache, die ich schaffen kann und schaffen möchte.

Seit einer Partnerwork mit meinem Mann habe ich an der Innenseite meines Arbeitszimmers einen Zettel kleben: »Ich muss mich nicht um deine Bedürfnisse kümmern, es sei denn, ich will.« In dieser Sache waren wir uns einig, und es hat uns seitdem eine Menge Schwierigkeiten und Gedankenkreisen erspart. Und das Schöne ist: Wenn mein Mann vor mir steht und ich spüren kann, dass er ein Bedürfnis hat, dann will ich mich auch in den allermeisten Fällen darum kümmern. Dann ist es mein Wunsch. Wenn ich jedoch arbeite oder das Kind ins Bett bringe, will ich nicht in Gedanken herumwürfeln, dass ich mich um ihn kümmern müsste. Das würde mich beschweren.

Teil zwei ist der Respekt, den ich dem anderen zolle, und die Aufmerksamkeit, die ich ihm schenke. Sie entspringen dem gefühlten Wissen, dass mir der andere nicht gehört. Ist doch klar, sagen alle. Und trotzdem schleicht die Gewohnheit sich nach einer Weile ein, als wäre es sicher, dass der andere bis ans Lebensende an einem kleben bleibt. Der Zauber des Respekts taucht oft wieder auf, wenn einer von beiden ankündigt, sich trennen zu wollen.

Bei einer meiner Lesungen, der Jane Austen Tea Party, lese ich einen Teil aus *Emma,* und eine Passage passt hier so hervorragend, dass ich sie Ihnen nicht vorenthalten möchte.

»… bis jetzt, da sie ihr Glück zu verlieren drohte, hatte Emma nicht gewusst, was es für sie bedeutete, für Mr Knightley die Erste zu sein, die Erste in seiner Anteilnahme und in seiner Zuneigung. – Damit zufrieden, dass es so war, und in dem Bewusstsein, dass ihr diese Zuwendung gebührte, hatte sie sich dieses Glückes erfreut, ohne darüber nachzudenken; und erst als sie verdrängt zu werden fürchtete, erkannte sie, wie unsagbar wichtig es ihr gewesen war …«

Teil drei ist die Neugier. Denn auch den Reiz des Neuen kann man sich erhalten.

Von Zeit zu Zeit tappe ich in die Falle und denke, ich kenne meinen Mann. Ich weiß, was er denkt, was in ihm vorgeht, was er mag und was nicht. Wie reagiere ich, wenn ich der Meinung bin, ich wüsste schon, was kommt? Ich bin genervt, gelangweilt und verspüre auch nicht die geringste Lust, Zeit mit ihm zu verbringen. Ohne den Gedanken indes ist jede Begegnung wieder neu. Das ist viel schöner. Ja, hin und wieder langweile ich mich mit meinem Mann. Aber nicht, weil wir nun schon sieben Jahre zusammen sind oder weil es eine objektive Wahrheit ist, dass Beziehungen nun mal gewöhnlicher werden, je länger man zusammen ist. Nein. Ich langweile mich, wenn ich gerade mal wieder glaube, dass ich meinen Mann in- und auswendig kenne.

Auch das kann und möchte ich schaffen: mich immer wieder daran erinnern, dass es nicht wahr ist. Ich kenne ihn nicht, schon gar nicht in- und auswendig.

Seit einiger Zeit geschieht es, dass wir uns mitten im Jahr freinehmen, losrennen, auf einen Zug aufspringen und einfach losfahren. Er nimmt meine Hand. Noch atemlos schauen wir uns an und lachen. Die Luft zittert vor Möglichkeiten. Blicke und Berührungen entstehen überraschend. Wohin wird er seine Hand legen? Ich weiß nicht viel von ihm. Mein Herz fühlt, meine Haut fühlt – ich fühle so viel, dass ich überquelle. Mein Herz kann abgeben und teilt aus mit großen Kellen. Leben ist immer nur von hier bis gleich, mehr nicht. Gar nichts muss ich, außer mich hingeben. Ihm und dem Moment. So schön ist es jetzt wieder.

Und was sagen alle, die das sehen?
WOW, will ich auch.

Ich muss eine lange Beziehung haben II

Was will ich nie wieder erleben?

Jedes Urteile-über-deinen-Nächsten-Arbeitsblatt hat sechs Punkte, die als Hilfe dienen, stressige Glaubenssätze zu finden. Jeden einzelnen notierten Satz kann man mit den vier Fragen der Work überprüfen und dann ins Gegenteil verkehren. Unter Punkt sechs steht die Frage:

Was ist es in dieser Situation, was du nie wieder erleben willst?

Auf meinem Arbeitsblatt über die Liebe hatte ich geschrieben: *Ich will nie wieder erleben, dass ich mich schlecht fühle, weil ich so bin, wie ich bin.*

Ich hatte dieses Arbeitsblatt ausgefüllt, weil ich der Meinung war, eine lange Beziehung haben zu müssen. Ich dachte, es wäre nicht in Ordnung, mit Schmetterlingsflügeln von Blume zu Blume zu fliegen und nur den leckersten Nektar herunterzuschlürfen. Tief in meinem Herzen, Geist und Körper wollte ich das aber. Ich wollte leicht sein, herumflattern und mich von so etwas Flüchtigem wie Gerüchen leiten lassen. In der Folge dieses Zwiespalts machte ich mir Vorwürfe, dass ich so war, wie ich eben war. Dass ich solche Bedürfnisse hatte und dass eben diese Bedürfnisse verhinderten, dass ich mein Ziel, eine lange Beziehung, erreichte.

Theoretisch könnte ich, wie bei den anderen fünf Punkten des Arbeitsblattes, auch Punkt sechs mit den vier Fragen überprüfen. 1. Ist es wahr, dass ich nie wieder erleben will, dass ich mich schlecht fühle, weil ich so bin, wie ich bin? 2. Bin ich mir absolut sicher, dass ich nie wieder erleben will … usw. Für den Punkt sechs gibt es aber eine andere Möglichkeit der Überprüfung.

Ein ausgefülltes Arbeitsblatt handelt immer von einem speziellen Thema. Auf meinem Arbeitsblatt über die Liebe drehte sich alles um den Wunsch nach einer langen Beziehung und darum, was der langen Beziehung im Weg stand. Als ich bei der Überprüfung bei Punkt sechs anlangte, hatte ich schon fünf stressige Gedanken zu diesem Thema hinterfragt. Ich hatte schon gesehen, wie ich es mir selbst schwergemacht hatte, und ich hatte schon Lösungen gefunden. Mein Thema fühlte sich nicht mehr belastend an.

Wenn ich Punkt eins bis fünf auf meinem Arbeitsblatt gut durchgearbeitet habe, kann ich bei Punkt sechs direkt zu den Umkehrungen gehen. Die erste Umkehrung lautet: Ich bin bereit, wieder zu erleben … In meinem Fall: *Ich bin bereit, wieder zu erleben, dass ich mich schlecht fühle, weil ich so bin, wie ich bin.* Ich sprach diese Umkehrung einmal laut vor mich hin und spürte in mich hinein, ob das schon stimmte. Diese Umkehrung ist für mich eine Art Check, ob meine Work abgeschlossen ist, ob ich mit diesem Thema im Reinen bin. Ich konnte fühlen, dass ich fast bereit war, das wieder zu erleben. Beinahe. Also noch nicht gänzlich. Gleichzeitig war ich mir bewusst, dass es wieder geschehen konnte, dass ich in diesen Zwiespalt geriet. Ich sah mir also an, wie mein Leben ist, wenn ich nicht bereit bin, etwas zu erleben, was jederzeit geschehen kann. Ich konnte finden, dass ich versuche, Umstände zu vermeiden, die mich in so eine Situation bringen könnten. Ich verleugne immer einen Teil von mir, damit ich nicht in meinen Zwiespalt rutsche. Das fühlt sich unfrei an, als würde ich mit angezogener Handbremse leben. So erzähle ich mir jeden Tag aufs Neue, dass ich nicht okay bin, so wie ich bin.

Da ich noch nicht aus vollem Herzen bereit war, diese Situation wieder zu erleben, fragte ich mich vorerst: *Wie wäre es denn, wenn ich bereit sein könnte?* Diese Frage ist ein kleiner, hypothetischer Ausflug in eine zukünftige Möglichkeit. Ja, seufzte ich, jaha, wenn ich bereit sein könnte, wäre das wunderbar. Ich würde nicht mehr ängstlich den Kopf einziehen und mich vor dem Eintreten dieser Situation fürchten. Wenn ich bereit wäre, das wieder zu erleben, könnte ich direkt und forschen Schrittes auf mein Leben zugehen. Ich würde sein, wie ich bin, und falls der Zwiespalt auftreten sollte, wäre er dann halt da. Aber all die Zeit vorher und hinterher hätte ich mich nicht damit belastet. Das schienen mir schöne Aussichten zu sein, Aussichten, für die es sich lohnte. Nachdem ich die gefunden hatte, sprach ich die Umkehrung noch einmal und spürte wieder in mich hinein. War ich jetzt vollständig bereit, die ungeliebte Situation wieder zu erleben? Konnte ich schon lieben, was (manchmal) ist? Ich versetzte mich in meinen Zwiespalt hinein, stellte mir vor, er würde wieder auftauchen, hier und jetzt. Meine Gegensätze waren anwesend und machten es mir schwer, in einer langen Beziehung zu sein. War ich wirklich bereit, das wieder zu erleben? Oder war da noch Schmerz? Oh ja, ein kleiner Schmerz war da noch. Das konnte für mich nur heißen, dass ich das Gute, was darin steckte, noch nicht erkannt hatte. All das, womit dieser Zwiespalt mir auch diente und womit er mir nützlich war. Ich fragte mich: Angenommen, alles, was existiert, hat seinen Sinn und ist auch für etwas nützlich. Was könnte das in meinem Falle sein? Warum ist es gut, dass mir mein Zwiespalt wieder begegnet? Was kann ich dadurch lernen, falls es wieder passiert?

An dieser Stelle brauchte ich Zeit. Ich saß still und ließ meine Gedanken schweifen. Nach einer Weile drang eine Idee zu mir durch. Eine Ahnung davon, dass ein Großteil meines

Talentes in diesem Zwiespalt steckt und dass dieser Schmerz auch ein süßer sein konnte, kam er in der Oper, im Theater oder in Büchern vor.

Ohne derartige Widersprüche gäbe es kaum Humor. Loriot hätte einpacken können, und Charlie Chaplin hätte niemand beachtet. Natürlich hatte ich das schon immer gewusst, aber auch immer wieder vergessen, besonders in den Momenten, in denen ich in meinem Zwiespalt hing und mich deswegen schlecht fühlte: Wir Menschen sind nicht linear gestrickt und stecken voller Gegensätze. Wir wollen Kinder haben und uns selbst verwirklichen. Wir wollen viel essen und gleichzeitig schlank und drahtig sein. Wir wollen reifen, aber nicht älter aussehen. Wir wollen viel Geld verdienen und trotzdem Zeit haben. Wir wollen einen Halt im Leben und gleichzeitig frei sein.

Bin ich, mit diesem Wissen, bereit, wieder in meinen eigenen Gegensätzen zu stecken? *Bin ich bereit, wieder zu erleben, dass ich mich schlecht fühle, weil ich so bin, wie ich bin?* Ja, diesmal war es ein rundes, dickes, vollständiges JA.

Die zweite Umkehrung zum Punkt sechs lautet:
Ich freue mich darauf, wieder zu erleben ...

Ich bin nicht nur bereit, sondern sehe dem, was ich einst vermeiden wollte, mit Spannung entgegen. Kaum kann ich erwarten, dass es geschieht.

Wieder sprach ich diese Umkehrung vor mich hin: *Ich freue mich darauf, wieder zu erleben, dass ich mich schlecht fühle, weil ich so bin, wie ich bin.* Ich spürte in mich hinein und stellte fest, große Freude kam bei diesem Gedanken nicht auf. Ich hatte keinen Widerstand mehr, aber Freude? Wieder fragte ich mich: *Wie wäre es denn, wenn ich mich darauf freuen könnte?* Oh ja, das wäre wunderbar, das Leben wäre ein einziger Tanz.

Es gäbe keine Angst mehr, alles wäre richtig, wie es ist. Auch hier lohnten sich also die Aussichten.

Ich fragte mich: *Könnte es sein, dass mein Zwiespalt das Beste ist, was mir geschehen kann? Warum kann ich mich glücklich schätzen, ihn zu haben?*

Hier brauchte ich keine Zeit, die Fährte war schon gelegt. Ich konnte diesen Schmerz demnächst schöpferisch nutzen. In ihm steckt etwas Besonderes, süß und bitter, das mich bewegte und aus dem ich etwas würde entstehen lassen können, eine Geschichte, einen Roman oder mal sehen, was.

Ja, ich freute mich darauf, in meinen Zwiespalt zu rutschen, wie gut, dass ich ihn hatte. Und als ich einen Schritt zurücktrat, konnte ich mich gleich auch pauschal über alle anderen Zwiespalte freuen, die in meinem Leben vorhanden waren, und auf alle, die noch auftauchen würden. Wenn in jedem von ihnen etwas Nützliches verborgen lag, gab es nie wieder etwas zu befürchten.

Ein asiatisches Sprichwort sagt: »Der schrecklichste Drache hütet den herrlichsten Schatz.«

Heute weiß ich: Was immer mir das Leben an Schwierigkeiten, Ängsten und Nöten noch vor die Füße werfen wird – ich kenne eine Methode, die mir hilft, damit umzugehen. Ich kann sie auch anwenden, wenn niemand in der Nähe ist, und keiner kann sie mir wegnehmen.

Zum Schluss

*A*ls ich The Work kennenlernte, dachte ich: wie einfach, vier Fragen und eine Umkehrung. Dann praktizierte ich sie eine Weile und war erstaunt, was es hinter diesen einfachen Fragen alles zu entdecken gab! Es kam auch vor, dass ich irgendwo stecken blieb und nicht weiterwusste. In solchen Momenten ging ich zu einem Coach oder besuchte ein Seminar. Mein Verständnis der Methode vertiefte sich dort, und wieder dachte ich: wie einfach. Als ich dann Katie das nächste Mal sah, war ich aufs Neue verwundert, was sich an Feinheiten in diesem einfachen Gerüst verbarg.

Dieses Wundern hat bis heute nicht aufgehört. Noch immer ist die Work eine einfache Methode – vier Fragen und eine Umkehrung –, und noch immer öffnet sich dahinter eine Welt. *Meine* Welt.

Dieses Buch soll Ihnen bei der Erschließung *Ihrer* Welt behilflich sein. Es möchte Ihnen zeigen, dass ein stressfreies Leben möglich ist. Ein Leben, in dem Sie sich UND andere Menschen lieben können.

Ich selbst konnte es am Anfang meines Weges kaum glauben, hatte ich doch so vieles ohne spürbare Befreiung versucht. The Work ist für mich *das* Werkzeug, um zu einem schönen Leben zu gelangen.

Ab jetzt können Sie Ihre stressauslösenden Gedanken überprüfen. Sie müssen weder mir noch anderen einfach alles glauben. Sie müssen sich nichts mehr erzählen lassen. Sie können Ihr eigenes Land betreten, Ihre eigene Weisheit finden und Ihrem Herzen folgen.

Ich wünsche Ihnen alles Gute auf Ihrem Weg!

Ina Rudolph

Kontakt:

Mehr über Ina Rudolph
und ihre Arbeit erfahren Sie unter:

www.inarudolph.de

Arbeitsblatt: Urteile über Deinen Nächsten

Denk an eine wiederkehrende belastende Situation, auch wenn diese nur einmal vorgekommen ist und sich nur in deinem Verstand wiederholt. Bevor du die unten stehenden Fragen beantwortest, gestatte dir, mental zu Zeit und Ort des belastenden Ereignisses zurück zu gehen.

1. In dieser Situation, zu dieser Zeit und an diesem Ort: wer ärgert, verwirrt, oder enttäuscht dich, und warum?

    Ich bin _____ auf/wegen _____, weil _____
    Gefühl   *Name*

    _____

    Beispiel: Ich bin wütend auf Paul, weil er mir bezüglich seiner Gesundheit nicht zuhört.

2. In dieser Situation: wie willst du, dass er/sie sich ändert? Was willst du, dass er/sie tut?

    Ich will, dass _____
    Name

    _____

    _____

    Beispiel: Ich will, dass Paul sieht, dass er unrecht hat. Ich will, dass er aufhört zu rauchen. Ich will, dass er keine Lügen mehr darüber erzählt, was er mit seiner Gesundheit macht. Ich will, dass er sieht, dass er sich umbringt.

3. In dieser Situation: welchen Rat kannst du anbieten, um ihm/ihr zu helfen?

    _____ sollte/sollte nicht _____
    Name

    _____

    _____

    Beispiel: Paul sollte tief Luft holen. Er sollte sich beruhigen. Er sollte sehen, dass seine Handlungen mich und die Kinder ängstigen. Er sollte wissen, dass Recht zu haben es nicht wert ist, wieder einen Herzanfall zu bekommen.

4. Damit *du* in dieser Situation glücklich sein kannst: Was brauchst du, dass er/sie denkt, sagt, fühlt oder tut?

    Ich brauche von _____, dass _____
    Name

    _____

    Beispiel: Ich brauche von Paul, dass er mir zuhört. Ich brauche von ihm, dass er Verantwortung für seine Gesundheit übernimmt. Ich brauche von ihm, dass er meine Meinung respektiert.

5. Was denkst du über ihn/sie in dieser Situation? Erstelle eine Liste.

    _____ ist _____
    Name

    _____

    Beispiel: Paul ist unfair, arrogant, laut, unehrlich, völlig daneben und unbewusst.

6. Was ist es in dieser Situation, das du nie wieder erleben willst?

    Ich will nie wieder _____

    _____

    Beispiel: Ich will nie wieder erleben, dass Paul mich wieder belügt. Ich will nie wieder sehen, wie er raucht und seine Gesundheit ruiniert.